21世纪高等职业教育信息技术类规划教材
21 Shiji Gaodeng Zhiye Jiaoyu Xinxi Jishulei Guihua Jiaocai

电子商务实用技术教程

DIANZI SHANGWU SHIYONG JISHU JIAOCHENG

宋海民 冯方友 主编 邹先容 贾学斌 高曙光 副主编 胡大威 主审

人民邮电出版社
北京

图书在版编目（CIP）数据

电子商务实用技术教程 / 宋海民，冯方友主编. --
北京 ：人民邮电出版社，2014.9（2019.7 重印）
21世纪高等职业教育信息技术类规划教材
ISBN 978-7-115-36755-6

Ⅰ. ①电… Ⅱ. ①宋… ②冯… Ⅲ. ①电子商务－高等职业教育－教材 Ⅳ. ①F713.36

中国版本图书馆CIP数据核字(2014)第194857号

内 容 提 要

本书突出实用性和应用性，重点培养学生电子商务技术的应用能力，以能力培养为核心，以案例为主线。本书共 11 章，主要内容包括：电子商务概述、电子商务技术基础、电子商务的安全技术、电子商务与电子支付、电子商务与网络营销、电子商务物流、电子商务与供应链管理、移动电子商务、电子商务法律与法规、电子商务在各行各业中的应用以及上机实训。

本书适合作为高职高专电子商务专业教材，也可作为计算机应用、经济管理及市场营销等专业教材，还可作为企事业单位管理、营销人员的培训教材和学习参考书，还可供读者自学使用。

◆ 主　　编　宋海民　冯方友
副 主 编　邹先容　贾学斌　高曙光
主　　审　胡大威
责任编辑　梅　莹
责任印制　张佳莹　焦志炜

◆ 人民邮电出版社出版发行　　北京市丰台区成寿寺路 11 号
邮编　100164　　电子邮件　315@ptpress.com.cn
网址　http://www.ptpress.com.cn
北京捷迅佳彩印刷有限公司印刷

◆ 开本：787×1092　1/16
印张：15.5　　　　2014 年 9 月第 1 版
字数：393 千字　　2019 年 7 月北京第 4 次印刷

定价：34.00 元

读者服务热线：（010）81055256　印装质量热线：（010）81055316
反盗版热线：（010）81055315
广告经营许可证：京东工商广登字 20170147 号

前 言

当前，随着我国互联网及通信技术的迅猛发展，互联网用户全球第一，“互联网大国”的态势已经初显，电子商务给人们的生活和社会的经济发展带来了巨大的冲击。今后将是互联网和移动网络的天下，而这其中，电子商务与移动电子商务将是重要组成部分。

近年来，国内很多出版社相继出版了一批“电子商务基础”、“电子商务概论”、“电子商务导论”等书籍，由于知识体系、编写质量、理论与实践结合程度等方面的原因，都不适合作为应用型高等职业院校开设的“电子商务”课程的教材。目前，高校普遍采用的纯理论教学方法，在“电子商务”、“网络营销”等理论性较强的课程中，其教学效果不够理想。本书采用案例分析型教学方法能明显改善教学效果，也有利于培养学生对该课程的学习兴趣。正是基于以上原因，我们组织了本书的编写，以满足市场对案例分析型教材的实际需求。

本书是以《电子商务师国家职业标准》中对助理电子商务师及电子商务师的知识和技能要求为依据，以目前高职高专电子商务专业（或方向）的知识能力结构和从业要求为目标而编写的。本书体系合理、概念清晰、习题丰富、文字流畅、通俗易懂。本书注重基础，突出应用，每章有案例，以便读者能够综合运用本章所学知识提高实际应用能力。

本书由武汉职业技术学院胡大威教授主审，武汉职业技术学院宋海民副教授及佛山职业技术学院冯方友副教授担任主编，第 1、2、6、11 章由宋海民编写；第 3、8、10 章由冯方友编写；第 4、7 章由武汉职业技术学院邹先容编写；第 5 章由武汉职业技术学院高曙光编写；第 9 章由武汉职业技术学院贾学斌编写，最后由宋海民副教授统稿。

许多领导及老师对本书的出版给予了热情的支持，在编写过程中还得到了张伟老师的帮助，以及人民邮电出版社的通力合作，在此一并表示感谢。

感谢广大老师及读者选择使用本书，由于编者水平有限，书中不足之处在所难免，敬请广大读者批评指正。作者邮箱：haiminsong@126.com；课程网站：http://zyk.wtc.edu.cn/solver/classView.do?classKey=815519&menuNavKey=815519。

编者

2014 年 6 月 18 日

目 录

第1章

电子商务概述

学习目标

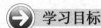

- 掌握电子商务的发展历程。
- 掌握电子商务概念。
- 掌握电子商务分类。
- 掌握电子商务的基本组成、特点与一般流程。

案例导入

案例 1–1　亚马逊公司的成功经验

亚马逊公司是一家财富 500 强公司，总部位于美国华盛顿州的西雅图。它由杰夫·贝佐斯（Jeff Bezos）创立于 1995 年，目前已成为全球商品品种最多的网上零售商和全球第 2 大互联网公司。

亚马逊为客户提供数百万种独特的全新、翻新及二手商品，如图书、影视、音乐和游戏、数码下载、电子和电脑、家居园艺用品、玩具、婴幼儿用品、食品、服饰、鞋类和珠宝、健康和个人护理用品、体育及户外用品、玩具等。

2004 年 8 月，亚马逊全资收购卓越网，使亚马逊全球领先的网上零售专长与卓越网深厚的中国市场经验相结合，进一步提升客户体验，并促进中国电子商务的成长。至今已经成为中国网上零售的领先者，有很大的拓展空间。

亚马逊可以提供的图书目录比全球任何一家书店的存书要多 15 倍以上，亚马逊书店的 1600 名员工人均销售额 37.5 万美元。而实现这一切既不需要庞大的建筑，又不需要众多的工作人员，电子商务在其中所起的作用十分关键。它工作的中心就是要吸引顾客购买它的商品，同时树立企业良好的形象。

案例分析

亚马逊公司的成功秘诀如下：①了解电子商业。②成立企业家团队。③创造网络品牌。④提供好处以招揽并留住顾客。⑤建立配送网络。

案例思考题

亚马逊是如何成功的？结合本案例，说说电子商务的发展前景。

1.1 电子商务的发展历程

Internet 的商业化发展推动了电子商务的迅速增长，电子商务正在成为人们进行商务活动的新模式，正在推动人类社会继农业革命、工业革命之后的第三次革命。对于任何想实现跨越式发展的企业来讲，开展电子商务都是必然选择。

1.1.1 电子商务的产生与发展

人类利用电子通信方式进行贸易活动已有几十年的历史了，早在 20 世纪六七十年代，就出现了电子商务的雏形——基于电子数据交换（EDI）的电子商务。

1. 电子商务产生和发展的条件

电子商务最早产生于 20 世纪 60 年代，发展于 20 世纪 90 年代，其产生和发展的重要条件主要如下。

（1）计算机应用的普及

近年来，计算机处理速度越来越快，处理能力越来越强，价格越来越低，应用越来越广泛。特别是微型计算机的普及，相当多的工作人员和家庭利用微机开展各种工作。为电子商务的应用提供了广阔空间，这是电子商务发展的基础。

（2）网络技术的成熟与普及

网络技术的迅速发展与普及应用，快捷、安全及低成本的特点为电子商务的发展提供了应用条件，这是电子商务最基本的条件。

（3）电子交易协议的制定

为确保网上支付的安全性，美国 VISA 和 Mastercard 国际组织等联合制定了电子安全交易协议，于 1997 年 5 月 31 日公布，作为在开放网络上进行电子支付的安全标准。为网上购物与支付提供一个安全的环境，这是电子商务的关键所在。

（4）信用卡的普及

信用卡以其方便、快捷、安全等优点而成为人们消费支付的重要手段，并形成了完善的全球性信用卡计算机网络支付与结算系统，信用卡可以方便地跨国使用，使“一卡在手、走遍全球”成为可能，同时也为电子商务中的网上支付提供了重要的手段。

（5）政府的支持与推动

1997 年 4 月欧盟发布了欧洲电子商务协议，1997 年 7 月美国政府发布了“全球电子商务纲要”，推动着全球电子商务的发展。电子商务受到世界各国政府的重视，各国政府纷纷采取各种有效措施支持和推动电子商务的发展，许多国家的政府开始尝试“网上采购”，这为电子商务的发展提供了有利的支持。

2. 电子商务发展的两个阶段

（1）20 世纪 60 年代～20 世纪 90 年代：基于 EDI 的电子商务

从技术角度来看，人类利用电子通信的方式进行贸易活动已有几十年的历史。早在 20 世纪 60 年代，人们就开始用电报报文发送商务文件；20 世纪 70 年代人们又普遍采用方便、快捷的传真机来替代电报，但是由于传真文件是通过纸面打印来传递和管理信息的，不能将信息直接转入到信息系统中，因此人们开始采用 EDI 作为企业间电子商务的应用技术，这就是电子商务的雏形。

由于 EDI 大大减少了纸张票据，因此人们形象地称为“无纸贸易”或“无纸交易”。

（2）20 世纪 90 年代以来：基于国际互联网的电子商务

由于使用 VAN 的费用很高，仅大型企业才会使用，因此限制了基于 EDI 的电子商务应用范围的扩大。20 世纪 90 年代中后期，国际互联网迅速走向普及化，逐步地从大学、科研机构走向企业和百姓家庭，其功能也从信息共享演变为一种大众化的信息传播工具。从 1991 年起，一直排斥在互联网之外的商业贸易活动正式进入到这个王国，从而使电子商务成为互联网应用的最大热点。

1.1.2 电子商务的发展现状

1. 国际的情况

电子商务已经成为一种全球性的具有战略意义的经营管理手段。世界各国政府都非常重视发展电子商务，鼓励企业积极投身于电子商务的实践活动中去，广泛开展电子商务应用。美国积极发展以信息技术为主导的知识经济，大力推进信息技术研究与应用，在发展电子商务方面，强制政府部门的采购行为必须全部通过电子商务方式完成采购任务，并逐步全面取消纸面单证在部门之间的传递。自从联合国国际贸易委员会首次提出“电子商务示范法”蓝本开始，电子商务立法就有了一个可供各国参照的范本。随后，欧盟提出了“电子商务行动方案”，在安全认证、知识产权保护、网络开放等方面制定了一系列的法规性文件；1997 年，美国政府发表了“全球电子商务框架”文件，并公布“网络贸易三项免税政策”草案；美洲和欧洲就全球电子商务达成协议；西方七国集团针对中小企业拟定了促进全球电子商务发展的基本政策建议，探讨全球电子商务的立法协调与电子支付系统的货币政策问题；新加坡与澳大利亚政府签署了一项信息与通信科学技术协议，全面提升两国在电子商务领域的合作关系。纵观全球各国，大力推进电子商务应用如火如荼，其发展潮流势不可挡。

从 20 世纪 90 年代中期开始，在短短的 10 来的时间里，电子商务的发展经历了 3 个阶段。

（1）第一个阶段：高速初始发展阶段

20 世纪末，基于计算机技术与通信技术结合的网络环境出现，在互联网上从事能产生效益的商务活动，成为经济活动中的热点，对发展前景的美好展望，电子商务得到了爆炸式发展。大量的风险投资家涌入电子商务领域，不断有企业宣布从事电子商务，新的电子商务网站大量涌现。

在当年电子商务的爆炸式发展中，资本市场的投资，起到了推波助澜的作用。从 20 世纪 90 年代开始，在 IT 业快速发展的推动下，美国股市连续上涨 10 年，创造了经济奇迹。20 世纪 90 年代中期以后，网络概念股受到了青睐。网上图书销售商亚马逊的营业收入从 1996 年的 1 580 万美元猛增到 1998 年的 4 亿美元。面对 Internet 良好的应用前景，网络概念股节节走高。以高新技术类上市公司为主的美国 NASDAQ 股票市场，1996 年年初的指数点位还只有 1 000 点，而 2000 年年初该点位已经超过 4 000 点。在财富效应的驱动下，各种资金蜂拥进入以网络为核心的 IT 领域，电子商务经历了其发展初期的爆炸式发展阶段。

（2）第二个阶段：调查蓄势阶段

2000 年年初，在投资者的疯狂追捧下，NASDAQ 指数接近了 5 000 点大关。然而就在这个时候，IT 业经过 10 多年的高速发展之后积累的问题逐渐开始暴露，电子商务也未能例外。尽管一些电子商务网站的营业收入已经做得很大，但支出更大，一直不能实现赢利。此外，随着规模的扩大，物流、管理等方面的问题开始突出，如何继续保持高速发展成为一个很突出的问题。

从 2000 年中期开始，和整个 IT 业一道，电子商务开始调整。股市泡沫开始破灭，NASDAQ 指数在一年的时间内就从 5 得 000 点跌破至 2 000 点以下。随着资金的撤离，许多依赖资本市场资金投入的网站陷入了困境，不少网站开始清盘倒闭。据不完全统计，超过三分之一的网站销声匿迹了。电子商务经历了其发展过程中的寒冬。

（3）第三个阶段：复苏稳步发展阶段

从 2002 年年底至今，电子商务步入复苏和稳步发展阶段，经过电子商务发展寒冬的严峻考验，生存下来的电子商务网站开始懂得电子商务网站的经营必须要有务实的特点，首先要在经营上找到经济的赢利点，有了这些宝贵经验和经营实践，务实的经营理念使这些经营性的网站，一反长期亏损局面而出现了赢利。人们看到了希望，电子商务网站的经营实现了突破，开始出现了又一个春天。电子商务毕竟是具有强大生命力的新生事物，短暂的调整改变不了其上升趋势。在惨烈的调整之后，从 2002 年年底开始复苏，其标志是不断有电子商务企业开始宣布实现赢利。

2. 国内的情况

我国的电子商务发展迅速，形势喜人。当今社会的日常生活，已经与电子商务有着千丝万缕的联系。电子商务在中国已呈蓬勃发展的趋势，在不久的将来会对经济社会产生巨大影响。迄今为止，我国的电子商务的发展经历了 3 个阶段。

（1）1990～1993 年，EDI 的电子商务应用阶段

1990 年开始，国家计委、科委将 EDI 列入“八五”国家科技攻关项目。1991 年 9 月，由国务院电子信息系统推广应用办公室牵头会同国家计委等 8 个部委局发起成立“中国促进 EDI 应用协调查小组”，同年 10 月成立“中国 EDIFACT 委员会”并参加亚洲 EDIEACT 理事会。当时，我国 EDI 的应用主要局限于大的集团公司或者行业，如对外贸易、交通、银行等部门，横向联系还没有建立。

（2）1993～1997 年，“三金工程”阶段

1993 年成立了国民经济信息化联席会议及其办公室，相继组织了金关、金卡、金桥的“三金工程”，目标是建设中国的“信息准高速国道”。金桥工程，属于信息化的基础设施建设，是中国信息高速公路的主体。金关工程，即国家经济贸易信息网络工程，可延伸到用计算机对整个国家的物质市场流动实施高效管理。金卡工程，即从电子货币工程起步，计划用 10 多年的时间，推广普及金融交易卡，实现支付手段的革命性变化，从而跨入电子货币时代。

（3）1998 年以来，互联网电子商务的发展阶段

1998 年 3 月，我国第一笔互联网网上交易成功。1998 年 7 月，中国商品交易市场正式宣告成

立，被称为“永不闭幕的广交会”。1999 年，现货电子市场电子交易额达到 2 000 亿元人民币。中国银行与电信数据通信局合作在湖南进行中国银行电子商务试点，推出我国第一套基于 SET 的电子商务系统。1999 年 3 月，8 848 等 B2C 网站正式开通，网上购物进入实际应用阶段。

中国银联股份有限公司于 2002 年 3 月 26 日成立。该公司采用先进的信息技术与现代公司经营机制，建立和运营全国银行卡跨行信息交换网络，实现银行卡全国范围的联网通用，推动我国银行卡产业的迅速发展，实现“一卡在手，走遍神州”，乃至“走遍世界”的目标。

在 2001～2005 年期间，我国电子商务在经历了探索和理性调整后，步入务实发展的轨道。电子商务逐渐渗透到经济和社会的各个方面，国民经济重点行业和骨干企业电子商务应用不断深化，网络化生产经营与消费方式逐渐形成。2005 年，全国企业网上采购商品和服务总额达 16 889 亿元，占采购总额的比重约 8.5%，企业网上销售商品和服务总额为 9 095 亿元，占主营业务收入的比重近 2%。中小企业成为电子商务的积极实践者，经常性应用电子商务的中小企约占全国中小企业总数的 2%。

电子商务支撑体系建设取得重要进展。电子认证、电子支付、现代物流、信用、标准等电子商务支撑体系建设逐步展开。19 家电子认证机构获得电子认证服务许可，近 20 家商业银行开办电子银行服务，第三方电子支付业务稳步上升。物流专业化、社会化和信息化程度逐渐提高。

电子商务发展环境进一步改善。从 2003 年 2 月 1 日起，《广东省电子交易条例》正式在该省行政区内实施，这是中国内地首部有实施意义的地方电子商务法规。2004 年 8 月 28 日第十届全国人大常委会第十一次会议通过了《电子签名法》。《电子签名法》的通过，标志着我国首部“真正意义上的信息化法律”已正式诞生，这使电子商务的应用在法律上得到了保障。

近年来，我国网民人数世界第一，电子商务飞速发展。网上支付、网络购物和网上银行增长率远远超过其他网络应用。

1.2 电子商务概念

电子商务是人类利用现代信息技术的一种新的商品交易模式，它是人类商品交易模式发展、变化到今天的必然方式。电子商务已引起了世界各国政府的高度重视，它已在我们身边悄悄地（也可以说是如火如荼地）发展起来了，并已深入到了我们的工作、学习和生活的方方面面。

1.2.1 人类商品交易模式的变化

1. 无商品交易阶段

在原始社会，人们共同劳动、共同生活，劳动成果大家共同分享。由于生产力落后，人们不可能有用于交换的剩余产品，也就基本上不存在商品交易的概念。

2. 商品交易的产生及其模式的变化阶段

当社会生产力发展到一定阶段，剩余产品出现了，同时也出现了经济利益各不相同的群体，于是，商品交易的概念便产生了。随着人类社会的不断进步，人们的商品交易模式也不断地发生着变化。

（1）“以物换物”的商品交易模式

剩余产品的出现，产生了小规模、直接的以物换物的交换。这一模式主要以物流为主，商流在物流后实现，商品交换后所有权发生了改变，这种商务活动属于直接交易。

（2）“一手交钱、一手交货”的商品交易模式

随着交易范围和规模的不断扩大，出现了以中介进行商品交换的方式，即“以钱买物”，但是人们是按照“一手交钱、一手交货”的现金买卖原则，即先付款后提货。这种商务活动也属于直接交易。

（3）具有“中介人”的商品交易模式

在社会化大生产以及社会分工的日趋专业化，出现钱庄、银行等从事货币服务及货币买卖的金融信用行业，这一阶段物流和商流开始分离，业务交易模式开始从直接向间接转变，如交易前预付款、事中托收承付、支票、汇票和事后分期付款等。在这个阶段，信息的作用开始突出起来。在商品交易的前、中、后期，交易双方都尽可能地了解对方和金融中介等的有关商品交易的各种信息，如商品信息、商业信誉、支付能力、中介能力、中介信息等。而银行等金融、商业中介要充分了解和掌握交易双方的各种信息，保障商品交易的安全性，这一阶段尽管是间接交易，但需要交易双方、金融中介、商业中介等面对面商议或者通过电报、电话、传真等方式直接交流，商务活动实现的手段还是直接的。

（4）电子商务商品交易模式

随着电子技术尤其是计算机技术、网络技术的发展和普及，商品交易的实现需要市场信息、客户信息、供应商信息、营销信息、商品信息、交易信息、支付信息等，并且这些信息的获得、传输、加工和处理全部或者部分采用电子工具实现，通过信息控制商品交换和交易的全过程。在这个过程中，交易双方具有陌生性和间接性，信息交流是间接的。在现代商业活动中如果没有计算机、网络等电子信息技术的支撑，没有信息流，则交易是不可能实现的。由于是采用电子技术及其工具实现的商务活动，因此称为电子商务模式。

1.2.2 电子商务的概念

1. 电子与商务的关系

早在1939年，当电报刚出现的时候，人们就开始对利用电子手段进行商务活动的讨论，随着电话、传真、互联网、手机等通信工具的出现，商务活动中可应用的工具进一步扩充，如图1-1所示。

图1-1 商务工具的变迁

自20世纪90年代末电子商务这一新生事物出现以来，不同的组织、学者、专家以及企业都对电子商务进行过界定，但截至目前还没有统一的定义。综观近年来对这一定义的认识和演变，各种定义的区别主要体现在电子和商务这两个词的外延和范围上。

电子即电子技术，这是一个覆盖范围极广的领域。无疑，电子技术是现代高新技术的核心，而现代电子技术的核心又是计算机技术和通信技术，计算机网络

是计算机技术和通信技术结合的产物，Internet 则是计算机网络技术到目前为止最为重要的应用。由于 Internet 在整个电子技术中的特殊地位，在对电子商务概念的理解中，一般人认为“电子”指的就是 Internet。当然，也有人认为电子商务中的“电子”是以 Internet 为主要工具，同时也包括其他计算机网络、通信设备（如电话、传真机、手机）等电子手段。甚至还有人认为，电子商务中的“电子”就是现代高新技术，商务活动中使用到的高新技术手段都可以包括在“电子”一词中。

再来看对“商务”一词的理解。西方学者认为，商务是将社会资源转换为产品和服务，并以赢利为目的向消费者进行销售的有组织的活动。在这一定义中，商务的核心是销售活动。同一般的销售活动相比较，商务活动的规模较大，具有严格的商业协议，并受到相应的法律保护，是一种有组织的活动。在使用商务这一概念时，实际上也有广义和狭义之分。有人认为，企业的活动都直接或间接地与销售有关，因此除了销售，企业的其他活动也属于商业活动。而有人则认为，商务活动只包括企业销售产品和服务的活动。

理解技术与商务过程的相互关系是理解电子商务定义的关键。电子商务的定义应当反映现代经济活动转变的状态，反映信息技术在商务活动中的应用，否则，就不能区别存在多年的利用传真或电话进行的电子交易；电子商务的定义也不能局限于信息软件和通信技术，它应当反映信息软件和通信技术在全部商业过程价值链中的应用。

2. 电子商务定义

正是由于有了对“电子”和“商务”的不同理解，一些组织、机构和个人从不同的角度出发，对“电子商务”给出了不同的定义。下面列出一些典型定义。

（1）欧洲议会的定义

欧洲议会关于“电子商务”给出的定义是：“电子商务是通过电子方式进行的商务活动。它通过电子方式处理和传递数据，包括文本、声音和图像。”

（2）世界电子商务会议的定义

1997 年 11 月 6 日至 7 日国际商会在法国首都巴黎举行了世界电子商务会议，从商业角度提出了电子商务的概念：电子商务是指对整个贸易活动实现电子化。

从涵盖范围方面可以定义为：电子商务是交易各方以电子交易方式而不是通过当面交换或直接面谈方式进行的任何形式的商业交易。

从技术方面可以定义为：电子商务是一种多技术的集合体，包括交换数据（如电子数据交换、电子邮件）、获得数据（如共享数据库、电子公告牌）以及自动捕获数据（如条形码）等。

（3）IBM 公司对电子商务的定义

IBM 公司对电子商务的定义是：电子商务是在 Internet 的广阔联系与传统信息技术系统的丰富资源相结合的背景下，应运而生的一种在互联网上展开的互相关联的动态商务活动。电子商务又有广义和狭义之分。

狭义的电子商务 E-Commerce（EC）称作电子交易，主要是指利用 Internet 提供的通信手段在网上进行的交易。

广义的电子商务 E-Business（EB）是包括电子交易在内的，利用 Internet 进行的全面的商业活动，如市场调查分析、财务核算、生产计划安排、客户联系、物资调配等。

从上面的各种定义可以看到，由于人们对“电子”和“商务”两词有不同的理解，因此对“电子商务”的理解也不同。从外延来看，狭义的概念则认为电子商务主要包括利用互联网进行的交易活动；广义的概念是指利用各种信息技术手段进行的全部商业经营管理活动。

本书采用 IBM 公司的定义，认为电子商务是以 Internet 为平台所进行的全面的商业活动。这种理解也是人们较为认同的一种通俗的电子商务。这里所说的以 Internet 为平台，指的是在商务活动的各个环节，包括谈判、交易、资金支付等在 Internet 上进行，其他手段如电话、网下资金支付等仅仅是补充。所谓全面的商业活动，是指包括了企业和个人商业活动的各个环节，而不仅仅是贸易阶段，当然贸易是其中的核心。

需要说明的是关于 E-Commerce（EC）和 E-Business（EB）这两个英语单词，许多中文资料上都把它们统一翻译为电子商务。一般来说，EC 是以商品的买卖为中心，以 Internet 为平台的商品交换活动，西方媒体上最先使用的就是这一词汇，还有人将其译为电子贸易。而 EB 是 IBM 公司在 1997 年率先推出的电子商务概念。IBM 认为，电子商务不仅包括在线的商品交换，而且还应包括对客户的服务和商业伙伴之间的合作，IBM 甚至认为企业在其按照 Internet 标准构造的企业内部网（Internet）和企业互联网（Extranet）上从事的业务都包括在 EB 之中。又有人将 EB 翻译为电子商务。如果按照上述理解，EB 包括了 EC，而 EC 则是 EB 的精华所在，如图 1-2 所示。

图 1-2　EB 和 EC

事实上，EB 和 EC 是历史的产物，Internet 发展迅速。新名词层出不穷，有时候发展速度甚至快到连取一个恰当的名称都来不及。因此，在许多英文资料上，作者们并没有严格区分 EC 和 EB，有时候甚至是混用。

1.2.3　电子商务的 3 个阶段和 4 种基本流

1.　电子商务交易过程的 3 个阶段

（1）交易前

这一阶段主要是指买卖双方和参与交易各方在签约前的准备活动，包括在各种商务网络和 Internet 上寻找交易机会，通过交换信息来比较价格和条件、了解各方的贸易政策、选择交易对象等。

买方根据自己要买的商品，准备购货款，制订购货计划，进行货源市场调查和市场分析，反复进行市场查询，了解各个卖方国家的贸易政策，反复修改购货计划和进货计划，确定和审批购货计划。再按计划确定购买商品的种类、数量、规格、价格、购货地点和交易方式等，尤其要利用互联网和各种电子商务网络寻找自己满意的商品和商家。

卖方根据自己欲销售的商品，全面进行市场调查和市场分析，制定各种销售策略和销售方式，了解各个买方国家的贸易政策，利用互联网和各种电子商务网络发布商品信息，寻找贸易合作伙伴和交易机会，扩大贸易范围和商品所占市场的份额。

其他参加交易各方，如中介、银行金融机构、信用卡公司、海关系统、商检系统、保险公司、税务系统、运输公司等也都应为进行电子商务交易做好准备。

（2）交易中

这一阶段包括交易谈判和签订合同、办理交易进行前的手续等。

① 交易谈判和签订合同：主要是指买卖双方利用电子商务系统对所有交易细节进行网上谈判，将双方磋商的结果以文件的形式确定下来，双方利用现代电子通信设备和通信方法，以电子文件形式签订贸易合同。明确双方在交易中的权利，所承担的义务，所购买商品的种类、数量、价格、交货地点、交货期、交易方式和运输方式，违约和索赔等合同条款。

② 办理交易进行前的手续：主要是指买卖双方签订合同后到合同开始履行之前办理各种手续的过程，也是双方贸易前的交易准备过程。

（3）交易后

这一阶段包括交易合同的履行、服务和索赔等活动。它是买卖双方办完所有手续之后，卖方要备货、组货，同时进行报关、保险、取证等，卖方将买方所购商品交付给运输公司包装、起运、发货，买卖双方可以跟踪发出的货物，银行和金融机构也按照合同，处理双方收付款、进行结算，出具相应的银行单据等。直到买方收到自己所购商品，才完成了整个交易过程。

索赔是在买卖双方交易过程中出现违约时，需要进行违约处理的工作，受损方要向违约方索赔。

2. 传统商品交易中的信息流、商流、资金流、物流

传统商品交易中的任何一笔交易，都包含着几种基本的“流”，即信息流、商流、资金流、物流。

① 信息流：信息流既包括商品信息的提供、促销行销、技术支持、售后服务等内容，也包括诸如询价单、报价单、付款通知单、转账通知单等商业贸易单证，还包括交易方的支付能力、支付信誉等。

② 商流：商流是指用户在选定商品以后，提出购买清单，而商家对用户的购买行为进行确认和回复过程中的信息交换。它是商品在购、销之间进行交易和商品所有权转移的运动过程，具体是指商品交易的一系列活动。

③ 资金流：资金流主要是指资金的转移过程，包括付款、转账等过程。

④ 物流：物流是指物质实体（商品或服务）的流动过程，具体指运输、储存、配送、装卸、保管、物流信息管理等各种活动。

3. 电子商务中的信息流、商流、资金流、物流

在电子商务时代，进行交流和联系的工具变了，如从以前的纸面单证变为现在的电子单证。但人们做贸易的顺序并没有改变，还是有交易前、交易中和交易后3个阶段。同传统商务过程一

样，电子商务中的任何一笔交易，也都包含着信息流、商流、资金流和物流 4 种基本的“流”。

在电子商务时代，由于电子工具和网络通信技术的应用，使交易各方的时空距离几乎为零，有利地促进了信息流、商流、资金流、物流这 4 种流的有机结合。对于某些可以通过网络传输的商品和服务，甚至可以做到 4 种流的同步处理，例如通过上网浏览、查询、挑选、单击，用户可以完成对某一电子软件的整个购物过程。其中，信息流、商流、资金流这 3 种流的处理都可以通过计算机和网络通信设备实现。

电子商务用电子化、自动化的方式实现了信息流、商流、资金流和物流这 4 种基本流的运转，使得电子商务比传统商务更高效、更快捷，因而也就符合社会大生产的需要。

1.3 电子商务分类

对于近年来兴起的各种各样的电子商务系统，可以从不同角度进行分类。电子商务的几种分类不是孤立的，而是从不同的角度来审视、判别系统的服务范围、阶段及业务类型等，以提高对电子商务概念的理解，以及对电子商务系统的分析和把握能力。

1.3.1 按交易的参与主体分类

1. 企业对企业的电子商务

企业对企业（Business to Business，即 B to B 或 B2B）的电子商务，即企业与企业之间通过互联网或专用网进行产品、服务及信息的交换。企业通过内部信息系统平台和外部网站，将面向上游的供应商的采购业务和下游代理商的销售业务都有机地联系在一起，从而降低彼此之间的交易成本，提高满意度，完成商务交易的过程。这些过程包括：发布供求信息，订货及确认订货，支付过程及票据的签发、传送和接收，确定配送方案并监控配送过程等。目前，人们又将 B2B 模式区分为面向交易市场的水平 B2B 电子商务和面向制造业或商业的垂直 B2B 电子商务模式两种。B2B 的典型代表是阿里巴巴、中国制造网。

2. 企业对消费者的电子商务

企业对消费者[Business to Customer（Consumer），即 B to C 或 B2C]的电子商务。B2C 的电子商务主要应用于商品的零售业，包括面向普通消费者的网上商品销售和网上电子银行业务。随着万维网的出现和迅速发展，这种类型的电子商务发展很快，即企业通过互联网为消费者提供一个新型的购物环境——网上商店，消费者在网上购物、在网上支付。由于这种模式节省了客户和企业双方的时间，缩短了双方的空间距离，大大提高了交易效率，节省了不必要的开支。目前，互联网上已遍布各种类型的商业中心，提供各种商品和电子商务服务，网上购物和网上交易正在逐渐成为网民们的一种消费习惯。B2C 的典型代表是当当网。

3. 消费者对消费者的电子商务

消费者对消费者[Customer（Consumer） to Customer（Consumer），即 C to C 或 C2C]的电子商务。C2C 是指一个消费者作为卖方出售商品给另一个消费者。也就是平常所说的网上拍卖。淘宝网是这一类型的电子商务的典型代表，淘宝网为消费者提供了一个网上交易的平台，给每一位淘宝网的访问者参与电子商务的机会。其他如易趣网、拍拍网等竞拍网站都是属于此类型的电子商务网站。

4. 企业对政府的电子商务

企业对政府（Business to Government，即 B to G 或 B2G）的电子商务。B2G 覆盖企业与政府组织间的许多事务。目前，我国地方政府已经推行网上采购。例如网上报关、网上报税、网上申领执照或营业许可、网上产权交易等涉及企业与政府之间的行为。

5. 消费者对政府的电子商务

消费者对政府[Customer（Consumer）to Government，即 C to G 或 C2G]的电子商务。随着电子商务的发展，政府消费者对政府的电子商务活动也将逐渐增加，如政府将电子商务扩展到福利费的发放、自我估税及个人所得税征收等。通过网络实现个人身份的核实、报税、收税等政府对个人之间的行为。

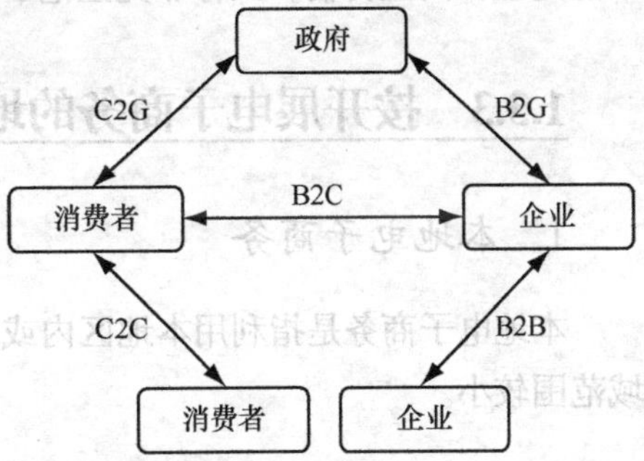

图 1-3 按交易的参与主体区分电子商务类型

按交易的参与主体区分电子商务类型，如图 1-3 所示。

1.3.2 按交易内容分类

1. 无形商品电子商务

无形商品是指可以被数字化，即编码成一段字节，并且可以通过网络来传播的产品，它本身是无形的。数字产品在电子商务中占有极为重要的地位。数字产品可以分为 3 类。

① 内容性产品，是指能够表达一定内容的数字产品。其内容上的差异构成其价值的差异。这一类产品是数字产品中极为重要的组成部分，并且很容易引起极为敏感的版权问题。它又细分为新闻、书籍、音像的数字版本 3 种。

② 交换工具，即指代表某种契约的数字产品，如象征、符号和概念等。它具体包括数字门票、数字化预订、财务金融工具等。

③ 数字过程和服务性产品，任何一个可以被数字化的交互行为都是一个数字化过程或者服务。这里所说的交互行为，实质上是通过相应的软件来驱动和激发的行为。例如用户通过 QQ 来相互聊天，通过 CAJ 浏览器来阅读中国期刊网的论文，这两个过程都是数字化过程的典型例子。数字化过程和服务性产品具体包括电子政务、网站购物、支付、电子通信，如邮件、远程教育、网络游戏、交互式娱乐等。数字化产品的交易过程完全可以通过网络完成，因此又可称为完全电子商务。

2. 有形商品电子商务

有形商品指的是占有三维空间的实体类商品，指看得见、摸得着的商品，如数码相机、书籍等。在这类商品的交易过程中，所包含的信息流和资金流可以完全实现网上传输，卖方通过网络发布商品广告、供货信息及咨询信息，买方通过网络选择欲购商品并向卖方发送订单，买卖双方在网上签订购货合同后又可以在网上完成货款支付。但交易的有形商品必须由卖方通过某种运输方式送达买方指定地点。这种商品交割方式的变化，说明网上购物使传统的物流配送向消费者端延伸。所以有形商品电子商务必须解决好货物配送的问题。电子商务中的商品配送特点有：范围大、送货点分散、批量小、送货及时。对商家来说这些特点如果引起销售成本大大增加，就可能导致商家在电子商务面前驻足不前。有形商品交易的电子商务由于 3 流（信息流、资金流、物流）不能完全在网上传输，又称非完全电子商务。

1.3.3 按开展电子商务的地理范围分类

1. 本地电子商务

本地电子商务是指利用本地区内或本城市内的信息网络实现的电子商务活动，电子交易的地域范围较小。

2. 远程国内电子商务

远程国内电子商务是指在本国范围内进行的网上电子交易活动，其交易的地域范围较大，对软硬件和技术要求较高，要求在全国范围内实现商业电子化、自动化，实现金融电子化，交易各方具备一定的电子商务知识、经济能力和技术能力，并具有一定的管理水平和能力等。

3. 全球电子商务

全球电子商务是指在全世界范围内进行的电子交易活动，参加电子交易各方通过网络进行贸易。涉及有关交易各方的相关系统，如买方国家进出口公司系统、海关系统、银行金融系统、税务系统、运输系统、保险系统等。

1.3.4 按电子商务使用的网络类型分类

1. EDI 电子商务

电子数据交换（Electronic Data Interchange，EDI），是指组织间计算机到计算机的数据交换。这些信息是以标准格式表示的电子商务信息，允许接受方执行预期的业务，即 EDI 用户根据国际通用的标准格式编制电文，以机读方式将结构化的信息（如订单、发票、提货单、进出口许可证等）按照协议将标准化文件通过通信网络传送。报文接收方按照国际统一规定的语法规则，对报文进行处理。通过信息管理系统和支持作业的决策支持系统，完成综合的自动交换和处理。EDI 主要应用于企业与企业、企业与批发商、批发商与零售商之间的批发业务。相对于传统的订货和付款方式，大大节约了时间和费用。

2. 互联网（Internet）电子商务

按照美国 Internet 协会的定义，互联网电子商务是一种“组织松散、国际合作的互联网络”。

该网络“通过自主遵守计算的协议和过程”，支持主机对主机的通信。具体来说，互联网就是让一大批电脑采用一种叫做 TCP/IP 的协议来即时交换信息。互联网商务是现代商业的最新形式，也是电子商务的主流模式。它以计算机、通信、多媒体、数据库技术为基础，通过互联网络，在网上实现营销、购物服务。它突破了传统商业生产、批发、零售以及进货、销售、存储、调运的流转程序与营销模式，真正实现了少投入、低成本、零库存、高效率，从而实现了社会资源的高效运转和最大节约。消费者可以不受时间、空间、国界、厂商的限制，广泛浏览、充分比较，力求以最低的价格获得最为满意的商品和服务。

3. 内联网（Intranet）电子商务

内联网电子商务也称为企业内部电子商务。它是在互联网的基础上发展起来的企业内部网，在原有的局域网上附加一些特定的软件，将局域网与互联网连接起来，从而形成企业内部的虚拟网络。它与互联网之间最大的区别在于：内联网内的敏感或享有知识产权的信息受到内联网防火墙安全网的保护，它只允许经过企业授权的访问者介入内部 Web 站点，外部人员只有在许可条件下才可以进入企业的内部网络。内联网（Intranet）将大、中型企业分布在各地的分支机构及企业内部有关部门和各种信息通过网络予以连通，企业各级管理人员能够通过网络掌握自己所需要的信息，利用在线业务的申请和注册代替传统贸易和内部流通的形式，从而有效地降低交易成本，提高经济效益。

1.4 电子商务的基本组成、特点与一般流程

1.4.1 电子商务的基本组成

1. 网络

网络包括 Internet、Extranet、Intranet。从网络的业务范围来看，Internet 最大、Extranet 次之，Intranet 最小。Internet 是互联网，强调各种网络之间的互联，是电子商务的基础，是商务信息传送的载体；Intranet 即内部网，也称内联网，它以 TCP/IP 为基础，以 Web 为核心应用，是企业内部之间的互联，是企业内部商务活动的场所；Extranet 是企业外部网，又称“外联网”，互联的则是多个授权的 Intranet，是一种受控的外联网络，是企业与企业以及企业与个人进行商务活动的纽带。

2. 用户

电子商务用户可分为个人用户和企业用户。个人用户，使用浏览器、电话等接入 Internet。企业用户，建立企业内部网、外部网和企业管理信息系统，对人、财、物、供、销、存进行科学管理。企业利用网站发布产品信息、接受订单，即建立电子商场。还要借助电子报关、电子报税、电子支付系统与海关、税务局、银行进行有关商务、业务处理。

3. 认证中心

认证中心（Certificate authority，CA）是受法律承认的权威机构，负责发放和管理电子证书，

使网上交易的各方能互相确认身份。电子证书是一个包含证书持有人个人信息、公开密钥、证书序号、有效期、发证单位的电子签名等内容的数字文件。

4. 物流中心

物流中心接受商家的送货要求，组织运送无法从网上直接得到的商品，跟踪产品的流向，将商品送到消费者手中。

5. 网上银行

在 Internet 上实现传统银行的业务，为用户提供 24 小时实时服务；与信用卡公司合作，发放电子钱包，提供网上支付手段，为电子商务交易中的用户和商家服务。

1.4.2 电子商务的特点

1. 虚拟性

电子商务的虚拟性主要表现在两个方面。一是企业经营的虚拟化。无论是生产性企业还是流通领域的企业，都可以采用电子商务的方式实现无厂房经营和无店铺经营。如亚马逊公司等网上商店通过网络提供商品信息、接收订单并处理信息，既没有实体的商品，也无需雇佣大量的销售人员。而美国的康柏公司，其计算机的零部件大部分由世界各地的制造商生产、组装，而康柏公司只负责提供技术、软件和品牌，组装好的电脑又通过全球物流系统配送体系发送给用户。二是交易过程虚拟化。买卖双方从贸易磋商、签订合同到支付等，无需当面进行，均通过计算机互联网完成，整个交易完全虚拟化。

2. 跨越时空性

由于互联网本身的开放性，使得电子商务突破了时间和空间的限制，交易活动可以在任何时间、任何地点进行，消费者可以随时上网进行商品和服务的选购，而企业也可以随时在全球范围内找市场。

3. 低成本

电子商务对于企业来说大大降低了成本，其成本的降低主要来源于没有店面的成本、减少了销售人员、库存压力减少以及营销成本低等方面。因此，企业经营的低成本，不仅使得企业赢利的空间加大，而且对于消费者来说，也能以低于网下商店的价格获得商品，同时坐在家里就可以购物，还节约了时间成本。

4. 高效率

不断发展的网络和信息技术使得信息能瞬间在世界各地完成传递，并由计算机自动处理，整个交易过程快速、高效；电子支付减少了资金的在途时间，提高了资金的利用率。因此，商业活动的效率大大提高。

5. 安全性

基于互联网的电子商务，安全性是必须要考虑的核心问题。为使企业有一个安全的电子商务环境，要逐步构建一个完善的电子商务法律体系，企业要有电子商务安全的防范意识，并采用相关的技术手段和安全措施，以保证交易双方身份的可认可性、交易信息的秘密性、完整性、不可抵赖性和不可伪造性。

1.4.3 电子商务的应用特性

1. 商务性

电子商务最基本的特性为商务性，即提供买、卖交易的服务、手段和机会。

网上购物提供一种客户所需要的方便途径，因而，电子商务对任何规模的企业而言都是一种机遇。

2. 服务性

在电子商务环境中，客户不再受地域的限制，像以往那样只做某家邻近商店的老主顾，他们也不再仅仅将目光集中在最低价格上。因而，服务质量在某种意义上成为商务活动的关键。技术创新带来新的结果，互联网应用使得企业能自动处理商务过程，并不再像以往那样强调公司内部的分工。

企业通过将客户服务过程移至互联网上，使客户能以一种比过去简捷的方式完成过去他们较为费事才能获得的服务，如将资金从一个存款账户移至一个支票账户，查看一张信用卡的收支，记录发货请求，乃至搜寻并购买稀有产品，这些都可以足不出户而实时地完成。显而易见，电子商务提供的客户服务具有一个明显的特性——方便。不仅对客户来说如此，对于企业而言，同样也能受益。

3. 协调性

商务活动是一种协调过程，它需要员工和客户，生产方、供货方以及商务伙伴间的协调。为提高效率，许多组织都提供了交互式的协议，电子商务活动可以在这些协议的基础上进行。

传统的电子商务解决方案能加强公司内部的相互作用，电子邮件就是其中一种，但那只是协调员工合作的一小部分功能。利用互联网将供货方连接至管理系统，并通过一个供货渠道连接到客户订单加以处理，这样公司就节省了时间，消除了纸张文件带来的麻烦并提高了效率。

4. 社会性

虽然电子商务依托的是网络信息技术，但电子商务的发展和应用是一社会性的系统工程。因为电子商务活动涉及企业、政府组织、消费者参与，以及适应电子虚拟市场的法律法规和竞争规则的形成等。缺少任何一个环节，势必制约甚至妨碍电子商务的发展，如电子商务交易纳税等敏感问题。

5. 全球性

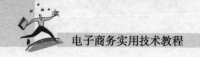

作为电子商务的主要媒体，互联网是向全球开放的。电子商务的开展是不受地理位置限制的，它面对的是全球性统一的电子虚拟市场。

1.4.4 电子商务的优点

1. 降低交易成本

首先，通过网络营销活动，企业可以提高营销效率和降低促销费用；其次，电子商务可以降低采购成本，因为借助互联网，企业可以在全球市场寻求最优惠价格的供应商，而且通过与供应商的信息共享，可以避免由于信息不准确带来的损失。有资料表明，使用EDI通常可以为企业节省5%～10%的采购成本。

2. 减少库存

企业为应付变化莫测的市场需求，不得不保持一定库存产品，而且由于企业对原料市场把握不准，因此也常常维持一定的原材料库存。产生库存的根本原因是信息不畅。以信息技术为基础的电子商务则可以改变企业决策中信息不确切和不及时的问题。通过互联网可以将市场需求信息传递给企业以决策生产，同时，企业的生产信息可以马上传递给供应商适时补充供给，从而实现零库存管理。

3. 缩短生产周期

一个产品的生产是许多企业相互协作的成果，因此，产品的设计开发和生产销售可能涉及许多关联的企业，通过电子商务可以将过去的信息封闭的分阶段合作方式变成信息共享的协同工作方式，从而最大限度地减少因信息封闭而出现的等待时间。

4. 增加商机

传统的交易受到时间和空间的限制，而基于互联网的电子商务则是24小时全球运作，网上的业务可以拓展到传统营销人员销售和广告促销所达不到的市场范围，如我国湖南一养毒蛇的农民通过互联网将其产品卖到美国一个从未曾谋面的公司。

5. 减轻物资的依赖

传统企业的经营活动必须有一定物资基础才可能开展业务活动，而通过互联网可以创办虚拟企业，如网上商店和网上银行的建立基本不需要很多的实物基础设施，同时，企业还可以将节省的费用转让给消费者，这正是著名的网上书店亚马逊公司为什么能给消费者提供传统书店无法提供的优惠折扣的原因所在。

6. 减少中间环节

电子商务重新定义了传统的流通模式，减少了中间环节，使得生产者和消费者的直接交易成为可能，从而在一定程度上改变了整个社会经济的运行方式。

1.4.5 电子商务的一般流程

1. 广告宣传

电子商务可凭借企业的 Web 服务器和客户的浏览，在互联网上发布各类商业信息。客户可借助网上的检索工具迅速找到所需商品的信息，商家可利用网上主页和电子邮件在全球范围内做广告。与以往的各类广告相比，网上的广告成本最低廉，而顾客的信息量却最为丰富。

2. 咨询洽谈

电子商务可借助非实时的电子邮件、新闻组和实时的讨论组来了解市场和商品信息、洽谈交易事务。网上的咨询和洽谈能超越人们面对面洽谈的限制、提供多种方便的异地交谈形式。

3. 网上订购

电子商务借助电子邮件互传网上的订购。网上的订购通常都是在产品介绍的页面上提供十分友好的订购提示信息和订购交互格式框。当客户填完订购单后，通常系统会回复确认信息单来保证订购信息是否收悉。订购信息采用加密的方式使客户和商家的商业信息不会泄露。

4. 网上支付

电子商务要成为一个完整的过程，网上支付是重要的环节。支付形式多样，如采用信用卡账户实施支付。在网上直接采用电子支付手段可节省交易中相关人员的开销。当然网上支付将需要更多可靠的信息传输安全性控制机制，以防止欺骗、窃听、冒用等非法行为。

5. 产品配送

对于已付了款的客户，商家应将其订购的货物尽快传递到客户的手中，而传递货物的运送服务主要靠配送中心。物资配送企业采用网络化的计算机技术和现代化的硬件设备，软件系统及先进的管理手段，严格地按用户的订货要求，进行一系列分类、编配整理、分工配货等理货工作，并且定时、定点、定量地交给没有地域限度的各类客户。

6. 售后服务

售后服务主要包括帮助客户解决产品使用中的问题，排除技术故障，提供技术支持，传递产品改进或升级的信息以吸引客户提供对产品与服务的反馈信息。

7. 电子账户

网上支付必须要有电子金融来支持，即银行或信用卡公司及保险公司等金融单位要为金融服务提供网上操作服务。而电子管理是其基本的组成部分。信用卡号或银行账号都是电子账户的一种标志，其可信度需配以必要的技术措施来保证。如数字凭证、数字签名、加密等手段的应用提供了电子账户操作的安全性。

8. 交易管理

整个交易的管理将涉及人、财、物多个方面，企业和企业、企业和客户及企业内部等各方面的协调和管理。因此，交易管理是涉及商务活动全过程的管理。电子商务的发展，将给人们提供一个良好的交易管理的网络环境及多种多样的应用服务系统。

本章小结

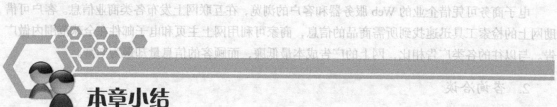

本章主要介绍了电子商务的发展历程，电子商务的概念，电子商务分类，电子商务的基本组成、特点与一般流程。通过本章的学习，了解电子商务的发展历程，掌握电子商务的概念、电子商务分类，熟悉电子商务的基本组成、特点与一般流程。

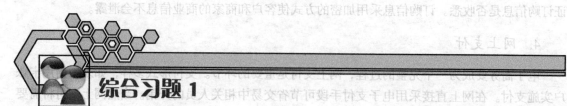

综合习题 1

一、填空题

（1）狭义的电子商务简写为________。

（2）广义的电子商务简写为________。

（3）电子商务交易过程的 3 个阶段为________、________、________。

（4）电子商务中的 4 种基本流为________、________、________、________。

（5）企业间的电子商务简称为________。

（6）企业与消费者之间的电子商务简称为________。

（7）消费者与消费者之间的电子商务简称为________。

（8）企业与政府之间的电子商务简称为________。

二、选择题

（1）电报这一电子工具诞生于（　　）年，标志着人们运用电子手段进行商务活动的开始。

A. 1838　　B. 1839　　C. 1840　　D. 1841

（2）（　　）是商务活动的基础，是商务、业务信息传送的工具，是商务活动的纽带。

A. 软件　　B. 硬件　　C. 互联网　　D. 交易平台

（3）在电子商务中，为进行商务活动交易双方之间利用的是（　　）。

A. 现代信息技术和计算机网络　　B. 现代物流技术和计算机网络

C. 现代管理技术和通信网络　　D. 现代科学技术和通信网络

（4）在电子商务分类中，B to C 是（　　）。

A. 消费者与消费者间的电子商务　　B. 企业间的电子商务

C. 企业内部的电子商务　　D. 企业与消费者间的电子商务

（5）内联网的英文是（　　）。

A. Intranet　　B. Internet　　C. Extranet　　D. Net

（6）Intranet 以（　　）为核心应用。

A. Web　　B. TCP/IP　　C. FIP　　D. 以上都不是

三、思考题

（1）什么是电子商务？

（2）简述电子商务的产生与发展过程。

（3）简述国际组织及世界各著名公司对电子商务的定义。

（4）简述电子商务和传统商务的关系。

（5）广义的电子商务和狭义的电子商务的区别是什么？

（6）我国的电子商务的发展经历了哪几个阶段？

（7）简述电子商务的分类。

第2章 电子商务技术基础

学习目标

- 掌握电子商务的网络技术。
- 掌握 Internet 基本知识。
- 了解网站开发技术。
- 掌握 EDI 技术。

案例导入

案例 2–1　企业急需电子商务人才

湖北省咸宁市桂花镇是全国闻名的桂花及桂花苗木之乡，以桂花苗木品种繁多、地质优良、产量丰富而闻名遐迩。桂花镇辖内有桂花苗木树 100 多万株，鲜花产量 40 余万斤，桂花苗木树达 100 年树龄以上的就有 20 万株以上。小戴成立了一家戴氏桂花园艺有限公司，这家公司地处桂花镇的桂花苗木基地，是一家提供桂花苗木批发的农业公司。

近年来，全国绿化用桂花苗木虽起步晚、利润低，但是行业竞争却日益激烈。由于此类产品最大用户是普通乡村群众，城镇顾客群体比较陌生，所以公司大力投入的电视等媒体广告并未起到很好的效果。为了进一步提高销售额，增强企业的竞争力，公司决定开展电子商务，通过互联网来增加销售额。但公司缺乏电子商务专业人才，现有公司人员对电子商务涉及的相关网络技术比较缺乏，甚至连电脑如何上网都不会！

案例分析

随着人类向信息社会迈进的步伐不断加快，电子商务成为一个充满机遇和挑战的新领域，是一个具有巨大发展潜力的市场。电子商务技术也成为一种发展非常迅速的新技术。在电子商务的应用中需要多种技术支撑，计算机网络技术、Internet 知识、网站设计技术以及 EDI 技术是电子商务得以实现的基本条件，是保证电子商务活动顺利进行的前提。

案例思考题

（1）该企业急需哪方面的电子商务人才？

（2）哪些技术是保证电子商务活动顺利进行的前提？

2.1 电子商务的网络技术

网络技术特别是广域网技术作为电子商务最关键的支撑技术之一，对电子商务的正常、稳定运行及其深层次发展起着决定性的作用。因此，要深入了解、掌握和应用电子商务，就必须对计算机网络有一个较为全面的了解和认识。

2.1.1 计算机网络技术概述

1. 计算机网络的产生与发展

（1）第 1 阶段：面向终端的计算机通信网络

早在 1951 年，美国麻省理工学院林肯实验室就开始为美国空军设计称为 SAGE 的半自动化地面防空系统。该系统最终于 1963 年建成，被认为是计算机和通信技术结合的先驱。

它是将一台计算机经通信线路与若干台终端直接相连，把远距离的雷达和其他测控设备的信号通过通信线路送到一台计算机进行处理和控制。

面向终端的计算机通信网络是一种主从式结构，计算机处于主控地位，承担着数据处理和通信控制工作，而各终端一般只具备输入/输出功能，处于从属地位。这种网络与现在所说的计算机网络的概念不同，可以说只是现代计算机网络的雏形。

（2）第 2 阶段：以分组交换网为中心的现代计算机网络

现代计算机网络产生于 20 世纪 60 年代中期，其标志是 1969 年美国国防部高级研究计划局（ARPA）建成 ARPAnet 实验网开始的。该网络首次使用了分组交换技术，为计算机网络的发展奠定了基础。该网络当时只有 4 个节点，以电话线路作为主干网络，两年后，建成 15 个节点，并进入工作阶段。

该网络各主机之间不是直接用线路相连，而是由接口报文处理机（IMP）转换后互联。接口报文处理机及其之间互连的通信线路一起负责主机间的通信任务，共同构成了通信子网。主机和终端都处在通信子网的外围，构成了资源子网。

（3）第 3 阶段：专用网络和网络互连

20 世纪 70 年代中期，ARPA net 的规模不断扩大，网络节点超过 60 个，主机 100 多台，地理范围跨越美国大陆，连通了美国东部和西部的许多大学和研究机构，而且通过通信卫星与夏威夷和欧洲地区的计算机网络相互连通。同时，局域网技术理论首次被提出。人们当时意识到，研制网络互连体系结构的时机已经成熟。20 世纪 70 年代末期，IP、TCP、UDP 这 3 个重要 Internet 协议的概念已经完成，标志着网络互连体系结构的原则已经确立，此时约有 200 台主机与 ARPA net 相连。

1977 年，国际标准化组织（ISO）专门设立了一个委员会，研究网络互连的标准体系结构，并于 1983 年提出了异种机系统互连的标准框架，即开放系统互连参考模型 OSI/RM。作为国际标准，OSI 规定了可以互连的计算机系统之间的通信协议，遵从 OSI 协议的网络通信产品都是所谓的开放系统。今天，几乎所有的网络产品厂商都声称自己的产品是开放系统，不遵从国际标准的产品逐渐失去了市场。这种统一的、标准化产品互相竞争的市场又进一步促进了网络技术的发展。

1972 年，Xerox（施乐）公司发明了以太网。20 世纪 80 年代出现了微型计算机，这种更适合办公室环境和家庭使用的新机种对社会生活的各个方面都产生了深刻的影响。以太网与微机的结合使得微机局域网得到了快速的发展。在一个单位内部的微型计算机和智能设备互相链接起来，提供了办公自动化的环境和信息共享的平台。1980 年 2 月，电气与电子工程师协会（IEEE）成立了一个 IEEE802 局域网络标准委员会，并制定了一系列局域网标准。其中，IEEE802.3 标准——以太网成为局域网技术的主流，并逐渐发展到今天的快速以太网（802.3u）、千兆位以太网（802.3z）、万兆位以太网（802.3ae）等。局域网的发展道路不同于广域网，局域网厂商从一开始就按照标准化，互相兼容的方式展开竞争。用户在建设自己的局域网时选择面更宽，设备更新更快。

1983 年，TCP/IP 协议被批准为美国军方的网络传输协议。同年，ARPAnet 分化为 ARPAnet 和 MILnet 两个网络。

（4）第 4 阶段：Internet 的迅猛发展

1985 年，美国国家科学基金会（National Science Foundation，NSF）利用 ARPAnet 协议建立了用于科学研究和教育的骨干网络 NSFnet。1990 年，NSFnet 代替 ARPAnet 成为国家骨干网，并且走出了大学和研究机构进入社会，向全世界范围扩展，并将此网络命名为 Internet。从此，网上的电子邮件、文件的下载和消息传输受到越来越多人们的欢迎并被广泛使用。1992 年，Internet 学会成立。该学会把 Internet 定义为“组织松散的、独立的国际合作互联网络”，“通过自主遵守计算机协议和过程支持主机对主机的通信”。计算机网络迅猛发展，人类自此进入了网络时代。

1993 年，时任美国总统克林顿公布了国家信息基础设施 NII 发展计划，推动了国际范围内的网络发展热潮。1993 年，由欧洲原子核研究组织开发的万维网（WWW）首次在 Internet 上露面，立即引起轰动并大获成功。万维网的最大贡献在于大大方便了非专业人员对网络的使用，并成为 Internet 日后成指数级增长的主要驱动力。

1993 年，美国伊利诺斯大学国家超级计算机中心成功开发了网上浏览工具 Mosaic。到 1995 年，用户可以使用 Mosaic 和 Netscape 浏览器在网上冲浪，使得各种信息都可以方便地在网上交流。浏览工具的实现带来 Internet 的发展和普及的高潮。上网不再是网络操作人员和科学研究人员的专利，而成为一般人进行远程通信和交流的工具。微软公司于 1996 年开始开发浏览器，导致 Netscape 和微软之间的“浏览器”之战，并以微软公司的获胜而告终。

20 世纪 90 年代后期，Internet 开始了惊人的高速发展，网上的主机数量、上网的人数、网络的信息流量每年都在成倍地增长。

进入 21 世纪以来，计算机网络的发展主要体现在住宅宽带接入 Internet、无线接入 Internet 和无线局域网、对等网 3 个方面。计算机网络前进的步伐可以用飞速来形容。所有的前沿技术正在取得进展，包括新型应用程序、安全性、Internet 电话、LAN 的最高传输速率和更快的路由器设置等。

2. 计算机网络的定义

（1）计算机网络的定义

计算机网络自 20 世纪 50 年代出现以来，由于技术的进步，社会需求的不断增加，获得了前所未有的发展，先后历经了一个从简单到复杂，从低级到高级的发展过程，人们通常将其归纳为单机系统、多机系统、计算机通信网络、现代计算机网络4个阶段。对于计算机网络，不同的阶段，人们对其定义也有所不同。确切地说，“将地理位置的不同且具有独特功能的多个计算机系统，通过通信设备和线路将其连接起来，并由功能完善的网络软件实现资源共享系统，称为计算机网络。”

（2）计算机网络的功能

计算机网络的功能主要包括：资源（硬件资源、软件资源和数据资源）共享，数据通信，信息的有机集中与综合处理，资源的调剂功能。通过资源调剂，均衡网络负载，提高网络利用率。

（3）计算机网络的组成

计算机网络的组成，从逻辑功能上看，主要包括资源子网和通信子网两个部分。从结构上看，主要由网络硬件和网络软件两部分构成。其中，网络硬件主要包括计算机（服务器和工作站），通信设备，传输介质，外围设备等；而网络软件则主要包括操作系统、应用软件及通信协议、数据文件等其他相关软件。

3. 计算机网络的特点

（1）资源共享

资源共享是计算机网络最基本和最重要的特点。资源共享除共享硬件资源外，还包括共享软件和数据资源。只要是在正常的权限范围之内，网上的各个用户都可以非常方便地使用网络中各计算机上所提供的共享软件、数据和硬件设备，而且不受实际地理位置的限制。通过资源共享，不仅能够提高网络系统内资源的利用率，还可使整个系统数据处理平均费用明显下降。

（2）数据通信能力

网络系统中的各个计算机之间能快速可靠地相互传送数据及信息，根据需要可以对这些数据信息进行分散、分组、集中管理或处理，这是计算机网络最基本的功能。这种数据通信能力使得地理位置分散的信息能按用户的要求进行快速地传输和处理。

（3）均衡负载互相协作

通过网络可以缓解用户资源缺乏的矛盾，使各资源的忙与闲得到合理调整。例如，当某台计算机的计算任务很重时，可以通过网络将某些任务传送到空闲的计算机去处理。

（4）分布式处理

在计算机网络中，用户可以根据问题的性质，选择网内最合适的资源来处理，使问题得到快速而经济的解决。对于综合性的大型问题，可以采用合适的算法将任务分散到不同的计算机进行分布处理。利用网络技术，还可以将许多小型机或微机连成具有高性能的分布式计算机系统，使它们具有解决复杂问题的能力，从而使得只有小型机或微机的用户可以享受到大型机的优势。

（5）提高计算机的可靠性

在计算机网络系统中能实现对差错信息的重复，从而增强了可靠性。提高可靠性还表现在计算机网络中的各台计算机可以通过网络彼此互为备机，一旦某台计算机出现故障，故障机的任务就可由其他计算机代为处理，避免了在单机无后备的情况下，因某台计算机故障导致系统瘫痪的现象发生。

2.1.2 计算机网络的分类

1. 按传输信号分类

网络中处理的数据可分为离散的数字数据和连续的模拟数据。相应地，网络中的数据信号分为数字信号和模拟信号两种，那么，传输数字信号的网络就被称为数字网络。传输的管理信息系统、办公自动化系统等大都属于数字网络。传输模拟信号的网络则被称为模拟网络。现有的电信网络、视频网络等都属于典型的模拟网络。

2. 按通信传输方式分类

（1）点到点式网络（Point-to-Point Network）

点到点式网络是网络中每两台主机、两台节点交换机之间或主机与节点交换机之间都存在一条物理信道，信道一端节点设备发送的数据确定无疑地只会由信道另一端的唯一一台设备收到，节点间没有信道竞争，几乎不存在介质访问控制问题。星型、网状型等网络多属于此类网络。

（2）广播式网络（Broadcast Network）

广播式网络是所有主机共享的一条物理信道，某一主机发出的数据，其他主机都能收到。但多主机信道共享易引起冲突，因此，介质访问控制方法是这种网络的关键技术。总线网、环型网、微波网、卫星网等都是典型的广播式网络。广播式网络又有单地址、组地址、广播地址之分。

3. 按计算机网络规模和覆盖地理范围分类

（1）局域网（Local Area Network，LAN）

局域网分布于每个房间，每个楼层，整栋楼及楼群之间等，范围一般在 2 km 以内，最大距离不超过 10 km，传输速率为 10 Mbit/s~100Mbit/s，如图 2-1 所示。它主要用来构建一个单位的内部网络，例如办公室网络、办公大楼内的局域网、学校的校园网、工厂的企业网、大公司及科研机构的园区网等。局域网通常属于单位所有，单位拥有自主管理权，以共享网络资源和协同式网络应用为主要目的。

局域网主要特点：适应网络范围小、传输速率高、组建方便，使用灵活、网络组建成本低以及数据传输错误率低等。

（2）城域网（Metropolitan Area Network，MAN）

城域网是介于广域网与局域网之间的一种大范围的高速网络，它的覆盖范围通常为几公里至一百公里，传输速率为 45 Mbit/s～150Mbit/s，如图 2-2 所示。

城域网的主要特点：适合比 LAN 大的区域、比 LAN 速度慢，但比 WAN 速度快、昂贵的设备以及中等错误率。

（3）广域网（Wide Area Network，WAN）

广域网的覆盖范围很大，几个城市、一个国家、几个国家甚至全球都属于广域网的范畴，从几十公里到几万公里，传输速率为 64 Kbit/s～625 Mbit/s，如图 2-3 所示。

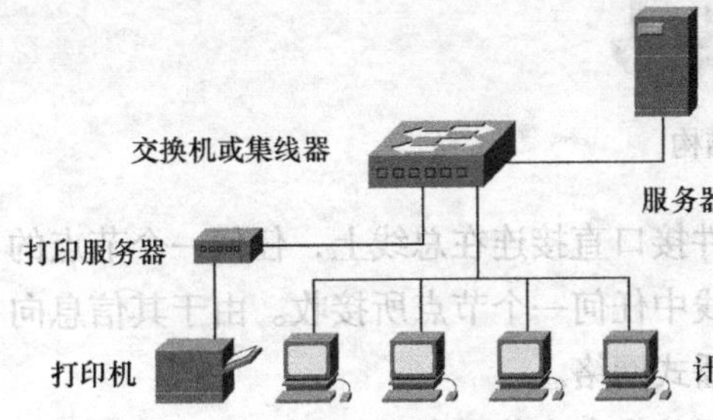

图 2-1　局域网

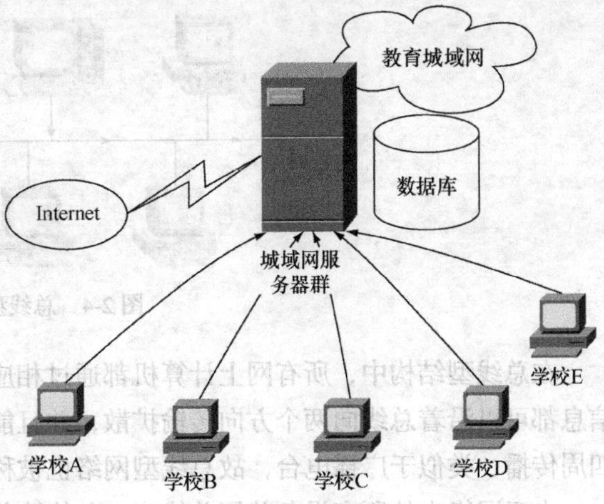

图 2-2　城域网

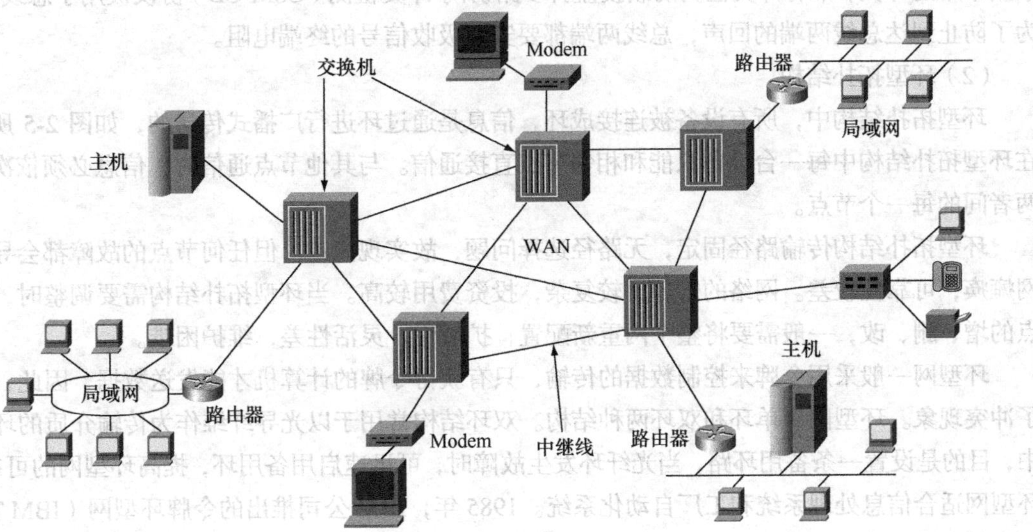

图 2-3　广域网

在广域网内，用于通信的传输装置和介质一般由电信部门提供，网络则由多个部门或国家联合组建，网络规模大，能实现较大范围的资源共享。

广域网的主要特点：规模可以与世界一样大小、一般比 LAN 和 MAN 慢很多、网络传输错误率最高以及昂贵的网络设备。

4. 按网络的拓扑结构分类

（1）总线型拓扑结构

总线型拓扑结构是将网络中所有设备都通过一条公共总线连接，通信时信息通过总线进行广播式传送。这种布局方式，称为总线型拓扑结构，如图 2-4 所示。

总线型拓扑结构简单，投资少、安装布线增删节点容易、可靠性高。总线型网络结构是目前使用最广泛的结构，也是一种最传统的主流网络结构，适合信息管理系统、办公自动化系统领域的应用。

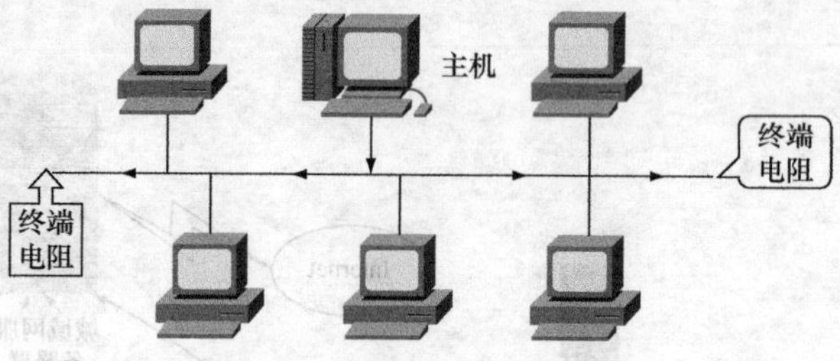

图 2-4　总线型拓扑结构

在总线型结构中，所有网上计算机都通过相应的硬件接口直接连在总线上，任何一个节点的信息都可以沿着总线向两个方向传输扩散，并且能被总线中任何一个节点所接收。由于其信息向四周传播，类似于广播电台，故总线型网络也被称为广播式网络。

由于网络中的所有设备共用总线这一条传输信号，因此，存在信道争用问题。为了减少信道争用带来的冲突，带有冲突检测的载波监听多路访问/冲突检测（CSM/CD）协议被用于总线网中。为了防止到达总线两端的回声，总线两端都要安装吸收信号的终端电阻。

（2）环型拓扑结构

环型拓扑结构中，所有设备被连接成环，信息是通过环进行广播式传送的，如图 2-5 所示。在环型拓扑结构中每一台设备只能和相邻节点直接通信。与其他节点通信时，信息必须依次经过两者间的每一个节点。

环型拓扑结构传输路径固定，无路径选择问题，故实现简单。但任何节点的故障都会导致全网瘫痪，可靠性较差。网络的管理比较复杂，投资费用较高。当环型拓扑结构需要调整时，如节点的增、删、改，一般需要将整个网重新配置，扩展性、灵活性差，维护困难。

环型网一般采用令牌来控制数据的传输，只有获得令牌的计算机才能发送数据，因此，避免了冲突现象。环型网有单环和双环两种结构。双环结构常用于以光导纤维作为传输介质的环型网中，目的是设置一条备用环路，当光纤环发生故障时，可迅速启用备用环，提高环型网的可靠性。环型网适合信息处理系统和工厂自动化系统。1985 年，IBM 公司推出的令牌环型网（IBM Token Ring）是其典范。

（3）星型拓扑结构

星型结构是指各工作站以星型方式连接成网，如图 2-6 所示。网络有中央节点，其他节点（工作站、服务器）都与中央节点直接相连，这种结构以中央节点为中心，因此又称为集中式网络。星型结构是最古老的一种连接方式，大家每天都使用的电话属于这种结构。

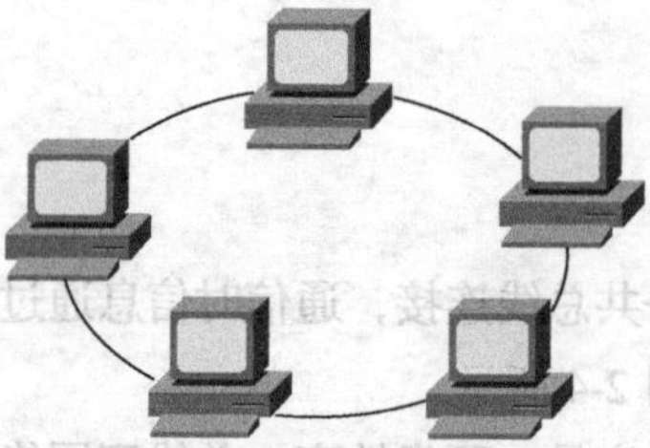

图 2-5　环型拓扑结构

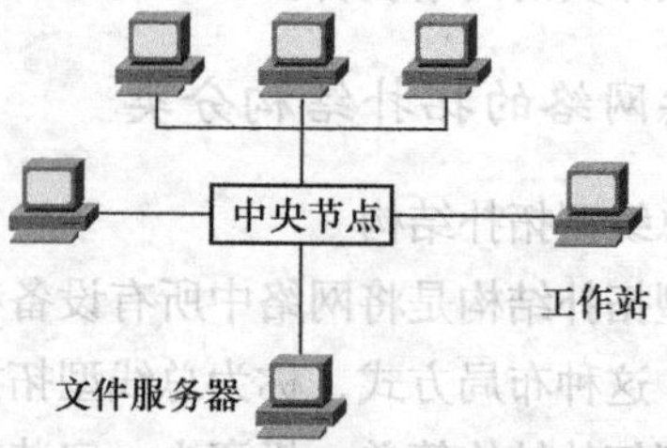

图 2-6　星型拓扑结构

在星型拓扑结构中，任何两个节点要进行通信都必须经过中央节点控制。由于中央节点要与多机连接，线路较多，为便于集中连线，目前多采用一种称为集线器（Hub）或交换设备的硬件作为中央节点。网络中的各节点通过点到点的方式连接到一个中央节点上，由该中央节点向目的节点传送信息。中央节点执行集中式通信控制策略，因此，中央节点相当复杂，负担比各节点重得多。

星型拓扑结构便于集中控制，因为端用户之间的通信必须经过中心站。由于这一特点，也使得此结构具有易于维护和安全等优点。端用户设备因为故障而停机时也不会影响其他端用户间的通信。同时，星型拓扑结构的网络延迟时间较小，传输误差较低。但这种结构非常不利的一点是，中心系统必须具有极高的可靠性，因为中心系统一旦损坏，整个系统便趋于瘫痪。对此，中心系统通常采用双机热备份，以提高系统的可靠性。

现有的数据处理和声音通信的信息网大多采用星型网，目前流行的专用小交换机 PBX(Private Branch Exchange)，即电话交换机就是星型网拓扑结构的典型实例。星型网是目前广泛而又首选使用的网络拓扑设计之一。

（4）树型拓扑结构

树型是星型结构的扩展，它是在总线网上加上分支形成的，其传输介质可有多条分支，但不形成闭合回路。树型网是一种分层网，其结构可以对称，联系固定，具有一定容错能力，一般一个分支和节点的故障不影响另一分支节点的工作，任何一个节点送出的信息都可以传遍整个传输介质，也是广播式网络。一般树型网上的链路相对具有一定的专用性，无须对原网做任何改动就可以扩充工作站，如图 2-7 所示。

（5）网状型拓扑结构

网状型拓扑结构分为一般网状型拓扑结构和全连接网状型拓扑结构两种。一般网状型拓扑结构中每个节点至少与其他两个节点直接相连。全连接网状型拓扑结构中每个节点都与其他所有节点相连通。图 2-8（a）所示为一般网状型拓扑结构，图 2-8（b）所示为全连接网状型拓扑结构。

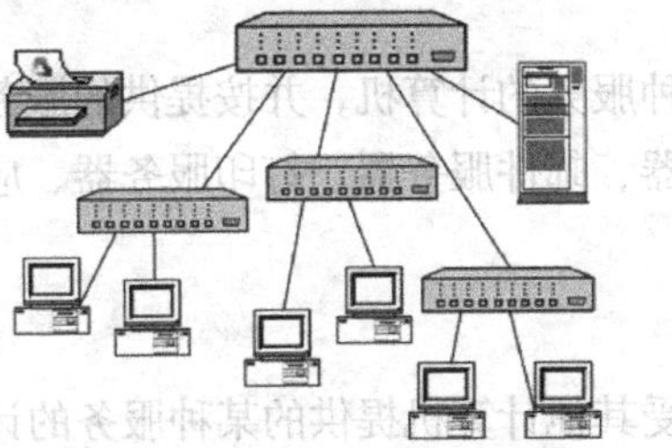

图 2-7　树型拓扑结构

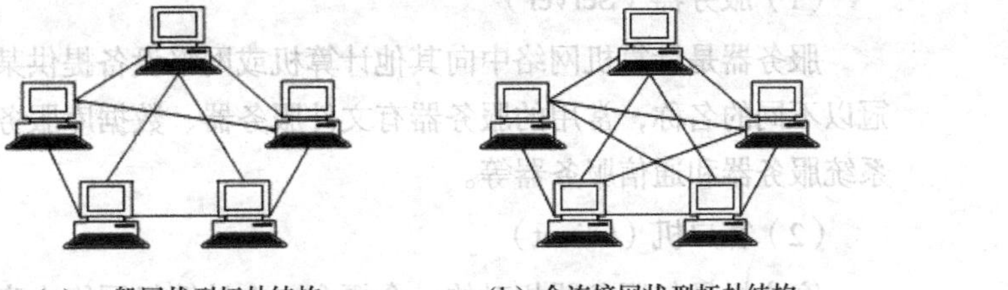

（a）一般网状型拓扑结构　　（b）全连接网状型拓扑结构

图 2-8　网状型拓扑结构

网状型拓扑结构的容错能力强，如果网络中一个节点或一段链路发生故障，信息可通过其他节点和链路到达目的节点，故可靠性高。但其建网费用高，布线困难。因此，主要用于强调可靠性的网络中，如 ATM 网、帧中继网等。

5. 按使用的范围分类

（1）公用网（Public Network）

公用网也称公众网，通常是指一个国家邮电部门构建的网络，用户使用公用网必须按照相关规定缴纳相关费用。

（2）专用网（Private Network）

专用网是指某个行业系统、行业领域或者某个单位为满足本部门的特殊工作需要而建造的网络。这种网络通常会租用公用网的线路，但一般不向本单位以外的集体或个人提供网络服务。军队、铁路、电子银行系统等自建的网络均属于典型的专用网。

6. 按信息交换方式分类

（1）电路交换网（Circuit Switching Network）

电路交换网的特征是在整个通信过程中，需始终保持两节点间的通信线路连通，即形成一个专用的通信线路，如电话通信。电路交换网适用于实时通信，但网络利用率低。

（2）报文交换网（Message Switching Network）

报文交换网的通信线路是非专用的，它利用存储转发原理，将待传输的报文存储在网络节点中，等到信道空闲时再发送出去。报文交换网提高了网络利用率，但由于进行长报文传输时会带来很多问题，目前已很少使用。

（3）分组交换网（Packet Switching Network）

分组交换网将报文划分为若干小的传输单位——分组，并将分组单独传送，能够更好地利用网络，是当今广泛采用的网络形式，如熟知的 Internet。

此外，按传输介质不同分为有线网络和无线网络。按网络用途可分为教育网、科研网、商业网、企业网等多种称谓或形式网络。

2.1.3 计算机网络的组成

1. 计算机网络的硬件组成

（1）服务器（Server）

服务器是计算机网络中向其他计算机或网络设备提供某种服务的计算机，并按提供的服务被冠以不同的名称，常用的服务器有文件服务器、数据库服务器、邮件服务器、打印服务器、应用系统服务器和通信服务器等。

（2）客户机（Client）

客户机是与服务器相对的一个概念。在计算机网络中享受其他计算机提供的某种服务的计算机就称为客户机。

服务器与客户机的一个重要区别是在服务器和客户机上安装的系统软件的差异。在服务器上安装的操作系统一般能够管理和控制网络上的其他计算机，如 Windows Server 2003、UNIX 等。在客户机上一般安装 Windows XP 等操作系统。当然，客户机上的操作系统必须被服务器上的操作系统所认可才能实现互相的服务提供与服务享受。

在有些计算机网络中，计算机之间互为客户机与服务器，即它们互相提供类似的服务和享受这些服务，这种计算机网络被称为对等网络。一般情况下，对等网络中的计算机都装有相同（或相似）的操作系统，如 Windows XP 等。

（3）网卡

网卡是计算机和传输介质之间的物理接口，又称为网络适配器。网卡的作用是将计算机内的数据转换成传输信号发送出去，并把传输信号转换成计算机内的数据接收进来。

（4）传输介质

传输介质也称为通信介质，传输介质是计算机网络中用来连接各个计算机的物理媒体，而其主要指用来连接各个通信处理设备的物理介质。常用的传输介质有两类：有线介质和无线介质。有线介质包括双绞线、同轴电缆和光纤，如图 2-9 所示。无线介质包括无线电、微波、红外线和激光等，由于这几种介质的共同特点是通过空间传送电磁波来载送信号，因此也称为空间传输介质。

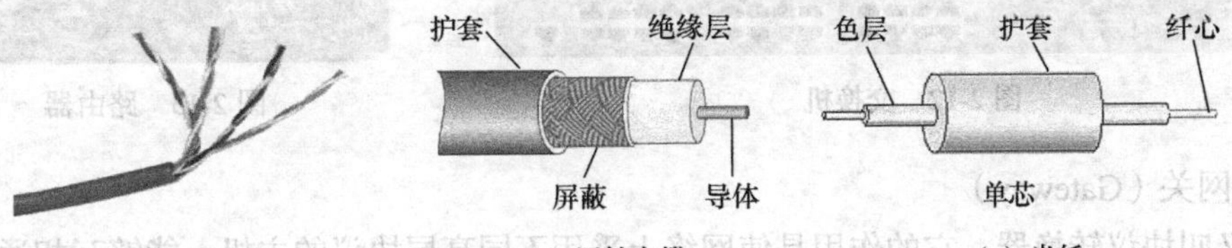

（a）双绞线　（b）同轴电缆　（c）光纤

图 2-9　有线介质

（5）调制解调器（Modem）

调制解调器是远程计算机通过电话线连接网络所需配置的设备，如图 2-10 所示。调制是指发送方将数字信号转换为线缆所能传输的模拟信号。解调是指接收方将模拟信号还原为数字信号。调制解调器同时具备调制和解调双重功能，因此既能发送信号又能接收信号。

（6）中继器（Repeater）

在计算机网络中，信号在传输介质中传递时，由于传输介质的阻抗会使信号越来越弱，导致信号衰减失真。当网络的长度超过一定限度后，若想再继续传递下去，必须将信号整理放大，恢复成原来的强度和形状。中继器的主要功能就是将接收到的信号重新整理，使其恢复原来的波形和强度，然后继续传递下去，以实现更远距离的信号传输。

（7）网桥（Bridge）

网桥是用于两个相似网络的连接设备，并可对网络的数据流进行简单管理，即它不但能扩展网络的距离和范围，而且可使网络具有一定的可靠性和安全性。

（8）集线器（Hub）

集线器是一种特殊的中继器。它除了对接收到信号进行再生并传输外，还可为网络布线和集中管理带来方便。集线器一般有 8～16 个端口，供计算机等网络设备连接使用，如图 2-11 所示。

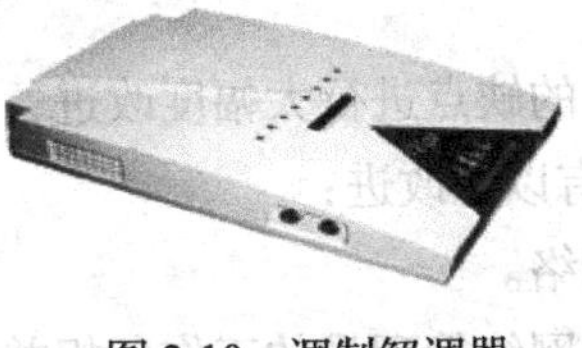

图 2-10　调制解调器

图 2-11　集线器

（9）交换机（Switch）

交换机也是一种多端口网络连接设备，其外观和接口与集线器一样，但交换机却更智能。交换机的这种智能体现在它会记忆哪个地址接在哪个端口上，并决定将数据送往何处，而不会送到其他不相关的端口，因此，这些未受影响的端口可以同时向其他端口传送数据。

在实际应用中，常用的方式是将网络划分成多个小的共享式网络，主要连接部分用交换机实现独享宽带，为每一节点提供尽可能大的宽带，如图 2-12 所示。

（10）路由器（Router）

路由器是用于连接不同技术网络的网络连接设备，它为不同的网络之间的用户提供最佳的通信路径，因此，路由器有时俗称为“路径选择器”，如图 2-13 所示。

图 2-12　交换机

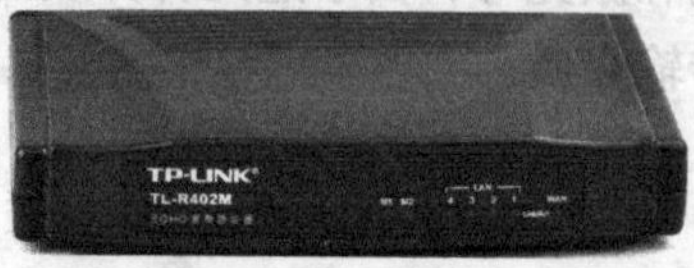

图 2-13　路由器

（11）网关（Gateway）

网关又叫协议转换器，它的作用是使网络上采用不同高层协议的主机，能够互相通信，进而完成分布式应用。网关是传输设备中最复杂的一个，主要用于连接不同体系结构的网络或局域网与主机的连接。

2. 计算机网络的软件组成

计算机网络的软件系统包括计算机网络的网络操作系统和网络应用服务系统等。网络应用服务系统针对不同的应用有不同的应用软件，下面只介绍网络操作系统。

（1）网络操作系统的功能及组成

网络操作系统除具有常规操作系统所应具有的功能外，还应具有网络管理功能，如网络通信功能、网络资源管理功能和网络服务功能等。

针对上述功能，网络操作系统有 3 个组成部分：网络适配器驱动程序、网络协议软件和应用程序接口（API）软件。

（2）Windows 系列

① Windows NT。微软公司 1993 年推出了针对企业用户的 Windows NT 网络操作系统。该操作系统不断完善、升级，到 1996 年推出了 Windows NT4.0 版，得到客户的普遍欢迎。

Windows NT 网络操作系统的最大优势是使用 Windows 图形界面，使用户可以轻松地管理系统。其最大的问题是无法应用到大型网络上。Windows NT 有 Windows NT Server 和 Windows NT Workstation 两种版本，分别用在服务器和客户机上，Windows NT Server 版还提供 DNS、DHCP 和 FTP 等服务。

② Windows 2000。2000 年，微软公司针对 Windows NT 的缺点进行大幅度改进，推出了 Windows 2000 操作系统。Windows 2000 与 Windows NT 相比，有以下改进：

a. 加入了目录服务，使得 Windows 2000 能够应用于大型网络。

b. 采用分散式管理的概念，并提供更佳的管理工具，减少了网络管理员的工作负担并降低了管理需求。

c. 针对 Windows 2000 NT 稳定性不足的问题加以改善，提高了容错能力，加强了操作环境的稳定性，并减少因改设置而需要重新启动的次数，使整个系统能够长时间稳定地工作。

Windows 2000 产品包括：Windows 2000 Server；Windows 2000 Advanced Server；Windows 2000 Datacenter 的服务器版；Windows 2000 Professional 的客户端版。

③ Windows Server 2003。2003 年，微软公司发布了 Windows Server 2003。Windows Server 2003 依据.net 架构对 NT 技术做了重要发展和实质性的改进，部分实现了.net 战略，或者说构筑了.net 战略中最基础的一环。其对活动目录、组策略操作和管理、磁盘管理等面向服务器的功能做了较大改进，进一步扩展了服务器的应用范围。

（3）UNIX

UNIX 是一个强大的多用户、多任务操作系统，支持多种处理器架构，最早由 Ken Thompson、Dennis Ritchie 和 Douglas Mcllroy 于 1969 年在 AT&T 的贝尔实验室开发。经过长期的发展和完善，目前已成为一种主流的操作系统。UNIX 具有技术成熟、可靠性高、网络和数据库功能强、伸缩性突出和开放性好等特色，可满足各行各业的实际需求，特别能满足企业重要业务的需求，已经成为主要的工作站平台和重要的企业操作平台。

由于 UNIX 的开发性，使其存在多个不同的 UNIX 版本。因此，对系统管理以及为 UNIX 开发可移植的应用程序带来一定的困难。

（4）Linux

Linux 操作系统是芬兰赫尔辛基大学计算机系的学生 Linus Torvalds 在 1991 年创建的，是一种基于 PC 机、类似于 UNIX 的操作系统。

Linux 操作系统一开始就采取开放式做法。所谓开放式是指 Linux 的内核源代码完全公开，系统源代码免费发放，任何人都能自由获取、修改和发布，因此，Linux 操作系统得到了飞速发展。

Linux 操作系统具有系统稳定、性能极佳以及网络功能强等优点，但也存在对于用户的要求较高、硬件支持较差和可用的软件目前较少等缺点。

2.1.4　计算机网络的体系结构

1. 网络体系结构的定义

体系结构阐述的是网络系统中各个组成部分及其相互间的关系。它采用层次配对结构，定义描述了一组用于规范网络设备间进行互联的标准和规则。分层的目的在于将一个问题的复杂性弱化，因为任何网络系统都会涉及一整套复杂的协议集，而协议又是保证计算机之间有条不紊的进行数据交换的前提和基础。这就是人们常说的“分而治之，各个击破”，即将要实现的多种功能分配在不同层次中，每个层次要完成的服务及服务实现过程都有明确规定；不同地区的系统分成相同层次；不同系统的同等层次具有相同功能；高层使用低层提供的服务时，不需要知道底层服务的具体实现方法。

为完成计算机间的通信合作，把每个计算机互联的功能划分为定义明确的层次，这些同层次间的通信协议及相邻层间的接口统称为网络体系结构，即网络层次结构模型与各层协议的集合。

2. 开放系统互联参考模型（OSI/RM）

（1）OSI 参考模型的简介

20 世纪 70 年代，国外一些重要的计算机生产厂商相继推出了适合本公司的网络体系结构，这些体系结构的出现，极大地推动了网络技术的进步。然而随着社会的发展，人们不仅要求同构网之间能够相互互联，而且要求异构网之间也能够彼此互联，从而实现更大范围的资源共享。这就提出了一个新课题：如何使用网络体系结构和协议标准化。1977 年，国际标准化组织 ISO 成立了一个分委员会，专门负责研究该问题。1980 年 2 月，ISO 提出了一个旨在使各种计算机实现互联的标准化框架建议书，即著名的开放系统互联参考模型，简称 OSI。

OSI 制定的策略是针对计算机网络所执行的各种功能，进行层次化的结构设计。其实质内容：一是将网络功能分解为许多层次，每个层次中，通信双方遵守许多约定和规程以免混乱，这叫同层协议；二是层次之间逐层过渡，任意一层次做好进入相邻的上一层次或下一层次的准备工作，这叫接口协议。层次是根据功能来划分的，这种按功能划分的层次结构都必须存在于网络的每个实体之中，才能完成互相通信的任务。在层次划分之后，每一层次都要规定一些大家共同遵守的规则和约定，称为层次协议。层次协议只对所属层次的操作有约束力，意在对某层内部协议作修改补充时，不至于影响到其他层次。网络协议和接口确定之后，网络的体系结构也随之确定。按照这一原理，OSI 将整个网络通信的功能划分成了 7 个层次：物理层、数据链路层、网络层、传输层、会话层、表示层和应用层。1983 年，OSI 被正式批准为国际标准，即 ISO7498 国际标准，亦被称为 X.200 建议。我国相应的国家标准为 GB9398。OSI 七层模型如图 2-14 所示。

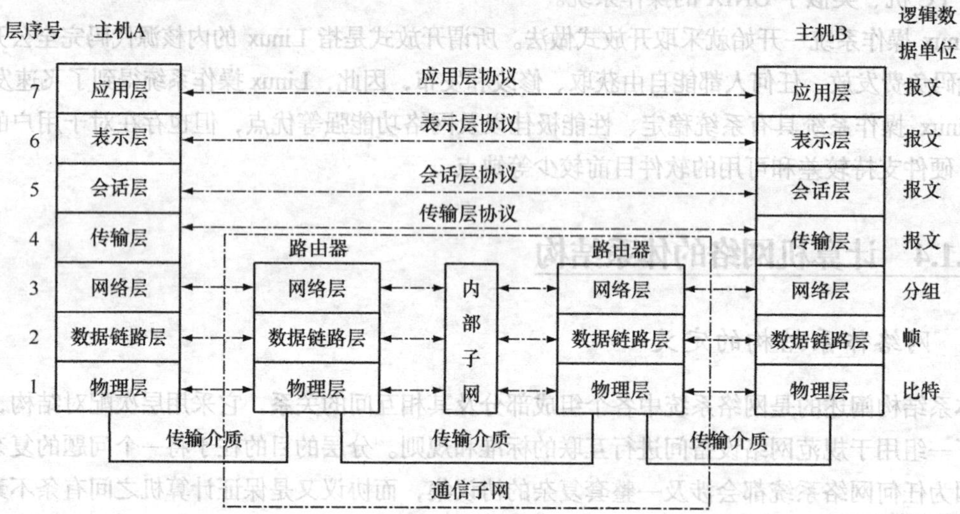

图 2-14 OSI 网络体系结构参考模型示意图

（2）OSI 模型环境下的数据传输过程

在 OSI 中，数据并非是从发送方的某一层直接传送到接收方的某一层，因为同等层之间不存在物理链路，而是发送方将所生成的待传数据按照高层到低层的顺序，通过相邻层接口，逐层传往相邻的下一层，直至物理层。物理层经过相应的编码或调制，将二进制数据转换为脉冲代码或连续的载波频率，经过传输介质和网络结点传送至目的方。数据信息在发送方每经过一层，该层都会按照本层的协议规范，加上相应的控制（报头）信息。接收方收到数据信息，在履行本层所负担的功能职责后，去掉发送方在本层所加的报头信息，经相邻层接口，由低层向高层逐层送往相邻的上一层，直至最高层，最终将数据信息送至目的应用进程。也就是说，对于发送方来讲，总是在不断地进行数据的“封装”，而对于接收方来讲，总是在进行不断地进行数据的“解封”，即同等层间的通信是一种借助报头信息实现的虚拟通信，而相邻层间的通信是一种利用接口协议实现的物理通信。其传输原理如图 2-15 所示。

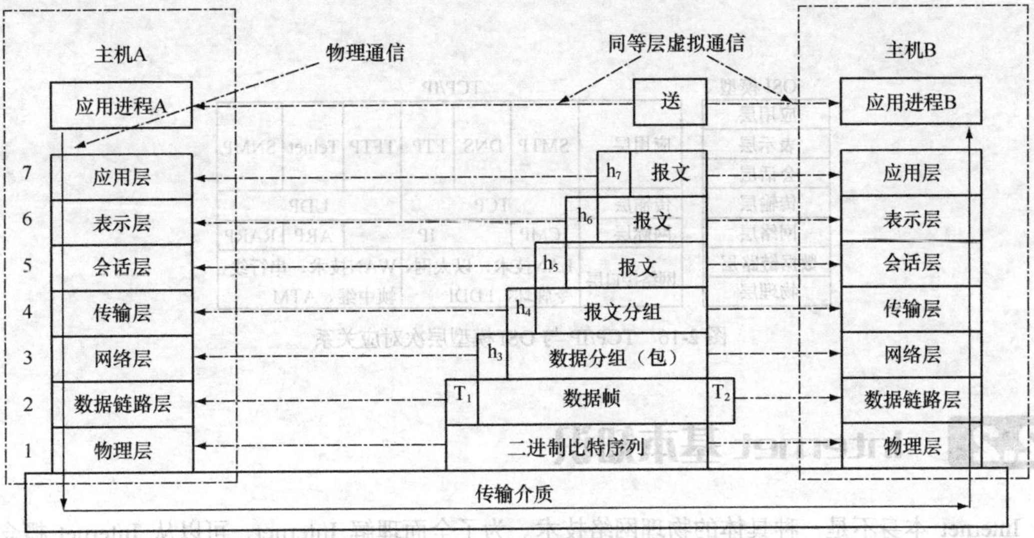

图 2-15　OSI 模型环境下的数据传输过程

2.1.5　计算机网络协议

1. 网络协议概念

为使各个计算机之间或者计算机与终端之间能正确的传递信息，必须在有关信息传输顺序、信息格式和信息内容等方面有一组约定或规则，这组约定或规则即所谓的网络协议。简单来说，协议就是实体控制数据交换规则的集合，它是网络之间互相通信的技术标准，也就是一种被大家公认并必须遵照执行的“共同语言”。在层次式结构中，每一层都可能有若干个协议。

2. TCP/IP 通信协议

TCP/IP 是 20 世纪 70 年代中期美国国防部为其 ARPAnet 开发的网络体系结构和协议标准。它包括传输控制协议 TCP（Transmission Control Protocol）和网际协议 IP（Internet Protocol）。

TCP/IP 是当今计算机网络最成熟、应用最广泛的互联技术，拥有一整套完整而系统的协议标准。TCP/IP 虽不是国际标准，但由于它的广泛应用和快速发展，已经成为事实上的国际标准。与 OSI 模型类似，TCP/IP 也是分层体系结构，每一层提供特定的功能，层与层之间相互独立，因此，改变某一层的功能不会影响其他层。TCP/IP 分为网络接口层、网际层、传输层、应用层这 4 层。与 OSI 模型相比，TCP/IP 没有表示层和会话层，这两层的功能由最高层（应用层）提供。TCP/IP 与 OSI 模型层次对应关系如图 2-16 所示。

目前协议栈中的主要协议有：①SMTP（简单邮件传输协议），负责电子邮件的传送；②DNS（域名服务），负责主机名与 IP 地址间的映射；③FTP（文件传输协议），负责主机间的文件传送；④TFTP（平常文件传送协议），进行小文件传输；⑤Telnet（网络终端协议），负责网中终端的远程登录；⑥SNMP（简单网络管理协议），负责网络管理等；⑦RIP（路由信息协议），负责设备间路由信息的交换；⑧NFS（网络文件系统），负责网中不同主机间的文件共享；⑨HTTP（超文本传输协议），用于网中客户机与 WWW 服务器间的数据传输。

OSI 模型	TCP/IP	
应用层	应用层	SMTP、DNS、FTP、TFTP、Telnet、SNMP
表示层		
会话层		
传输层	传输层	TCP、UDP
网络层	网际层	ICMP、IP、ARP、RARP
数据链路层	网络接口层	LAN技术：以太网、令牌环、FDDI；WAN技术：串行线、帧中继、ATM
物理层		

图 2-16　TCP/IP 与 OSI 模型层次对应关系

2.2 Internet 基本知识

Internet 本身不是一种具体的物理网络技术。为了全面理解 Internet，可以从 Internet 概念、Internet 提供的服务、IP 地址与域名以及 Internet 接入等不同角度来考察 Internet。

2.2.1　Internet 简介

1. Internet 的概念

Internet 是通过网络互联设备把全球不同地方的多个网络或网络群体连接起来的巨大的网络，我国推荐的中文名称是因特网，也称作网际网或互联网。

2. Internet 在中国的发展

（1）第一阶段：与 Internet 电子邮件的连通。1987 年 9 月 20 日，北京计算机应用技术研究所通过与德国一所大学的合作，发送了我国第一封电子邮件。从 1990 年开始，科技人员开始通过欧洲节点在 Internet 上向国外发送电子邮件。1990 年 10 月，我国的最高域名“CN”在 Internet 网管中心注册登记。

（2）第二阶段：1994 年至今，逐步实现与 Internet 全功能的 TCP/IP 连接并逐步开通了 Internet 的全功能服务。

1994 年 4 月，由中国科学院建立的中关村教育与科研示范网（NCFC）实现了与 Internet 的直接连接。同年 5 月，域名（CN）服务器在中国科学院计算机网络中心设置完成，从而可向 NCFC 的各成员组织提供 Internet 的全功能服务，标志我国正式加入了 Internet。

1996 年 2 月，以 NCFC 为基础发展起来的中国科学院院网（CASNET）更名为中国科技网（CSTNET）。

目前，国内主要有中国科技网（CSTNET）、中国公用计算机互联网（CHINANET）、中国教育和科研计算机网（CERNET）、中国联通互联网（UNINET）、中国网通公用互联网（CNCNET）、中国国际经济贸易互联网（CIETNET）、中国移动互联网（CMNET）、中国长城互联网（CGWNET）、中国卫星集团互联网（CSNET）等骨干网络。

中国互联网络信息中心（CCNIC）发布的第 33 次中国互联网络发展状况统计报告显示，截至 2013 年 12 月，我国网民规模达 6.18 亿，互联网普及率为 45.8%，中国网站数量为 320 万。

2.2.2 Internet 提供的服务

1. WWW 服务

WWW（World Wide Web）也称 Web、环球网或万维网，是一种采用 HTML（超文本标记语言）在 Internet 上进行信息发布的方式，用户在客户端使用专门的浏览器软件来查看这些信息，也就是平时所说的浏览网页。WWW 服务是目前 Internet 最基本的、也是应用最广、最受欢迎的一种服务。

目前，使用最广泛的浏览器是 Microsoft 公司出品的 Internet Explorer（简称 IE）。IE 的使用十分简单，在窗口的地址栏中输入网络地址，就可以打开相应的网页。

许多基于网络的应用使用 C/S（客户机/服务器）结构模式，使得网络管理方便、数据流量降低、数据安全性增强。WWW 服务使得 C/S 模式得到了进一步发展，不需要为每一个应用开发专门的客户端程序，而是所有应用系统的客户端都使用统一的浏览器软件，通过 HTTP 协议，浏览器向服务器发出请求，从服务器返回需要的结果。一般称这种方式为 B/S（浏览器/服务器）结构。

使用 WWW 进行浏览，首先需要 Web 页的地址，即网址。对网址的定义叫做统一资源定位符（Uniform Resource Locator，URL）。

URL 的格式由下列 3 部分组成：第一部分是协议（或称为服务方式）；第二部分是存有该资源的服务器域名或 IP 地址（有时也包括端口号）；第三部分是服务器资源的具体地址，如目录、文件名和查询等。

第一部分和第二部分之间用“://”符号隔开，第二部分和第三部分用“/”符号隔开。第一部分和第二部分是不可缺少的，第三部分有时可以省略。即

协议://域名或 IP 地址:端口号/路径/文件名

例如：

http://abaowangdian.taobao.com/shop/view_shop.htm?spm=a1z09.1.0.0.WcnGVl&mytmenu=mdianpu&utkn=g,zphm5xwovizdamby1401636573062&user_number_id=164147379&scm=1028.1.1.20001

其中，http 是超文本传输协议；abaowangdian.taobao.com 是服务器域名；/shop/是路径；view_shop.htm 是文件名；?spm=a1z09.1.0.0.WcnGVl&mytmenu=mdianpu&utkn=g,zphm5xwovizdamby1401636573062&user_number_id=164147379&scm=1028.1.1.20001 是查询（以“?”字符为起点，每个参数以“&”隔开，再以“=”分开参数名称与数据）。

大多数网页浏览器不要求用户输入“http://”的部分，因为绝大多数网页内容是超文本传输协议文件。同样，“80”是超文本传输协议文件的常用端口号，因此一般也不必写明。一般来说用户只要键入统一资源定位符的一部分（abaowangdian.taobao.com）就可以了。

2. 收发电子邮件（E-mail）

电子邮件服务是 Internet 上应用最早、最重要的服务之一。电子邮件与传统邮件相比有传输速度快、内容和形式多样、使用方便、费用低、安全性好等优点。

（1）电子邮件的工作过程

发送和接收邮件需要两个服务器：SMTP（Simple Mail Transfer Protocol，简单邮件传送协议）服务器用于发送电子邮件，POP3（Post Office Protocol3，邮局协议版本 3）服务器用于接收电子邮件。

发送电子邮件时，发件人使用客户端邮件软件编辑好邮件，使用 SMTP 将邮件提交到 SMTP 服务器，SMTP 服务器根据邮件收件人的地址，把邮件传送到收件人的 POP3 服务器，POP3 服务器把邮件存储起来，当收件人使用邮件客户端软件登录到此服务器后，立即使用 POP3 协议将邮件传送给收件人。

常用的邮件客户端程序有 Outlook Express、Foxmail 等。

（2）电子邮件地址

每个邮件用户必须有一个唯一的邮件地址用于用户识别，这个地址称为“电子邮件地址（E-mail 地址）”。E-mail 地址从邮件服务提供者处通过申请获得。

电子邮件地址的格式为：

用户名@邮件服务器主机名

邮件服务器的主机名一般是一个类似域名的名称，用户名是在此邮件服务器主机上唯一的名字，由用户自己命名，“@”是用户名和主机名的隔离符号，读作“at”。如：“song@126.com”。

3. 文件传输服务（FTP）

FTP 服务器允许 Internet 用户使用 FTP（File Transfer Protocol，文件传输协议）协议登录到 FTP 服务器上，进行文件的下载和上传。Internet 上大量的 FTP 服务器为用户提供了大量的可免费下载的软件。其中一部分 FTP 服务器可以匿名登录，但大多数需要使用用户账号登录。

使用 FTP 上传和下载文件可通过一些客户端软件进行，也可以使用 Windows 命令行或 IE 直接进行。

4. 远程登录（Telnet）

远程登录（Telnet networking over the telephone）是指在网络通信协议 Telnet 的支持下，用户可以通过 Internet 网络登录到另一台远程计算机上后，用自己的计算机直接操纵远程计算机，指挥远程计算机工作。例如你可以在远程计算机上启动一个交互式程序，可以检索远程计算机的某个数据库。

在进行远程登录时，用户首先应在 Telnet 命令中给出远程计算机的通信域名或 IP 址，然后根据对方系统的询问，正确地键入自己的用户名和口令。

5. 电子公告板（BBS）

电子公告板（Bulletin Board System，BBS）是一个信息发布与广播系统。BBS 可以使更多的用户直接利用电话线以简单的终端方式进行连接，从而得到廉价的信息，并为网络用户进行文件交流、信息交流、消遣休闲、学习交流等提供方便的机会和广阔的空间。

单击“开始”菜单，选“运行”，在对话框中输入:telnet bbs.pku.edu.cn,单击“确定”按钮。连接成功后显示如图 2-17 所示。

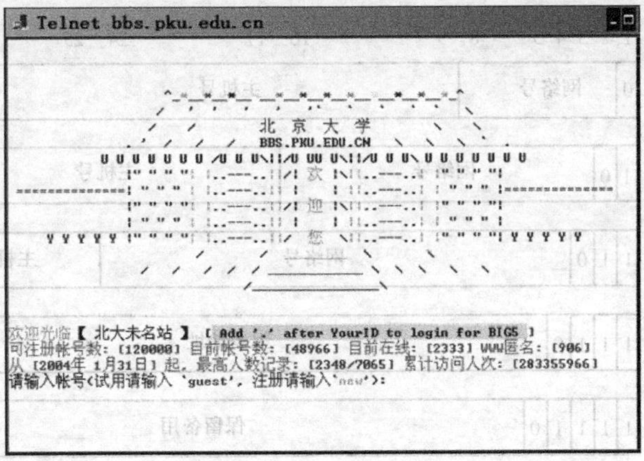

图 2-17　北京大学 BBS

6. 网络新闻组（Newsgroup）

新闻组类似于一个公告板，每个新闻组集中于特定的兴趣主题。用户能阅读新闻组中的文章，如同浏览本地公告板的通告。用户能添加自己的评论或问题。以后，其他用户能阅读其文章，能回复邮件，提出劝告、观点或解答。

访问新闻组的客户端软件是 Outlook Express。

2.2.3　IP 地址与域名

1. IP（Internet Position）地址

（1）IP 地址分类

直接与 Internet 相连的任何一台计算机，都被称为主机。它们都有自己独立的 IP 地址，也就是网络地址。IP 地址是 Internet 主机地址的一种数字型标志，总是唯一的，但并非永久不变。而其他 Internet 上的计算机就可以通过这些 IP 地址对这些计算机进行访问。下面以 IPv4 为标准进行讲解。

一个 IP 地址由 4 个字节（32 位二进制）组成，为便于阅读采用点分十进制表示，即用四组三位十进制数表示，中间用小数点分隔，每组十进制代表 8 位二进制数，其范围为 1~254，因为 0 和 255 有特殊的用途。

例如，IP 地址 11010010.00101000.01000000.00100001 表示成点分十进制为 210.40.64.33。

IP 地址由网络号和主机号两部分组成。其中，网络号表示一个网络，而主机号表示这个网络内的一台主机。同一网络内的所有主机使用相同的网络号，主机号是唯一的。按网络规模大小，将网络地址分为 A、B、C、D、E 这 5 类。A 类：用于大型网络。B 类：用于中型网络。C 类：用于小型网络。D 类：用与组播地址。E 类：用于实验性地址，保留备用。

每一类网络中 IP 地址的结构（即网络号长度和主机号长度）都有所不同。具体规定如图 2-18 所示。

一个网络中的主机不直接连接到 Internet 上时，可以在地址不冲突的情况下，任意分配本网络中的 IP 地址。一般的本地网络地址是使用 IANA 保留的私有 IP 地址。ABC 类网络号、主机号及私有 IP 地址范围，如表 2-1 所示。

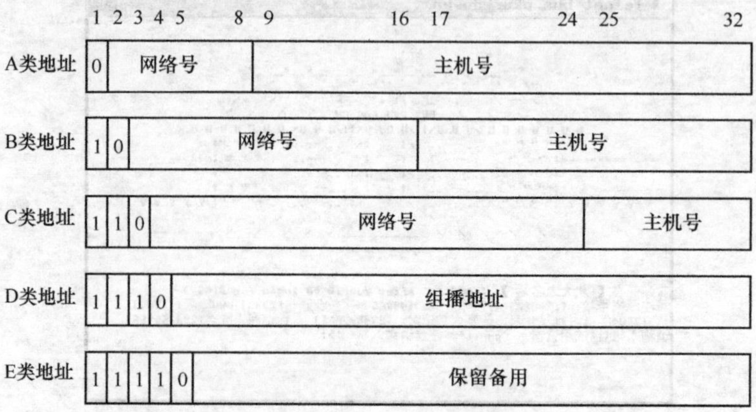

图 2-18　IP 地址分类及格式

表 2-1　A、B、C 类网络号、主机号及私有 IP 地址范围

地址类型	起始网络号	结束网络号	起始主机号	结束主机号	私有 IP 地址范围
A 类	1.Y.Y.Y	126.Y.Y.Y	X.0.0.1	X.255.255.254	10.0.0.1-10.255.255.254
B 类	128.0.Y.Y	191.255.Y.Y	X.X.0.1	X.X.255.254	172.16.0.1-172.31.255.254
C 类	192.0.0.Y	223.255.255.Y	X.X.X.1	X.X.X.254	192.168.0.1-192.168.255.254

注：X 代表不确定的网络号，Y 代表不确定的主机号。

（2）掩码

为了方便有效地将物理网络地址表达出来，IP 协议规定每一个 IP 地址都对应 1 个 32 位的位模式，也称为掩码。对应 IP 地址中物理网络地址中的每 1 位，掩码中的各位都置为 1；对应 IP 地址中主机地址中的每 1 位，掩码中的各位都置为 0。为了使用方便，子网掩码也采用 IP 地址的点分十进制方法表示。对于 A、B、C 类网络掩码的表示，如表 2-2 所示。

表 2-2　A、B、C 类网络的掩码

地址类型	掩码二进制表示	掩码点分十进制表示
A 类	11111111.00000000.00000000.00000000	255.0.0.0
B 类	11111111.11111111.00000000.00000000	255.255.0.0
C 类	11111111.11111111.11111111.00000000	255.255.255.0

2. 新一代 IP——IPv6

IPv4 定义 IP 地址的长度为 32 位，Internet 上每台主机至少分配 1 个 IP 地址，同时为提高路由效率将 IP 地址进行分类，造成了 IP 地址的浪费。网络用户和节点的增长不仅导致 IP 地址的短缺，也导致路由表的迅速膨胀。为了彻底解决 IPv4 存在的问题，互联网工程部从 1991 年开始着手研究开发下一代 IP 协议，即 IPv6。

IPv6 的地址是 128 位。128 位的地址的表示方法如果仍然采用 IPv4 的点分十进制表示法，会有 16 个点分隔，则太长了。IPv6 采用了将地址表示成由 8 个“:”分开的 4 位十六进制数。

例如，一个 IPv6 的地址为：2060:0000:0000:0000:0009:0A00:500D:826E。

IPv6 定义了 3 种地址类型：单播、组播和任播。

3. 域名（Domain Name）和 DNS 服务

（1）域名

IP 地址为 Internet 提供了统一的主机定位方式。直接使用 IP 地址就可以访问网上的其他主机。但是，由数字组成的 IP 地址，没有规律且不便记忆。为解决此问题，引入域名替代 IP 地址。

域名（Domain Name，DN）是由代表一定意义的英文单词的缩写构成，用英文字母来表示 IP 地址，这样，人们就可以轻松地记住 Internet 上的各台主机地址了。域名是 Internet 中计算机（主机）的名称，它包含有名称、类型、地域等信息。互联网上主机的域名就是该主机在互联网上的唯一的名称，它与给定的 IP 地址一一对应。

例如，北京大学网站的 IP 地址为 162.105.129.12，不便于记忆，对应的域名为 www.pku.edu.cn 就好记忆了。

（2）DNS（Domain Name System）域名系统

域名系统（Domain Name System，DNS）是指在互联网或任何一个 TCP/IP 架构的网络中查询域名或 IP 地址的目录服务系统。

通过域名并不能直接找到要访问的主机，需要执行一个从域名查找 IP 地址的过程，这个过程就是域名解析。

DNS 是一个非常重要而且常用的系统。其主要的功能就是将易于人记忆的域名与人不容易记忆的 IP 地址进行相互转换。执行 DNS 服务的网络主机，被称为 DNS 服务器。当接收到请求时，DNS 服务器可将 1 台主机的域名翻译为 IP 地址，称为正向解析，或将 IP 地址转换成域名，称为逆向解析。大部分域名系统都维护着一个大型的数据库，它描述了域名与 IP 地址的对应关系，并且这个数据库被定期地更新。

（3）DNS 的结构

互联网上的主机数已达数亿台，不可能由 1 台 DNS 服务器完成全部主机域名与 IP 地址的解析。DNS 系统采用树状层次型结构。各域之间用“.”号隔开，从左向右看，“.”号右边的域总是左边的域的上一层域，只要上层域的所有下层域名字不重复，那么网上的所有主机的域名就不会重复。域名不区分大小写字母。

域名系统最右边的是最高层域也称为顶级域，每个顶级域都规定了通用的顶级域名。顶级域名分为按组织性质和按国家和地区两种方式分类。

按组织性质方式分类，域名一般格式为：

主机名.机构名.类别名

常用的顶级域名类型如表 2-3 所示。

表 2–3　　顶级域名类型

顶级域名	域名类型	顶级域名	域名类型
com	商业组织	org	非营利组织
edu	教育部门	int	国际组织
gov	政府部门	mil	军事部门
net	网络公司	ac	科研机构

按国家和地区方式分类，各国和地区有不同的代码，如中国的代码是 cn，英国 uk，加拿大为

ca 等。美国原没有作为顶级域名的国家代码，从 2002 年 4 月开始使用 us 作为美国的国家域名代码，而组织代码则成为二级域名。域名一般格式为：

主机名.机构名.类别名.国家或地区名

部分国家或地区的顶级域名代码如表 2-4 所示。

表 2–4　　部分国家或地区的顶级域名代码

国家或地区	代码	国家或地区	代码	国家或地区	代码
中国	cn	英国	uk	加拿大	ca
中国香港	hk	法国	fr	俄罗斯	ru
中国台湾	tw	韩国	kr	意大利	it
中国澳门	mo	日本	jp	澳大利亚	au

二级域名在我国采用按组织和按行政区域两种方式。

按组织方式中，采用与美国的顶级域名类似的划分方法。例如，北京大学的网站 www.pku.edu.cn 以组织类别做二级域名，其中二级域名为.edu，表明是教育部门的域名。三级域名是.pku，表名是北京大学的机构名。

按行政区域方式中，为每个省（直辖市、自治区）按区域分配了一个二级域名，如表 2-5 所示。各个地区又给本地区的各个地市分配了三级域名。例如，天津信息网的域名为 www.tinet.tj.cn 以行政区域作为二级域名，其中二级域名为.tj，表明这是一个行政区域为天津的域名。

表 2–5　　中国行政区域二级域名

代码	地区	代码	地区	代码	地区	代码	地区	代码	地区
AN	安徽	GZ	贵州	HN	湖南	NX	宁夏	SX	山西
BJ	北京	HA	河南	JL	吉林	QH	青海	TJ	天津
CQ	重庆	HB	湖北	JS	江苏	SC	四川	XJ	新疆
FJ	福建	HE	河北	JX	江西	SD	山东	XZ	西藏
GD	广东	HI	海南	LN	辽宁	SH	上海	YN	云南
GS	广西	HL	黑龙江	NM	内蒙古	SN	陕西	ZJ	浙江

主机是最后一级，由各个域的管理员自行建立，不需要通过域名的管理机构。例如，新浪公司的 www.sinA.　com.cn、ftp.sinA.　com.cn 等主机，不再需要申请。

域名最多可以有 5 层，最少可以有 2 层，但以 3 层（以网站类型做顶级域名）或 4 层（以国别为顶级域名）占绝大多数。

（4）DNS 服务

执行 DNS 服务的网络主机，被称为 DNS 服务器。用户使用域名访问互联网上的主机时，需要通过提供域名服务（DNS）的 DNS 服务器将域名解析成对应的 IP 地址。

连接互联网的计算机必须在 IP 地址设置中设置 DNS 服务器的 IP 地址，才能使用 DNS 服务，使用域名上网。一台计算机可以设置一个首选的 DNS 服务器，需要时还可以设置一个备用 DNS 服务器，当首选的 DNS 服务器出现故障时上网不受影响。DNS 服务器的 IP 地址需要咨询网络管理人员或当地的 ISP。

互联网上有许多的 DNS 服务器，负责各自层次的域名解析任务，当计算机设置的主 DNS 服务器的域名数据库中查询不到请求的域名时，会把请求转发到另外一个DNS服务器，直至查询到目标主机。如果所有的DNS服务器都查不到请求的域名，则返回错误信息。使用动态IP地址分配的计算机一般不用设置DNS服务器。

国际域名的注册和解析工作是由国际互联网信息中心InterNIC（http://www.interniC. net）负责，该机构委托网络解析公司（Network Solutions）负责日常的经营活动。国内域名则由中国互联网络信息中心CNNIC（http://www.cnniC. net.cn）负责，同时负责维护和解析工作。

2.2.4 Internet接入

1. Internet接入方式分类

（1）按照用户性质分类

按照用户性质可以分为住宅接入（将家庭端系统接入互联网）、公司（单位）接入（将某组织的端系统接入互联网）和无线接入（将移动端系统接入互联网）。

（2）按照接入方式分类

按照接入方式可以分为电话网接入和局域网接入。电话网接入又可以分为拨号接入和宽度接入。

（3）按照接入技术分类

按照接入技术可以分为拨号接入、综合业务数字网（ISND）接入、用户数字线（DSL）接入、混合光纤/同轴电缆（HFC）接入、光纤接入和数字数据网（DDN）接入等。

2. Internet服务提供商

无论采用哪种接入方式，一般用户都需要通过Internet服务提供商ISP（Internet Server Provider）接入互联网。

（1）ISP的定义

ISP就是为用户提供互联网接入和互联网信息服务的公司和机构。前者又称为互联网接入提供商（Internet Access Provider，IAP），后者又称为互联网内容提供商（Internet Content Provider，ICP）。

由于接入互联网需要租用国际信道，其成本对于一般用户是无法承担的。互联网接入提供商作为提供接入服务的中介，需投入大量资金建立中转站，租用国际信道和大量的当地电话线，购置一系列计算机设备，通过集中使用，分散压力的方式，向本地用户提供接入服务。从某种意义上讲，IAP是全世界数以亿计用户通往互联网的必经之路。互联网内容提供商在互联网上发布综合的或专门的信息，并通过收取广告费和用户注册使用费来获得赢利。

（2）用户选择ISP时考虑的因素

用户选择ISP时应该考虑以下因素：

① 考虑ISP所在的地理位置，首先考虑本地ISP，这样可以减少通信费用（如通过电话网只需支付本地电话费用）、提高可靠性。

② 考虑ISP支持的传输速率，传输速率会直接影响响应速度（即上网的快慢）。当然传输速率越高，费用也会增加，可以综合考虑性价比。

③ 考虑 ISP 的可靠性，ISP 是否能够保证链接通畅、不断线，因此，应该选择有技术和经济实力的大公司。在我国电信部门都是 ISP，例如中国电信、中国移动、中国联通等。

④ 考虑 ISP 的出口带宽，出口带宽同样会影响响应速度。

3. 住宅接入

住宅接入是指将家庭中的 PC 或家庭小网络与 ISP 边缘路由器相连接。住宅接入主要通过电话网接入或混合光纤/同轴电缆接入技术。

（1）电话网接入

常用电话网接入又可以分为利用一般拨号调制解调器通过普通模拟电话线接入与利用新型调制解调器技术采用非对称数字用户线（Asymmetric Digital Subscriber Line，ADSL）接入两种方式。

① 拨号接入。拨号接入是在家庭中的 PC 安装普通拨号调制解调器，通过普通模拟电话线与 ISP 端的调制解调器相连，如图 2-19 所示。调制解调器作用是将发送方发送的数字信号转换成模拟信号在模拟电话线上传输，到达接收方后再由接收方的调制解调器将模拟信号转换成数字信号。

早期，住宅接入基本上都是采用这种拨号接入的方式，但普通调制解调器的速率最高只有 56 Kbit/s，远远不能满足用户的需要。同时，拨号方式接入不能实现打电话和上网同时进行，因此，拨号接入方式逐渐被数字用户线 DSL 替代。

② ADSL（非对称数字用户线）接入技术。ADSL（非对称数字用户线）是一种非对称宽度接入技术，可在现有的任意双绞线上传输（包括现有的模拟电话线路），误码率低。非对称是指上行（从用户到网络）传输速率（带宽）和下行（从网络到用户）传输速率不相同。ADSL 支持下行速率 1～8 Mbit/s，上行速率 512 Kbit/s～1 Mbit/s，有效传输距离 3～5 km。对于用户主要是从网络获取资源的情况，下行速率高于上行速率的分配是科学的。另外，在进行数据传输的同时还可以使用第三个通道，进行 4 kHz 的语音传输。因此，在与互联网连接的同时，还可以通电话。最初主要是针对视频点播业务开发的，随着技术的发展，ADSL 逐步成为了一种较方便的“宽带上网”接入技术。ADSL 的接入模型如图 2-20 所示。

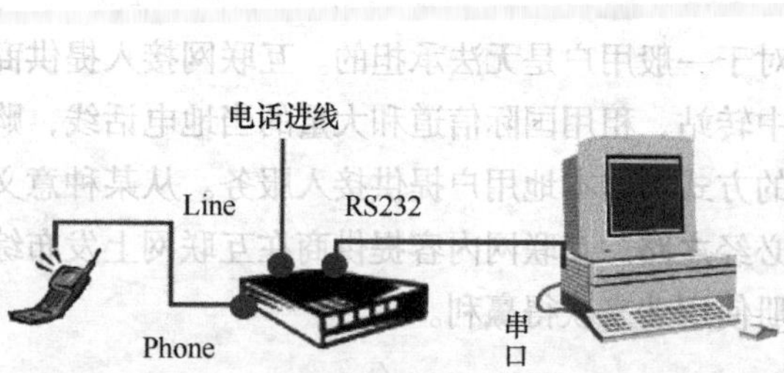

图 2-19 拨号接入

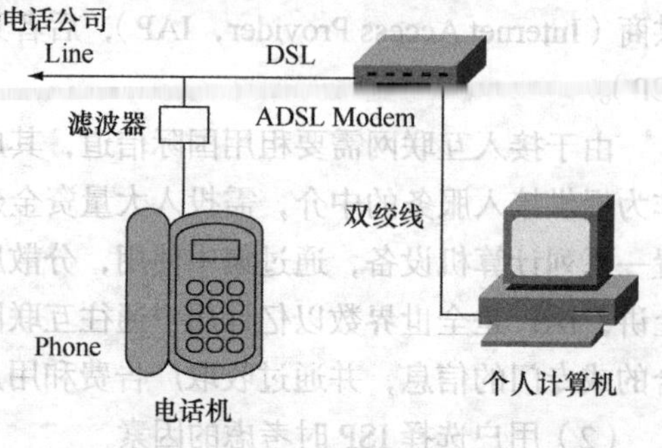

图 2-20 ADSL 的接入模型

（2）混合光纤/同轴电缆（HFC）接入

混合光纤/同轴电缆（Hybrid Fiber Coaxial，HFC）是指光纤和同轴电缆组成的混合网。它扩展了当前用于广播电视的电缆网络，是通过对现有有线电视网进行改造，使得有线电视网除了可提供电视节目之外，还可提供电话、互联网接入等业务。HFC 需要特殊的调制解调器，称为电缆调制解调器。HFC 分为对称式和非对称式两种传输方式。如果是非对称式传输，电缆调制解调器将 HFC 网络划分为不对称的两个信道，即上行信道和下行信道，下行信道的带宽大于上行信道的带宽。

4. 公司接入

公共数据网（Public Cata Network，PDN）有多种类型，如数字数据网，帧中继、X.25 等，它们都是由电信运营商来运行和管理。

（1）数字数据网（Digital Data Network，DDN）接入

DDN 专线是由光纤、数字滤波或卫星等数字传输通道和多路转换器（Multiplexer and Terminal Unit，MTU）等数字交叉复用设备组成。DDN 是半永久性连接电路的数据传输网，DDN 具有速度快、线路稳定、长期保持连通等特点。

采用 DDN 专线上网，首先需要租用 DDN 专线。目前电信部门提供的 DDN 专线的通信速率在 64 Kbit/s～2 Mbit/s 之间，当然，租用费用随着速率的增高而增加。由于 DDN 专线的租用费用较高，一般家庭用户不会租用，主要面向公司等需要综合运用的单位。

使用 DDN 专线，用户局域网通过路由器与多路转换器相连，多路转换器通过 DDN 专线与公用数据网 PDN 相连，PDN 再与互联网上的主干网的路由器相连。

（2）帧中继连接

帧中继是通过在 DDN 节点上设置帧中继模块来实现的。帧中继模块之间，以及帧中继模块与帧装/拆模块之间通过基本专用电路互联。

帧中继主要用于局域网与广域网之间的互联，适用于局域网中数据量大、突发性强的特点。

5. 无线接入

无线接入是指从公用电信网的交换结点到用户住地或用户终端之间的全部或部分传输设施采用无线手段的接入技术。

无线接入主要有两种方式。一种是在无线局域网中，无线用户与位于几十米半径内的无线接入点通信；这些接入点通常与有线的互联网相连接，为无线用户提供到有线网络的服务。另一种是在广域无线接入网中，无线接入点由电信提供管理，并为数万米半径内的用户提供服务。

宽带无线接入技术主要有多通道多点分配和本地多点分配两种。

无线通信技术已成为发展最为活跃的科技领域之一，特别是无线宽带接入技术所具有的特点，使其具有非常大的发展空间，给社会带来了全新的数字无线接入的理念。

2.3 网站开发技术

电子商务网站系统开发中常用的软件技术主要有 HTML 语言、CSS、JavaScript 语言、ASP、ASP.NET、PHP、JSP 等，下面分别介绍。

2.3.1 Web 的应用系统模式

客户机/服务器（Client/Server，C/S）模式又称为 C/S 模式，是软件系统体系结构的一种。C/S

模式简单理解就是基于企业内部网络的应用系统。与浏览器/服务器（Browser/Server，B/S）模式相比，C/S 模式应用系统的最大好处是不依赖企业外网环境，即无论企业是否能够上网，都不影响其应用。

B/S 模式是随着 Internet 技术的兴起，对 C/S 模式应用的扩展。在这种结构下，用户工作界面是通过 IE 浏览器来实现的。B/S 模式最大的好处是运行维护比较简便，能实现不同的人员，从不同的地点，以不同的接入方式访问和操作共同的数据；最大的缺点是对企业外网环境依赖性太强，由于各种原因引起企业外网中断都会造成系统瘫痪。

混合模式（Client/ Browser/Server，C/B/S）是利用 C/S、B/S 模式不同的优点来构架企业应用系统。即利用 C/S 模式的高可靠性来构架企业应用，利用 B/S 模式的广泛性来构架服务或延伸企业应用。

2.3.2 网络标记语言

1. 标准通用标记语言（Standard Generalized Markup Language，SGML）

SGML 是一种定义电子文档结构和描述其内容的国际标准语言。它是一个国际标准（ISO8879），于 1980 年制定。它独立于任何计算机系统，所采用的文档的表现形式是为了使其能被多角度地利用和保证文档在异种机之间的交换。不过，由于 SGML 过于复杂，所以一直没有被广泛地采用。

2. 超文本标记语言（Hyper text Markup Language，HTML）

HTML 是 WWW 上通用的描述语言，是设计网页的基础语言。HTML 是可供浏览器解释浏览的文件格式。使用 HTML 编写的文件的扩展名为.htm 或.html。可以使用记事本、写字板、Edit Plus 等编辑工具来编写 HTML 文件。HTML 使用标记对的方法编写文件。既简单又方便，它通常使用<标记名></标记名>来表示标记的开始和结束，例如，<html></ html >标记对。

3. 可扩展标记语言（Extensible Markup Language，XML）

XML 是标准通用标记语言（SGML）的子集，是一种用于标记电子文件使其具有结构性的标记语言。它可以用来标记数据、定义数据类型，是一种允许用户对自己的标记语言进行定义的语言。它非常适合万维网传输，提供统一的方法来描述和交换独立于应用程序或供应商的结构化数据。

2.3.3 系统开发技术

1. CSS

层叠样式表单（Cascading Style Sheets，CSS）是用于控制网页样式并允许将样式信息与网页内容分离的一种标记性语言。CSS 的引入就是为了使得 HTML 语言能够更好地适应页面的美工设计。借助 CSS 的强大功能，网页将会千变万化，丰富多彩。使用 CSS 控制页面有 4 种方法：行内样式、链接式、内嵌式和导入式。

2. JavaScript 语言

JavaScript 是一种对象和事件驱动并具有安全性能的脚本语言。有了 JavaScript，可使网页变得生动。使用它的目的是与 HTML 超文本标记语言、Java 脚本语言一起实现在一个网页中链接多个对象，与网络客户交互作用，从而可以开发客户端的应用程序。它是通过嵌入或调入在标准的 HTML 语言中实现的。

JavaScript 具有简单性、动态性、跨平台性和节省交互时间等优点。

3. ASP 技术

ASP（Active Server Pages）是一套 Microsoft 公司开发的服务器端脚本环境，ASP 内含于 IIS 之中，通过 ASP 可以结合 HTML 网页、ASP 指令、ActiveX 插件和后台数据库建立动态、交互且高效的 Web 应用程序。ASP 程序其实是以扩展名为.asp 的纯文本形式存在于 Web 服务器上的，可以用任何文本编辑器打开它。ASP 程序中可以包含纯文本、HTML 标记以及脚本命令。只需将.asp 程序放在 Web 服务器下拥有执行权限的目录中，就可以通过 WWW 的服务访问 ASP 程序了。

4. ASP.NET 技术

ASP.NET 提供了迄今为止最先进的 Web 开发平台。它是一个已编译的，基于.NET 的开发环境，可以用任何与.NET 兼容的语言开发应用程序。ASP.NET 应用程序的 Application 对象为存储在所有运行在应用程序中的代码都可以访问的数据提供了一种机制；Session 对象允许为每一个客户的会话存储数据。这些 Application 对象和 Session 对象都内置在 ASP.NET 对象模型中，而 ViewState 对象只在未提交服务器之前保存页面的临时数据。

5. JSP 技术

JSP（Java Server Pages）是一种以 Java 为核心技术的跨平台 Web 开发语言。JSP 技术有点类似 ASP 技术，它是在传统的网页 HTML 文件中插入 Java 程序段（Scriptlet）和 JSP 标记（tag），从而形成 JSP 文件（*.jsp）。与 ASP、PHP 处于同一个层次，它既可以运行在 Windows 平台上，也可以运行在 UNIX/Linux 平台上。

6. PHP 技术

超文本预处理语言（Hypertext Preprocessor，PHP），是一种通用开源脚本语言。它在 20 世纪 90 年代中期由一位叫 Rasmus Lerdorf 的软件工程师提出。其语法吸收了 C 语言、Java 和 Perl 的特点，入门门槛较低，易于学习，使用广泛，主要适用于 Web 开发领域。PHP 的文件后缀名为.php。

2.4 EDI 技术

在商业活动中，企业与供应商、客户之间存在着大量的信息交流。在传统的商业活动中，这些信息的交换一般是以纸为介质实现的。以纸为介质来传送信息有很多弊端。随着计算机网络技术在商业领域应用的发展，一种以计算机网络为媒介来传输商业信息的新型方式出现了，这就是 EDI。

2.4.1 EDI 概述

1. 电子数据交换

电子数据交换（Electronic Data Interchange，EDI），又称为“电子数据互换”。20 世纪 60 年代末，欧洲和美国几乎同时提出了 EDI 的概念。而早期的 EDI 只是在两个商业伙伴之间，依靠计算机与计算机直接通信完成。20 世纪 70 年代，数字通信技术的发展大大加快了 EDI 的成熟和应用范围的扩大，也带动了跨行业 EDI 系统的出现。20 世纪 80 年代，EDI 标准的国际化又使 EDI 的应用跃入了一个新的里程。联合国标准化组织（ISO）将 EDI 描述为“将（贸易）商业或行政事务处理按照一个公认的标准，变成结构化的事务处理或信息数据格式，从计算机到计算机的电子传输方法。”

EDI 较精确的定义是：按照协议，对具有一定结构性的标准经济信息，经过电子数据通信网络，在商业贸易伙伴的电子计算机系统之间进行交换和自动处理。其实质是通过约定商业数据的表示方法，实现数据经由网络在贸易伙伴所拥有的计算机应用系统之间的交换和自动处理，达到快捷和可靠的目的。

经过多年的发展与完善，EDI 作为一种全球性的电子化贸易工具，具有单证格式化、报文标准化、处理自动化、运作规范化等特点。

2. EDI 标准的形成及发展

很显然，简化贸易程序和规范单证对于各国的外经贸发展都是十分重要的。同时，由于这部分工作涉及各国各方的利益，任何一个国家都不可能单独进行，相应的工作必须由更高一级的国际组织来开发。于是，联合国于 1960 年就成立了简单贸易单证和单证标准化的 ECE 工作组，1972 年正式更名为国际贸易程序简化工作组，专门负责这方面的工作。随后，一些专业性的国际组织也在这方面做了大量的工作。例如，海关合作理事会于 1973 年制定的“关于简化和协调各国海关业务制度的京都公约”，对协调和规定各国海关之间的业务发挥了很大的作用。

由于网络之间数据交换的准确性是靠网络协议来保障的，因此国际电子商贸系统除了要建立在各类计算机网络协议的基础上，还必须充分考虑到国际商贸业务的特殊性，否则各种单证的格式、数据、术语、内容的界定、使用的语言不规范、不统一，即使将数据准确的传送过去了，对方也无法展开正常的商贸活动。为了解决这一问题，对 EDI 的形成和发展，国际化贸易组织进行了长期不懈的努力。

最早传递商务文件使用的是电报报文，后来传真文件取代了电报报文。但传真文件最大问题是必须通过纸张载体来管理信息，不能将信息直接纳入到信息系统中。电子邮件系统的出现解决了这一问题，但是，在利用电子邮件来传递商务单证时，又发现由于自然语言在描述一些商务问题时不太规范，容易造成一些误解和二义性问题，因而导致商务过程中一些混乱。所以，从 20 世纪 70 年代开始，美国就责成国家标准局下属的国家标准化委员会来研究和制定一套专门用于电子网络上传递各种商务单证的技术标准。经过一段时间的努力，美国研制出了一套标准，把这套标准正式的定义成 ANSI/ASC/X.12 标准。这是一套广域网络的技术标准，而且专门用于传递各种商务和运输单证的一套标准文本。X.12 的推出曾极大地推动了北美大陆 EDI 的应用。20 世纪 60 年代末和 20 世纪 70 年代初正好是“欧共体”（“欧盟”前身）开始酝酿和形成的时期。随着欧洲经济共同体的发展，贸易自由化就成为摆在欧共体各国面前的一个重大问题。1975 年 4 月，国际贸易程序简化工作组在瑞典首都斯德哥尔摩召开特别会议，专门研究制定数据交换标准的问题，并通过了由英国代表提出的“参与国际贸易各方的报文中信息的表示方法标准的提案。经过几年的努力，1981 年欧共体联手推出了一套叫“贸易数据元导则 GTDI”的电子数据交换文本。这套文本的推出极大地促进了欧洲大陆电子贸易的发展。整个 20 世纪 80 年代，世界贸易基本上形成了两大格局：在北美大陆引用的是 X.12 标准；在欧洲大陆引用的是“贸易数据元导则 GTDI”标准。由于存在着两个标准，客观上就存在着在欧共体和北美两大贸易集团内部数据可以交换，而在两大集团之间的数据交换就遇到了较大的问题。为了解决这一问题，1987 年由联合国出面组织的美国和欧洲等 20 多个国家的专家在纽约开会，讨论如何将两大标准统一起来，建立世界统一的 EDI 标准问题。终于，在 1990 年 3 月，全球第一套用于电子数据交换的统一文本 UN/EDIFACT 标准问世，并被国际标准化组织正式接受为国际标准 ISO 9735。

3. EDI 标准

EDI 标准实际上就是报文在国际网络和各系统之间传递的标准协议。根据联合国在 1990 年 3 月所给出的 UN/EDIFACT 定义：EDIFACT 是“适用于行政、商业、运输等部门的电子数据交换的联合国规则。它包括一套国际协定标准、手册和结构化数据的电子交换指南，特别是那些在独立的、计算机化的信息系统之间所进行的交易和服务有关的其他规定”。通常我们所说的 EDI 标准是指以联合国有关组织颁布的 UNTDID、UNCID 和 UN/EDIFACT 等文件的统称，有时我们也直接将其称为是 UN/EDIFACT。其中，UNTDID 为联合国贸易数据交换目录的简称；UNCID 为以电子传递方式进行贸易数据交换所应遵循的统一规则简称；UN/EDIFACT 是适用于行政、商业、运输的电子数据交换的联合国规则的简称。

4. EDI 的作用

① 对海关业，报关资料不必自行建档，减少了报、理单储存空间，简化了作业程序，加速货物通关，提高对外服务能力，防止人为弊端。

② 对航运业，进出口舱单直接由计算机向海关申报，出口放行由海关直接通知货载及相关部门，提高了转载效率。

③ 对仓储业，可加速货物提取及周转率，减缓仓储空间紧张的矛盾，提高利用率。

④ 对银行业，可扩大服务面，简化核对手续，降低作业成本。

⑤ 对进出口业，则省时省力，减少风险，加速货物通关，缩短库存期，从而降低成本，提高竞争力，有利于打开市场。

⑥ 对报关业，连线作业后，海关 24 小时受理报关，报关行可随时在自己办公室申报，对于免验报单可于放行后补送海关，出口报关与仓储业连线，可直接检查货物是否进仓，又节省海关人力，制单费用等。

2.4.2 EDI 系统结构

1. 通信网络

通信网络是实现 EDI 的基础。EDI 系统利用现有的通信网络，包括公共电话交换网（PSTN）、分组交换公共数据网（PSPDN）、综合业务数字网（ISDN）、卫星数据网（VAST）提供电子数据交换服务，以及各种广域网、城域网、局域网建立 EDI 增值网（VAN）。

2. 应用系统

EDI 的应用系统由计算机硬件和专用软件组成，是实现 EDI 的内部条件。

① 从硬件方面讲，EDI 所需的硬件设备包括计算机、调制解调器和电话线等。

② 从软件方面看，EDI 软件具有将用户数据库系统中的信息转换成标准报文格式，以供传输交换的能力。虽然 EDI 标准具有足够的灵活性，可以适应不同行业的不同需求，但由于每个公司都有其自己所规定的信息格式，因此，当需要发送 EDI 报文时，必须从自己的专用数据库中提取信息，并把它翻译成 EDI 的标准格式进行传输，这就需要有 EDI 相关软件的帮助。EDI 软件主要有以下几种。

a. 转换软件。转换软件可以帮助用户将原有信息系统中的文件转换成翻译软件能够理解的平面文件，或是将从翻译软件接收来的平面文件转换成用户信息系统格式的文件。

b. 翻译软件。翻译软件将平面文件翻译成 EDI 标准格式文件，或将接收到 EDI 标准格式文件翻译成平面文件。翻译是根据报文标准、报文类型和版本由上述 EDI 系统的贸易伙伴清单确定，或由服务机构提供的目录服务功能确定。在翻译之前需对平面文件做准备工作，包括对平面文件进行编辑、一致性检查和地址鉴别。

c. 通信软件。通信软件的作用是将 EDI 标准格式的文件外层加上通信信封，再送到 EDI 系统交换中心的信箱，或由 EDI 系统交换中心，将接收到的文件取回。通信软件具有管理和维护贸易伙伴的电话号码系统、自动执行拨号等功能。

3. 数据标准化

数据标准化是实现 EDI 的关键。EDI 标准是各企业、各地区的代表共同讨论、制定的电子数据交换的共同标准，可以使各组织之间的不同文件格式，通过共同的标准，达到彼此之间文件交换的目的。

4. 三层结构模型

从系统功能的角度，EDI 系统可分成 3 个层次：EDI 交换层、EDI 代理服务层、EDI 应用层。

2.4.3　EDI 的应用

EDI 的应用十分广泛，EDI 系统也多种多样。根据 EDI 系统实现的功能不同，可将 EDI 分为 4 类。

第一类最基本的 EDI 系统是电子订货系统（Electronic Ordering System，EOS），也是最知名的 EDI 系统。它又可称为贸易数据互换系统（Trade Data Interchange，TDI），它用电子数据文件来传输订单、发货票和各类通知。

第二类常用的 EDI 系统是电子金融汇兑系统（Electronic Funds Transfer System，EFT），即在银行和其他组织之间实行电子费用汇兑。EFT 已使用多年，但它仍在不断的改进中，最大的改进是同电子订货系统联系起来，形成一个自动化水平更高的系统。

第三类常见的 EDI 系统是交互式应答系统（Interactive Query Response，IQR）。它可应用在旅行社或航空公司作为机票预定系统。

第四类是带有图形资料自动传输的 EDI。最常见的是计算机辅助设计（Computer Aided Design，CAD）图形的自动传输。

本章小结

本章主要介绍了电子商务的网络技术，Internet 基础知识，网页开发技术以及 EDI 技术。通过本章的学习，掌握电子商务的拓扑结构，掌握 IP 地址的概念，掌握电子数据交换的概念，了解网页开发技术以及 EDI 技术。

综合习题 2

一、填空题

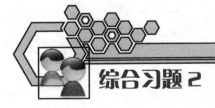

（1）按传输信号的不同，网络可分为________和________。

（2）按通信传输方式的不同，网络可分为________和________。

（3）按计算机网络规模和覆盖地理范围的大小，可把计算机网络分为________、________和________。

（4）按照使用范围的不同，网络可分为________和________。

（5）按信息交换方式的不同，网络可分为________、________和________。

（6）指出以下类别顶级域名的用途：.net，用于________；.com，用于________；.edu，用于________；.gov，用于________。

（7）URL 的中文意思是________。

二、选择题

（1）计算机网络自（　　）出现。

A. 19 世纪 40 年代　　B. 19 世纪 50 年代

C. 20 世纪 40 年代　　D. 20 世纪 50 年代

（2）局域网、城域网、广域网的简称分别是（　　）。

A. LAM、MAN、VAN　　B. LAN、MAD、WAN

C. LAN、MAN、WAN　　D. WAN、MAD、LAN

（3）网络层是网络体系结构的（　　）。

A. 第二层　　B. 第三层　　C. 第四层　　D. 第五层

（4）负责主机名与 IP 地址间的映射的是（　　）。

A. FTP　　B. HTTP　　C. DNS　　D. SMTP

（5）一个完整的域名至少有（　　）个部分组成。

A. 1　　B. 4　　C. 3　　D. 2

三、思考题

（1）简述计算机网络的特点。

（2）简述网络的拓扑结构分类。

（3）IP 地址的分类有哪几种？IP 地址与域名有什么对应关系？

（4）简述计算机网络的硬件组成。

（5）简述 OSI 参考模型中各层的功能。

（6）Internet 提供的主要服务有哪些？

第3章 电子商务的安全技术

学习目标

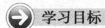

- 了解电子商务面临的主要安全威胁。
- 理解电子商务对安全的基本要求。
- 掌握私有密钥和公开密钥数据加密技术的原理。
- 了解电子商务认证体系。
- 了解两大加密体系的优缺点。

案例导入

案例 3–1　计算机病毒给计算机系统安全带来的威胁

2006 年 12 月初，我国互联网上大规模爆发“熊猫烧香”病毒及其变种。一只憨态可掬、颔首敬香的“熊猫”在互联网上疯狂“作案”。在病毒卡通化的外表下，隐藏着巨大的传染潜力，短短三四个月，“烧香”潮波及上千万个人用户、网吧及企业局域网用户，造成直接和间接损失超过 1 亿元。

2007 年 2 月 3 日，“熊猫烧香”病毒的制造者李某落网。李某向警方交代，他曾将“熊猫烧香”病毒出售给 120 余人，而被抓获的主要嫌疑人仅有 6 人，所以不断会有“熊猫烧香”病毒的新变种出现。

随着中国首例利用网络病毒盗号牟利的“熊猫烧香”案情被揭露，一个制“毒”、卖“毒”、传“毒”、盗账号、倒装备、换钱币的全新地下产业链浮出了水面。中了“熊猫烧香”病毒的计算机内部会生成带有熊猫图案的文件，盗号者追寻这些图案，利用木马等盗号软件，盗取计算机里的游戏账号密码，取得虚拟货币进行买卖。

李某处于链条的上端，其在被抓捕前，不到一个月的时间至少获利 15 万元。而在链条下端的涉案人员张某目前已获利数十万元。一名涉案人员说，该产业的利润率高于目前国内的房地产业。

案例分析

通过上述案例可以看出随着互联网和电子商务的快速发展，利用网络犯罪的行为会大量出现，为了保证电子商务的顺利发展，安全技术防范及法律保障是必不可少的。本章将重点讨论电子商务的安全技术问题。

案例思考题

（1）请分析在电子商务活动中，存在哪些方面的安全威胁？

（2）面对这些安全威胁，你认为应从哪些方面入手加以防范？

3.1 电子商务安全概述

随着 Internet 的发展，电子商务已经逐渐成为人们进行商务活动的新模式。越来越多的人通过 Internet 进行商务活动。电子商务的发展前景十分诱人，而其安全问题也变得越来越突出，如何建立一个安全、便捷的电子商务应用环境，对信息提供足够的保护，已经成为商家和用户都十分关心的话题。

3.1.1 电子商务安全风险

1. 来自技术方面的风险

计算机系统存在物理安全（Physical Security）和逻辑安全（Logical Security）隐患。其主要表现在以下方面。

① 开放性。到现在为止，Internet 还没有一个主控机构，网上用户的安全只能靠自己。

② 传输协议。TCP/IP 协议本身并没有采取任何措施来保护传输内容不被窃取。

③ 操作系统。Internet 底层的 OS 是 UNIX，源代码开放的 UNIX 很容易被发现漏洞，带来安全问题。

④ 电子化信息的弱点。电子化信息的表现方式很难鉴别其是否正确与完整，通过 Internet 传递很难确认信息发出者的身份，信息是否被正确无误地传递给接收方，是否未被第 3 方截获。

⑤ 技术本身的缺陷。IT 的发展，使病毒防范技术、加密技术、防火墙技术等始终存在着被新技术攻击的可能性。

2. 来自社会方面的风险

（1）商业信用

① 来自买方的信用风险。在网上使用银行卡进行恶意透支；或使用伪造的银行卡骗取卖方的货物；拖延货款等。卖方需为此承担风险。

② 来自卖方的信用风险。卖方不能按质、按量、按时提交消费者购买的货物，或不能完全履行与集团购买者签订的合同，造成买方的风险。

（2）社会信用

互联网的特性和法律的空白影响了网络社会的诚信行为。为了安抚投资者，一些网站倒闭时几乎都出卖了注册用户的信息，以捞取最后一笔收入。

（3）司法信用

目前，国内外均未形成一套完整的保护电子商务活动的法律体系，因此，开展电子商务要承担一定的法律风险。

3. 来自管理方面的风险

统计资料表明：75%的信息安全问题来自内部。严格管理是降低网络交易风险的重要保证。

3.1.2　电子商务安全的主要内容

1. 计算机网络安全威胁

（1）黑客攻击

黑客攻击是指黑客非法进入网络，非法使用网络资源。随着互联网的发展，黑客攻击也是经常发生，防不胜防，黑客利用网上的任何漏洞和缺陷修改网页、非法进入主机、窃取信息等进行相关危害活动。2003 年，仅美国国防部的“五角大楼”就受到了 230 万次对其网络的尝试性攻击。从这里可以看出，目前黑客攻击已成为了电子商务中计算机网络的重要安全威胁。

（2）计算机病毒的攻击

病毒是能够破坏计算机系统正常进行，具有传染性的一段程序。随着互联网的发展，病毒利用互联网，使得病毒的传播速度大大加快，它侵入网络，破坏资源，成为了电子商务中计算机网络的又一重要安全威胁。

（3）拒绝服务攻击

拒绝服务（Denail of Service，Dos）攻击是一种破坏性的攻击，它是一个用户采用某种手段故意占用大量的网络资源，使系统没有剩余资源为其他用户提供服务的攻击。目前，具有代表性的拒绝服务攻击手段包括 SYNflood、ICMPflood、UDPflood 等。随着互联网的发展，拒绝服务攻击成为了网络安全中的重要威胁。

2. 电子商务交易安全威胁

（1）开放性

开放性和资源共享是 Internet 最大的特点，但它的问题却不容忽视的。正是这种开放性给电子商务带来了安全威胁。

（2）缺乏安全机制的传输协议

TCP／IP 协议是建立在可信的环境之下，缺乏相应的安全机制，这种基于地址的协议本身就会泄露口令，根本没有考虑安全问题；TCP／IP 协议是完全公开的，其远程访问的功能使许多攻击者无须到现场就能够得手，连接的主机基于互相信任的原则等这些性质使网络更加不安全。

（3）软件系统的漏洞

随着软件系统规模的不断增大，系统中的安全漏洞或“后门”也不可避免地存在。如 cookie 程序、JAVA 应用程序、IE 浏览器等这些软件与程序都有可能给我们开展电子商务带来安全威胁。

（4）信息电子化

电子化信息的固有弱点就是缺乏可信度，电子信息是否正确完整是很难由信息本身鉴别的，而且在 Internet 传递电子信息，存在着难以确认信息的发出者以及信息是否被正确无误地传递给接收方的问题。

3.1.3 电子商务安全的对策

1. 完善各项管理制度

① 人员管理制度。保障计算机系统的安全，首先要从体制和管理上下功夫，要建立完善的安全管理的体制和制度，建立一套行之有效的安全管理措施和手段。

② 保密制度。建立完善的保密体系，提出相应的保密措施，加强对密钥的管理。

③ 跟踪审计制度。跟踪是指企业建立网络交易系统日志机制，记录系统运行的全过程，审计包括对系统日志的检查、审核，以便及时发现故意入侵系统行为的记录和违反系统安全要求的记录等。

④ 系统维护制度。系统维护包括软硬件的日常维护工作，做好数据备份工作。

⑤ 病毒防范制度。要有较强的病毒防范意识，要安装防病毒软件，注意不打开来自陌生地址的电子邮件，建立病毒清理制度等。

⑥ 应急措施。在紧急事故发生时，利用各项应急措施来保障计算机信息系统继续运行或紧急恢复，如采用瞬时复制技术、远程磁盘镜像技术和数据库恢复技术等。

2. 技术对策

① 安装网络安全检测系统，可以通过网络安全监控系统找出安全隐患，提供堵住安全漏洞所必需的校正方案，监控各种变化情况，从而使用户可以找出经常发生问题的根源所在。

② 开发各种具有较高安全性的访问设备，如安全磁盘、智能卡等。

③ 通过认证中心进行证书的认证和发放。

④ 保护传输线路安全，传输线路应有露天保护措施或埋于地下，并要求远离各种辐射源，以减少由于电磁干扰引起的数据错误。

⑤ 要有较强的防入侵措施，利用报警系统检测违反安全规程的行为，对在规定次数内不正确的安全密码用户，网络系统可以采取行动锁住该终端并报警。

⑥ 加强数据加密的工作，网络中的数据加密方式有链路加密、节点加密和端对端加密等方式。

⑦ 进行严格的访问控制，当一个主体试图非法使用一个未经授权的资源时，访问控制机制将拒绝这一企图。

⑧ 建立合理的鉴别机制，包括报文鉴别、数字签名和终端识别技术，以便查明某一个实体的身份。

⑨ 进行通信流的控制，使网络中的数据流量比较平衡，以防止破坏者通过分析网络中的某一路径的信息流量和流向来判断某事件的发生。

⑩ 数据完整性的控制，包括数据是否来自正确的发送方而非假冒，数据接收的内容与发送时是否一致等。

3.2 电子商务安全需求

3.2.1 电子商务安全问题

1. 信息泄露

① 交易一方进行交易的内容被第三方窃取。

② 交易一方提供给另一方使用的文件被第三方非法使用。

2. 篡改

正是由于以上计算机网络安全威胁与 Internet 的安全隐患，电子的交易信息在网络上传输的过程中，可能被他人非法地修改、删除或重放（指只能使用一次的信息被多次使用），这样就使信息失去了真实性和完整性。

3. 身份识别

由于电子商务交易中交易两方通过网络来完成交易，双方互不见面、互不认识，计算机网络的安全威胁与 Internet 的安全隐患，也可能使得电子商务交易中出现身交易身份伪造的问题。

4. 信息破坏

计算机网络本身容易遭到一些恶意程序的破坏，如计算机病毒、特洛伊木马程序、逻辑炸弹等，导致电子商务中的信息在传递过程被破坏。

5. 破坏信息的有效性

电子商务中的交易过程中是以电子化的信息代替纸面信息，这些信息我们也必须保证它的时间的有效与本身信息的有效，必须能确认该信息确是由交易一方签发的，计算机网络安全威胁与 Internet 的安全隐患，使得我们很难保证电子商务中的信息有效性。

6. 泄露个人隐私

隐私权是参与电子商务的个人非常关心的一个问题。参与到电子商务中的个人就必须提供个人信息，计算机网络安全威胁与 Internet 的安全隐患有可能导致个人信息泄露，破坏到个人隐私。

3.2.2 电子商务的安全要求

1. 保密性（Secrecy）

保密性是指保证信息不会泄漏给非授权人或实体。电子商务作为一种贸易手段，其信息是个人、企业或国家的商业机密。网络交易必须保证发送者和接受者之间交换信息的保密性，而电子商务建立在一个较为开放的网络环境上，商业保密就成为电子商务全面推广应用的重点保护对象。

因此，要预防非法信息存取和信息在传输过程中被非法窃取，确保只有合法的用户才能看到数据，防止泄密事件的发生。

2. 信息的完整性（Integrity）

完整性要求防止数据非授权的输入、修改、删除或破坏，保证数据的一致性。信息的完整性将影响到贸易各方的交易和经营策略，保持这种完整性是电子商务应用的基础，数据输入时的意外差错或欺诈行为可能导致贸易各方信息的差异。数据传输过程中的信息丢失、信息重发或信息传送次序的差异也会导致贸易各方信息不相同。因此，要预防对信息的随意生成、修改和删除，同时要防止数据传送过程中和重复信息并保证信息传送次序的统一。

3. 真实性

真实性是指商务活动中交易者身份的真实性，确保交易双方确实是存在的，不是假冒的。网上交易的双方相隔很远，互不了解，要使交易成功，必须互相信任，确认对方是真实的。能否方便而又可靠地确认交易双方身份的真实性，是顺利进行电子商务交易的前提。

4. 信息系统的可靠性（Reliability）

可靠性是指电子商务系统的可靠程度，是指为防止由于计算机失效、程序错误、传输错误、硬件故障、系统软件错误、计算机病毒和自然灾害等所产生的潜在威胁，采取了一系列的控制和预防措施来防止数据信息资源不受到破坏的可靠程度。电子商务系统是计算机系统，可靠性是要求保证合法用户对信息和资源的使用不会遭到不正当的拒绝。

信息系统的可靠性包括信息传输的可靠性网络的硬件或软件可能会出现问题而导致交易信息传递的丢失与错误、信息存储的可靠性和抗干扰能力（各种外界物理性干扰，如地理位置复杂、自然灾害等，都可能影响到数据的真实性和完整性）。

5. 不可抵赖性

电子商务可能直接关系到贸易双方的商业交易，如何确定将要进行的交易方正是所期望的贸易方这一问题，则是保证电子商务顺利进行的关键。在互联网上每个人都是匿名的，原发送方发送数据后不能抵赖；接收方在接收数据后也不能抵赖。在无纸化的电子商务方式下，通过手写签名和印章进行贸易方的鉴别已经不可能。因此，要在交易信息的传输过程中为参与交易的个人、企业或国家提供可靠的标志，为了做交易，各方必须能够鉴别另一方的身份。一旦一方签订交易后。这项交易就应收到保护以防止被篡改或伪造。因此，要求在交易信息中为参与交易的个人、企业或国家提供可靠的标志，使原发送方在发送数据后不能抵赖；接收方在接收数据后也不能抵赖。

6. 访问控制（Access Control）

防止未授权的信息、资产被暴露、破坏和篡改。采取认证方式对身份、工具等进行授权和识别。

3.3 电子商务常用安全技术

电子商务环境下网络安全技术的基本要求：限制外部网对内部网的访问，保护内部网特定资源免受非法侵犯；限制内部网对外部网的访问，主要是针对一些不健康信息及敏感信息的访问。

3.3.1 网络的物理隔离

国家保密局《计算机信息系统国际联网保密管理规定》第二章 保密制度 第六条："涉及国家秘密的计算机信息系统，不得直接或间接地与国际互联网或其他公共信息网络相连接，必须实行物理隔离。"

如果不存在与网络的物理连接，网络安全威胁便受到了真正的限制。

1. 在物理传导上使内外网络隔断

确保外部网不能通过网络连接而侵入内部网，同时，防止内部网信息通过网络连接泄漏到外部网。

2. 在物理辐射上隔断内部网与外部网

确保内部网信息不会通过电磁辐射或耦合方式泄漏到外部网。

3. 在物理存储上隔断两个网络环境

对于断电后会遗失信息的部件，如内存、处理器等暂存部件，要在网络转换时做清除处理，防止残留信息出网；对于断电非遗失性设备如磁带机、硬盘等存储设备，内部网与外部网信息要分开存储。

3.3.2 虚拟专用网（VPN）技术

1. VPN（Virtual Private Network）

运用特殊的安全技术在公用网络上建立的如同自己专用网络的安全数据网络。因其并非真正建立在专线基础上，故称 VPN。

2. 基本功能

① 加密数据：保证通过公网传输的信息即使被他人截获也不会泄密。
② 数据验证和身份认证：保证信息的完整性，并能鉴别用户的身份。
③ 提供访问控制：不同的用户有不同的访问权限和安全等级。

3. VPN 基本结构

① 表面上看像是专用连接，实际上是在共享网络上实现的。

② 采用隧道技术，建立点到点的连接，提供数据分组通过公用网络的专用隧道。

③ 来自不同信息源不同网络协议的分组经由不同的隧道在同一体系结构上传输。

④ 隧道技术：将原始分组加密和协议封装后放在另一种协议（如 PPTP、L2F、L2TP）的数据包里在公用网络中传输。

3.3.3 防火墙技术（Firewall）

1. 防火墙的概念

防火墙是指在需要保护的网络与可能带来安全威胁的互联网或其他网络之间建立的一层保护，实际上是一种隔离技术。防火墙示意图如图 3-1 所示。

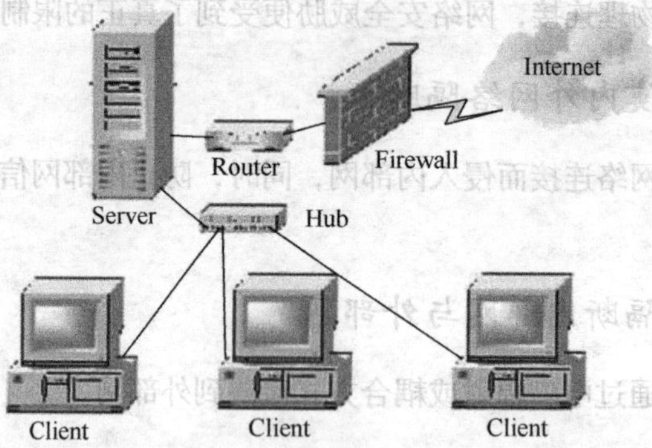

图 3-1 防火墙示意图

2. 防火墙的属性

防火墙是具有以下特征的计算机：

① 双向流通信息必须经过它。

② 只有被预定的本地安全策略授权的信息流才被允许通过。

③ 该系统本身具有很高的抗攻击能力。

防火墙相当于一个过滤设备，它允许特定的信息流入或流出被保护的网络。

3. 防火墙的功能

① 保护那些易受攻击的服务。

② 控制对特殊站点的访问（控制访问）。一些能被外部网络访问主机（Mail、FTP、WWW 服务器）要有权限控制，而有些（数据库服务器）要禁止访问。

③ 集中化的安全管理。

④ 对网络访问进行记录和统计（审计）。

4. 防火墙的两种策略模型

① 未被列为允许访问的服务都将被禁止（安全系数高）。

② 未被列为禁止访问的服务都将被允许。

防火墙可配置在以下网络连接处：

a. 内部网与 Internet 之间连接处，利用其作网关设备实现地址转换、网络隔离、存取安全控制。

b. 在广域网系统中，企业总部的 LAN 将各分支机构的 LAN 视为不安全系统。需各自安装防火墙，并利用防火墙的 VPN 功能组成虚拟专网。

c. 企业网中有信息控制需求的各部门网络之间。

5. 防火墙的主要类型

（1）包过滤型防火墙（Packet Filter）

最简单的防火墙，检查的范围涉及可信网络和互联网之间传输的所有数据（源、目标地址、端口、传输协议等），并设定规则。

（2）应用级型防火墙（Proxy Service）

应用级型防火墙能够检查进出的数据包，透视应用层协议，与既定的安全策略进行比较。它有应用网关型和代理服务型两种：①网关服务器是根据所请求的应用对访问进行过滤的防火墙，如约束 Telnet、ftp、http；②代理服务器是代表某个专用网络同互联网进行通信的防火墙，代理请求、接收页面，并进行缓存。

6. 防火墙的缺陷

一般的防火墙不能防止受到病毒感染的软件或文件的传输。不能防范绕过防火墙的攻击。

3.3.4 数据加密技术

1. 数据加密技术概述

由于对加密技术的研究进而产生了密码学。密码学主要有两个分支：一个是研究加密技术的，即密码编码学；另一个主要研究密码破译技术，即密码分析学。加密技术指通过使用代码或密码来保障信息数据的安全性。加密包含加密算法和密钥两个要素。加密过程可用公式描述：

$$E_K(M)=C$$

其中，E 表示加密算法，K 表示加密密钥，M 表示加密前的明文，C 表示加密后密文。

加密算法就是用基于数学计算机方法与一串数字（即密钥）对普通文本信息进行编码，产生不可理解的密文的一系列步骤。所以加密处理过程比较简单，依据加密公式（即加密算法），把明文转化成不可读的密文，然后再把密文翻译回明文。加密的核心是一个称为密钥的数值，是用来对明文进行编码和解码的数字，它是加密算法的一个组成部分，引导整个加密过程。

2. 加密解密过程

密钥分加密密钥和解密密钥。为了保护数据在传递过程中不被别人窃取或修改，必须用加密密钥对数据进行加密（加密后的数据称为密文）。这样，即使别人窃取了数据（密文），由于没有解密密钥而无法将之还原成明文（未经加密的数据），从而保证了数据的安全性。接收方因有正确的解密密钥，因此可以将密文还原成正确的明文，如图 3-2 所示。

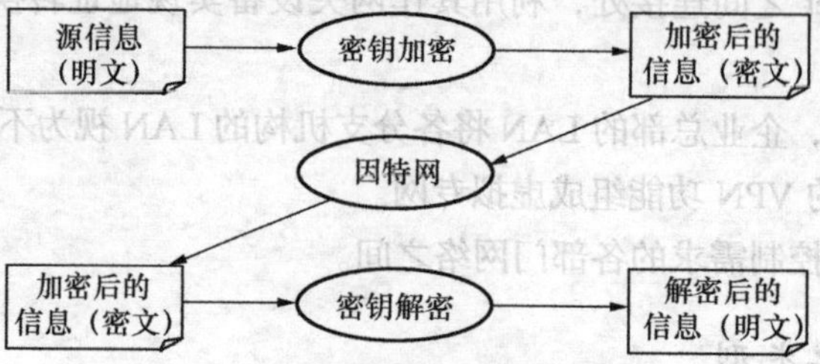

图 3-2　数据加密、解密过程

数据加密的方法有很多，常用的加密方法有对称加密方法和公开密钥方法两大类。

3. 对称式密钥密码体制

所谓对称加密，是指使用同一把密钥对信息加密，而对信息解密，同样采用该密钥即可。如果一个加密系统的加密密钥和解密密钥相同，或者虽不相同，但可以由其中一个推导出另一个，则为对称式密钥密码体制。

对称加密中，最著名的就是 DES 算法（Data Encryption Standard）。DES 算法是 IBM 于 20 世纪 70 年代研制成功的，后于 1976 年被美国国家标准局和国家安全局选为数据加密标准，1977 年颁布使用，并成为国际标准化组织的数据加密标准。DES 是一个分组加密算法，它对 64 位二进制数据加密，产生 64 位密文数据；使用的密钥为 64 位，实际密钥长度为 56 位（有 8 位用于奇偶校验）。解密过程和加密相似，但密钥的顺序正好相反。DES 的保密性仅取决于对密钥的保密，而算法是公开的。DES 加密的强度很大，其内部的复杂机制是至今没有找到捷径破译的根本原因，现在 DES 加密可由软件和硬件实现。

对称加密方法对信息编码和解码的速度很快，效率也很高，但需要细心保存密钥。如果密钥泄露，以前的所有信息都失去了保密性，致使以后发送者和接收者进行通信时必须使用新的密钥。

4. 公开密钥密码体制

公开密钥（Public Key）密码体制出现于 1976 年。它最主要的特点就是加密和解密使用不同的密钥，每个用户保存着一对密钥——公开密钥和私有密钥。因此，这种体制又称为双钥或非对称密钥密码体制。

在这种体制中，公开密钥公布于众，用作加密密钥，谁都可以用；私有密钥需要由用户自己保密，用作解密密钥。加密算法和解密算法也都是公开的。虽然公开密钥和私有密钥成对出现，但却不能根据公开密钥计算出私有密钥。在公开密钥密码体制中，最著名的就是 RSA 算法。它已被 ISO/TC97 的数据加密技术分委员会 SC20 推荐为公开密钥数据加密标准。

（1）RSA 算法

1977 年，R.Rivest、A. Shamir 和 L.Adleman 提出了公开密钥密码系统，简称 RSA，它取自这 3 位发明者姓氏的第一个字母。这是一种非对称的密码系统，由两个大素数的积经过运算生成两个数对，这两个数对拥有非常可贵的性质，它们相互之间无法在有效的时间内导出对方，以其中的一个数对为密钥对信息进行加密后，只能以另一个数对为密钥对其解密。这样，可以把其中的一个在网上公开，称为公钥；另一个由自己保留，称为私钥。每个人都有自己的公钥和私钥。

（2）信息保密原理

在发送保密信息时，使用接收者的公钥进行加密，接收者使用自己的私钥即能解密；别人不知道接收者的私钥则无法窃取信息。在对发送者进行确认时，由发送者用自己的私钥对约定的可公开信息进行加密，接收者用发送者的公钥进行解密；由于别人不知道发送者的私钥，无法发出能用其公钥解开的信息，因此发送者无法抵赖。

3.3.5 电子商务认证技术

1. 数字摘要

数字摘要也称为安全 Hash 编码法。“摘要”称为信息的“指纹”。用以验证消息是否为原文。数字摘要方法解决了信息的完整性问题。常见的数字摘要技术有 Hash、MD2、MD5 等，最常用的是 Hash。MD2、MD5、Hash 这 3 者特点基本相同，下面重点介绍 Hash。Hash 又名单向散列函数，数字摘要的过程如图 3-3 所示。

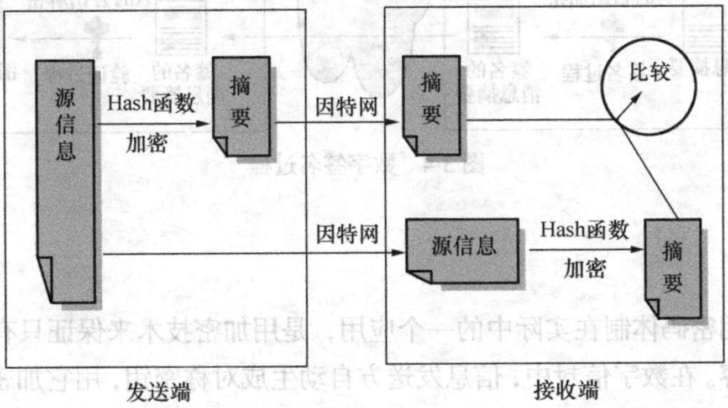

图 3-3　数字摘要过程

Hash 函数应该满足以下条件：

① 对同一数据使用同一 Hash 函数，其运算结果应该是一样的。

② Hash 函数应具有运算结果不可预见性，即从源文件的变化不能推导出缩影结果的变化。

③ Hash 函数具有不可逆性，即不能通过文件缩影反算出源文件的内容。

2. 数字签名

在进行电子商务之前，必须首先确认两件事情：确保支付手段和网上传递信息的真实可靠，以及使用支付手段的人是经过授权的合法使用者。这要求建立一种安全机制，能够核实买卖双方、合同等各种信息的真实性，这种交易认证的核心技术就是数字签名。

数字签名也称作电子签名。在日常商务和经济生活中，盖章签名和识别签名（认证）是经常遇到的。商业信件、文件、钱款收发、经济合同、契约等都离不开签名。签名的作用有两点：一是因为自己的签名难以否认，从而确认了文件已经签署这一事实；二是因为签名不易伪造，从而确定了文件是真实的既定事实。手工签名具有固定不变，容易模仿、伪造、手续烦琐等缺点，数字签名则既可以做到保证签名者无法否认自己的签名，又可保证接受方无法伪造发送方的签名，还可以作为信息发送双方对某项争议的法律依据。

以前的书信或文件是根据亲笔签名或印章来证明其真实性的，但在计算机网络中传递的报文又如何盖章呢？这就是数字签名所要解决的问题，数字签名必须保证以下 3 点：①接收者能够核实发送者对报文的签名；②发送者事后不能抵赖对报文的签名；③接收者不能伪造对报文的签名。

数字签名用来保护网上传输信息的完整性和识别发送人的身份。发送方 A 用 Hash 算法将要传输的明文变换成一固定长度的信息段，即消息摘要。然后，用发送者的私有密钥对消息摘要加密，就生成了数字签名。接收方 B 为验证所接收的信息，先用发送方的公开密钥解密数字签名，得到消息摘要，再把收到的明文信息用同样的 Hash 算法计算得到消息摘要。比较两个消息摘要，如果两者相同表示信息确实是该发送者发出的，而且传输中未被修改，如图 3-4 所示。

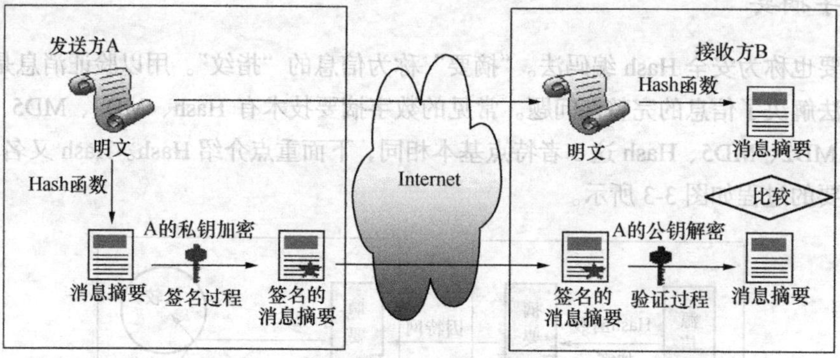

图 3-4　数字签名过程

3. 数字信封

数字信封是公钥密码体制在实际中的一个应用，是用加密技术来保证只有规定的特定收信人才能阅读通信的内容。在数字信封中，信息发送方自动生成对称密钥，用它加密原文，再利用 RSA 算法对该密钥进行加密，则被 RSA 算法加密的密钥部分称为数字信封。数字信封中采用了对称密码体制和公钥密码体制，保证了数据传输的真实性和完整性。数字信封工作过程如图 3-5 所示。

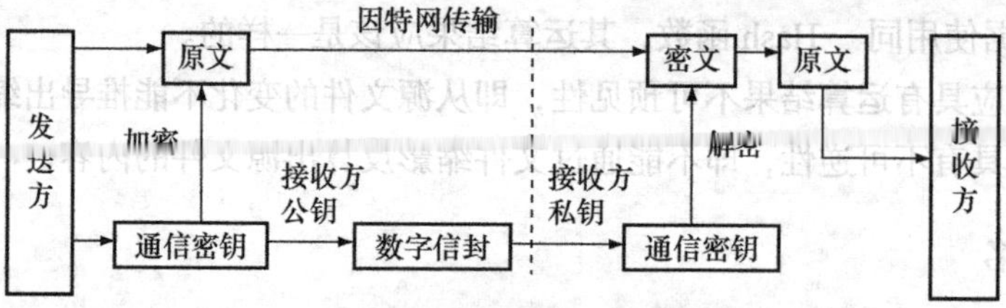

图 3-5　数字信封工作过程

① 在发送文件时，发送方先产生一个通信密钥，并用这一通信密钥对文件原文进行加密后，再通过网络将加密后的文件传送到接收方。

② 发送方再把对文件加密时使用的通信密钥用接收方的公开密钥进行加密，即生成数字信封，然后通过网络传送到接收方。

③ 接收方收到发送方传来的经过加密的通信密钥后，用自己的私钥对其进行解密，从而得到发送方的通信密钥。

④ 接收方再用发送方的通信密钥对加密文件进行解密，从而得到文件的原文。

4. 数字时间戳

数字时间戳（Digital Time Stamp，DTS）技术就是数字签名技术的一种变种。在电子商务交易文件中，时间是十分重要的信息。在书面合同中，文件签署的日期和签名一样均是十分重要的防止文件被伪造和篡改的关键性内容。数字时间戳服务（DTS Service）是网上电子商务安全服务项目之一，能提供电子文件的日期和时间信息的安全保护。

时间戳（Time-Stamp）是一个经加密后形成的凭证文档，它包括 3 个部分：①需加时间戳的文件的摘要（Digest）；②DTS 收到文件的日期和时间；③DTS 的数字签名。

5. 数字证书（Digital Certificate）

数字证书也称数字凭证、数字标识，它含有证书持有者的有关信息，以标识其身份。数字证书是一种权威性的电子文档，由权威公正的第三方机构，即 CA 认证中心签发的证书。它以数字证书为核心的加密技术（加密传输、数字签名、数字信封等安全技术）可以对网络上传输的信息进行加密和解密、数字签名和签名验证，确保网上传递信息的机密性、完整性及交易的不可抵赖性。使用了数字证书，即使您发送的信息在网上被他人截获，甚至您丢失了个人的账户、密码等信息，仍可以保证您的账户、资金安全。

数字证书可用于发送安全电子邮件、访问安全站点、网上证券交易、网上招标采购、网上办公、网上保险、网上税务、网上签约和网上银行等安全电子事务处理和安全电子交易活动。

（1）数字证书的内部格式

内部格式由 CCITT X.509 国际标准所规定，包括证书内的数据和发布证书 CA 的签名两部分。其中，证书内的数据包括以下信息：①版本号（Version Number）；②凭证拥有者的姓名（Name）；③证书序列号（Serial Number）；④CA 使用的签名算法（Signature Algorithm）；⑤发布证书 CA 的唯一名称（Issuer）；⑥证书的有效期限（Validity）；⑦认证目标的唯一名称（Subject）；⑧凭证拥有者的公钥的信息（Subject Public Key Info）。

（2）数字证书的类型

数字证书类型包括：①个人数字证书（Personal Digital ID）；②企业（服务器）证书（Server ID）；③软件（开发者）证书（Developer ID）。

（3）认证中心

认证中心（Certificate Authority，CA）是采用 PKI（Public Key Infrastructure）公开密钥基础架构技术，专门提供网络身份认证服务，负责签发和管理数字证书，且具有权威性和公正性的第三方信任机构。它的作用就像我们现实生活中颁发证件的部门，如护照办理机构。目前，国内的 CA 认证中心主要分为区域性 CA 认证中心和行业性 CA 认证中心。CA 体系具有一定层次结构，如图 3-6 所示。

认证中心是电子商务的一个核心环节，是在电子交易中承担网上安全电子交易认证服务，签发数字证书，确认用户身份等工作的具有权威性和公正性的第三方服务机构。它主要进行电子证书管理、电子贸易伙伴关系建立和确认、密钥管理、为支付系统中的各参与方提供身份认证等。CA 类似于现实生活中公证人的角色，具有权威性，是一个普遍可信的第三方。其核心职能是发放和管理用户的数字证书。

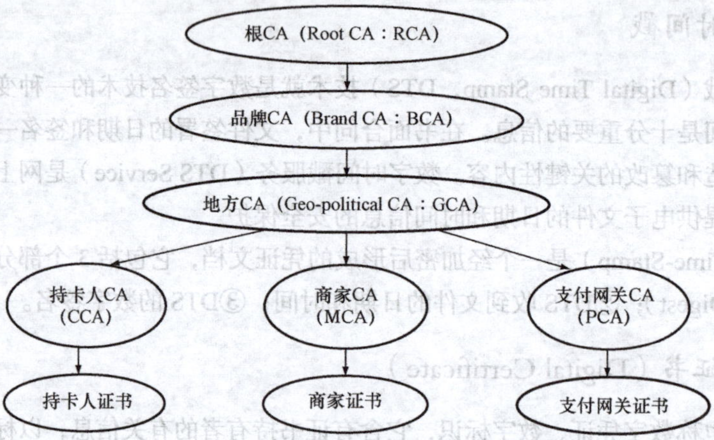

图 3-6　CA 层次结构

3.4 电子商务安全技术协议

如何保护公共网上任意两点的信息安全呢？为解决这一问题已经开发出了各种用于加强 Internet 通信安全性的协议。目前，国际上流行的电子商务所采用的协议如下。

3.4.1　安全套接层协议（Secure Sockets Layer）

SSL 是网景（Netscape）公司提出的基于 Web 应用的安全协议，其目的是在 Internet 基础上提供的一种保证机密性的安全协议。它能使客户端 / 服务器应用之间的通信不被攻击者窃听，并且始终对服务器进行认证，而且还可选择对客户端进行认证。

SSL 协议是国际上最早应用于电子商务的一种网络安全协议，主要用于提高应用程序之间的数据安全。它同时使用对称加密算法和公钥加密算法，前者在速度上比后者要快很多，但是后者可以实现更好的安全认证。一个 SSL 传输过程首先需要握手：用公钥加密算法使服务器在客户端得到认证，以后就可以使用双方商议成功的对称密钥来更快速的加密、解密数据。

SSL 协议要求建立在可靠的传输层协议（例如：TCP）之上。SSL 协议的优势在于它是与应用层协议独立无关的。高层的应用层协议（例如：HTTP，FTP）能透明地建立于 SSL 协议之上。SSL 协议在应用层协议通信之前就已经完成加密算法、通信密钥的协商以及服务器认证工作。应用层协议所传送的数据都会被加密，从而保证通信的机密性。对于电子商务应用来说，使用 SSL 可保证信息的真实性、完整性和保密性。

1．SSL 协议的组成

SSL 协议由 SSL 记录协议和 SSL 握手协议两部分组成。

（1）SSL 记录协议

在 SSL 协议中，所有的传输数据都被封装在记录中。所有的 SSL 通信，包括握手消息、安全空白记录和应用数据都使用 SSL 记录协议。记录协议允许服务器和客户端相互认证并协商加密算法和密钥，对所有发送和接收的数据进行分段、压缩、认证、加密和完整性服务。

（2）SSL 握手协议

SSL 握手协议包括建立在记录协议之上的握手协议、警报协议、更改加密说明协议和应用数据协议等对会话和管理提供支持的子协议，其用于在通信双方之间建立安全传输通道。

2. SSL 协议运作机理

接通阶段：在客户机和服务器开始交换一个简短信息时提供一个安全的握手信号，客户通过网络向服务商打招呼，服务商回应。

密码交换阶段：SSL 在开始所交换的信息中，双方确定将用的安全级别并交换数字证书。

会谈密码阶段：客户与服务商间产生彼此交谈的会谈密码。

客户认证阶段：认证用户和服务器双方的可信度，使之能够确信数据将被发送到正确的对方。

检验阶段：检验服务商取得的密码。

结束阶段：客户与服务商之间的相互交换结束的信息。

加密数据以隐藏被传送的数据。浏览器用自己的私钥加密信息，并用服务器的公钥对此私钥加密并传给服务器，服务器用私钥对其解密，得到浏览器的私钥，并对浏览器发来的加密信息解密。

维护数据的完整性，确保数据在传输过程中不被改变。

3. SSL 提供的功能及局限性

SSL 使用加密的办法建立一个安全的传输通道，它可提供以下 3 种基本的安全服务功能。

① 信息加密。客户端和服务器之间的所有的应用数据使用在 SSL 握手过程中建立的密钥和算法进行加密。这样就防止了某些用户通过使用 IP packet sniffer 等工具进行非法窃听或者破译。

② 信息完整。SSL 提供完整信息服务，以建立客户端与服务器之间的安全通道，使所有经过 SSL 协议处理的业务能全部准确无误地到达目的地。

③ 相互认证。客户端和服务器都有各自的识别号，这些识别号由公开密钥进行编号。为了认证用户是否合法，SSL 协议要求在握手交换数据前进行数字认证，来确保用户的合法性。

SSL 协议的局限性：首先，客户的信息先到商家，让商家阅读，这样，客户资料的安全性就得不到保证；其次，SSL 只能保证资料信息传递的安全，而传递过程是否有人截取就无法保证了。所以，SSL 并没有实现电子支付所要求的保密性、完整性，而且多方互相认证也是很困难的。此外，该协议最大的弱点是不能做数字签名，因此不支持不可否认性。另外，它不能对商家进行认证，不能防止网上欺诈行为。

4. SSL 协议的优缺点

优点：SSL 在服务器和客户机间提供了安全的 TCP/IP 通道，可用于加密任何基于 TCP/IP 的应用，如 HTTP、Telnet、FTP 等；开发成本低。

不足之处：安全性，无数字签名、无授权、无存取控制，不支持不可否认功能。

不符合国家保密的有关规定——国务院颁布的《商用密码管理条例》规定：商用密码产品不得使用国外密码算法的规定。

系统安全性差——由于美国的出口限制，进入我国的实现 SSL 的产品（Web 浏览器和服务器）均只能提供 512 比特 RSA 公钥、40 比特对称密钥的加密。

3.4.2 安全交易协议（Secure Electronic Transaction）

安全电子交易（Secure Electronic Transaction，SET）协议是由 Visa 和 Master Card 公司在 1996 年年底开发的，主要为在网上在线交易时保证使用信用卡进行支付时的安全而设立的一个开放的协议。它是面向网上交易，针对利用信用卡进行支付而设计的电子支付规范。SET 提供了消费者、商家和银行之间的认证，确保交易的保密性、可靠性和不可否认性，从而保证在开放网络环境下使用信用卡进行在线购物的安全。目前，SET 已得到 IBM、Microsoft、VeriSign 等著名公司的参与和支持，是国际上所公认的 Internet 电子商务的安全标准。

1. 基于 SET 的交易流程

SET 协议的购物系统由持卡人、商家、支付网关、收单银行、发卡银行和证书授权中心（CA）6 大部分组成。

此外，基于 SET 协议的购物系统至少包括电子钱包软件、商家软件、支付网关软件和签发数字证书软件。目前，SET 电子钱包主要是安装在客户端的交易软件，它是持卡人实现网上交易过程的主要工具。

2. SET 提供的功能

① 所有信息在 Internet 上加密安全传输，保证数据不会被他人窃取。

② 数字签名保证信息的完整性和不可否认性。

③ 订单信息和个人信用卡信息的隔离，使商家看不到客户的信用卡信息。

④ 参与交易各方的身份认证，保证各方身份不可假冒。

3. SET 协议的基本特点

SET 协议保证了电子交易的机密性、数据完整性、身份的合法性和防抵赖性；消费者、在线商店、支付网关都通过 CA 来验证通信主体的身份；对购物信息和支付信息采用双重签名，保证商户看不到信用卡信息，银行看不到购物信息；是进行 B2C 电子商务模式的最佳协议标准；速度偏慢，协议过于复杂，使用麻烦，成本高，且只适用于客户具有电子钱包的场合。

4. SSL 与 SET 的比较

SET 是一个多方面的消息报文协议，它定义了银行、商家、客户之间必须符合的报文规范。SSL 只是简单地在客户端与服务器之间建立了一个安全传输通道，在涉及多方的电子交易中，只能提供交易中客户端与服务器间的认证，其并不具备商务性、服务性和集成性。SET 报文能够在银行内部网络或其他网络传输，而 SSL 之上的支付系统只能与 Web 浏览器捆绑在一起。除此之外，它们还有以下区别。

① 认证机制方面，SET 的安全需求较高，因此所有参与 SET 交易的成员都必须先申请数字证书来识别身份，而在 SSL 中只有商家服务器需要认证，客户端认证是可选的。

② 对客户而言，SET 保证了商家的合法性，并且用户的信用卡号不会被窃取。SET 替客户保守了更多的秘密，使其在线购物更加轻松。在 SSL 协议中则缺少对商家的认证。

③ 安全性上，SET 的安全性较 SSL 高，主要原因是在整个交易中，包括客户到商家、商家到支付网关再到银行都受到严密的保护。而 SSL 的安全范围只限于客户到商家的信息交流。

本章小结

本章从电子商务活动中面临的安全风险入手，全面分析了电子商务活动中的安全威胁及安全对策；重点介绍了电子商务中常用的安全技术，特别是防火墙技术、加密技术、数字认证技术在电子商务安全中的应用；还探讨了保证电子商务安全的两大协议，即 SSL 协议和 SET 协议。

综合习题 3

一、填空题

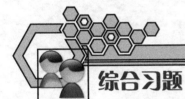

（1）计算机网络系统的安全威胁主要来自__________、__________和________3 方面的攻击。

（2）密钥分为________和________。

（3）加密密钥和解密密钥相同，形成________密钥加密技术。

（4）IDEA 加密算法中，输入和输出的数据块的长度是________位，密钥长度是________位。

（5）加密密钥和解密密钥不同，形成________密钥加密技术。

（6）SET 协议的中文意思是____________________________。

（7）SSL 协议的中文意思是____________________________。

二、选择题

（1）SET 协议又称为（　　）。

A. 安全套接层协议　　B. 安全电子交易协议

C. 信息传输安全协议　　D. 网上购物协议

（2）电子商务的安全需求不包括（　　）。

A. 信息保密性　　B. 数据交换的完整性

C. 发送信息的不可否认性　　D. 交易场所的安全性

（3）数字签名可以解决（　　）。

A. 数据被泄露　　B. 数据被篡改

C. 未经授权的擅自访问　　D. 冒名发送数据或发送后抵赖

（4）网上交易的安全性是由（　　）来保证的。

A. 厂家　　B. 信用卡中心　　C. 银行　　D. 认证中心

三、思考题

（1）电子商务对安全的要求主要体现在哪些方面？

（2）对称加密技术和非对称加密技术的基本原理是什么？它们有哪些区别？

（3）什么是数字证书？数字证书包括哪些内容？

（4）SSL 的工作流程是如何进行的？

（5）SET 的工作流程是如何进行的？

（6）SSL 和 SET 的主要区别是什么？

第4章 电子商务与电子支付

学习目标

- 理解电子支付的概念。
- 理解电子支付方式的类型和作用。
- 掌握网上支付的操作流程。
- 了解网上银行的基本业务和优势。
- 了解国内外的电子支付系统。

案例导入

案例 4–1　招商银行的网上业务

招商银行（以下简称“招行”）自1987年成立以来，招行伴随着中国经济的快速增长，不断创新产品与服务，由一个只有资本金1亿元人民币、1个网点、30余名员工的小银行，发展成为中国第六大商业银行，跻身全球前100家大银行之列，并逐渐形成了自己的经营特色和优势。

招商银行坚持“科技兴行”的发展战略，立足于市场和客户需求，充分发挥拥有全行统一的电子化平台的巨大优势。在中国的商业银行中，招行率先打造了“一卡通”多功能借记卡、“电话银行”、“一网通”网上银行、双币信用卡、“点金理财”、“金葵花”贵宾客户服务体系等产品和服务品牌，并取得了巨大成功，树立了技术领先型银行的社会形象。

案例分析

面对国际国内复杂多变的经济金融形势，招行采取更加灵活的经营策略，积极应对各种挑战和竞争，在加强风险管理和稳健经营的基础上，继续优化业务和客户结构，大力发展零售和中间业务，加大产品创新力度，不断提高赢利能力。由于在中国的商业银行中率先调整业务结构，招行逐渐形成了低资本消耗、低风险、高效益的业务发展模式。

案例思考题

（1）招商银行开展了哪些电子支付业务？

（2）结合本案例，说说电子商务网上支付的发展前景。

4.1 电子支付概念

在20世纪70年代，银行业务开始以电子数据形式通过电子信息网络进行办理，诸如信用卡、电子汇兑等一些电子支付方式开始投入使用，这是应用电子信息技术手段用于商务支付结算的开始，一直发展到现在，出现了很多电子支付方式。电子支付是电子交易的重要环节，同时也是电子商务发展的瓶颈之一。

4.1.1 电子支付概念

1. 电子支付的概念

电子支付（Electronic Payment），是指进行电子商务交易的当事人，包括消费者、厂商和金融机构，使用安全电子支付手段通过网络进行的货币支付或资金流转。

1989年，美国法律学会批准的《统一商业法规》对电子支付作了如下定义：电子支付是支付命令发送方把存放于商业银行的资金，通过一条线路划入收益方开户银行，以支付给收益方的一系列转移过程。

我国给出的定义是：电子支付是指单位、个人直接或授权他人通过电子终端发出支付指令，实现货币支付与资金转移的行为。电子支付是以计算机和通信技术为手段，通过计算机网络系统以电子信息传递形式实现的货币支付与资金流通。

电子支付从基本形态上看是电子数据的流动，它以金融专用网络为基础，通过计算机网络系统传输电子信息来实现支付。

2. 电子支付的分类

① 按照电子支付指令的发起方式，电子支付分为网上支付、电话支付、移动支付、销售点终端交易、自动柜员机交易和其他电子支付。

② 按照支付指令的传输渠道，电子支付可以分为通过金融网进行指令传输的卡基支付、通过互联网进行指令传输的网上支付和通过移动通信网进行指令传输的移动支付。卡基支付即是利用银行卡进行支付。卡基支付工具包括借记卡、贷记卡和储值卡和信用卡。无论哪种形式的电子支付，都是通过网络，以先进安全的数字信息技术来完成支付行为，如图4-1所示。

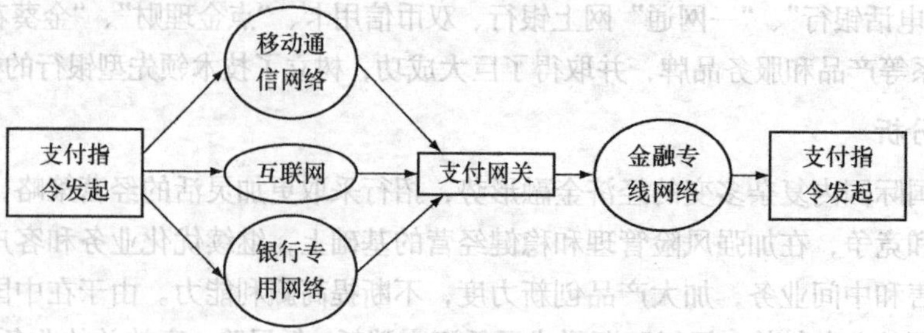

图4-1 基于支付指令传输渠道划分的电子支付类型

3. 电子支付发展的 5 个不同阶段

第一阶段是银行利用计算机处理银行之间的业务，如办理结算。

第二阶段是银行计算机与其他机构计算机之间资金的结算，如代发工资，代缴水费、电费、煤气费、电话费等业务。

第三阶段是利用网络终端向用户提供各项银行服务，如自助银行，即用户在自动柜员机（ATM）上进行存、取款操作等。

第四阶段是利用银行销售点终端（POS）向用户提供自动扣款服务，这是现阶段电子支付的主要方式。

第五阶段是最新阶段也就是基于 Internet 的电子支付，它将第四阶段的电子支付系统与 Internet 的整合，实现随时随地的通过 Internet 进行直接转账结算，形成电子商务交易支付平台。

4.1.2 电子支付的特点及问题

1. 电子支付的特点

① 数字化的支付方式。电子支付是在开放的网络系统中以先进的技术来完成信息传输，采用数字化的方式进行款项支付。而传统的交易支付方式则以传统的通信媒介通过现金流转、票据转让和银行的汇兑等物理实体来完成款项的支付。

② 开放的系统平台。电子支付的工作环境是基于一个开放的系统平台（即因特网中），而传统的交易支付方式在较为封闭的系统中运作。

③ 先进的通信手段。电子支付对软、硬件设施有很高的要求，使用诸如 Internet、Extranet 等最先进的通信手段，传统支付使用的则是传统的通信媒介，对实施没有什么特殊的要求。

④ 具有明显的支付优势。电子支付具有方便、快捷、高效、经济的优势。用户只要拥有一台上网的 PC 机，便可足不出户，在很短的时间内完成整个支付过程。支付费用仅相当于传统支付的几十分之一，甚至几百分之一。

2. 电子支付存在的问题

① 银行支付系统互联互通有待时日。大部分银行还无法提供完全的跨地区和跨行的支付服务，在实现传统支付系统到网络支付系统的改造过程中，各银行合作不协力，导致网络支付结算体系覆盖面比较小，网络支付业务缺乏统一标准，数据传输和处理的标准也不统一，网络银行的技术、应用和法律框架亟待完善。没有网络使用者数量上的累积，网络支付系统不可能得到发展。

② 有效安全机制的探讨。安全是网络支付的核心问题。网络支付系统首要解决的问题就是系统安全性。我们发现，很多使用最先进技术的银行系统，同样会发生资金被盗取的案例，而且从目前的网络盗窃案件中，我们注意到只有极少数情况是由于银行系统漏洞导致的，更多的案件是由于管理漏洞或是用户自身的麻痹大意。由此，为了最大限度的保护网络支付安全，除了使用最先进的技术外，还需要规范管理流程，并不断对用户进行安全教育，建立由业务到技术到用户的多重安全机制。

③ 支付机制的标准化有待提高。中国网络支付结算体系的技术标准、认证中心和支付网关的

发展滞后，制约着网络支付系统的建设。行业需要龙头企业制定行业标准，实现标准的权威性和通用性。

④ 社会诚信体系尚未建立。由于社会整体信用制度不够健全，在交易过程中不讲诚信的情况是很多见的。消费者缺乏足够的辨别力，容易受消极信息的影响。此外，如何突破传统观念也是一个问题。利用技术手段可以在一定程度上弥补诚信的缺乏，从而促进社会信用体系的良性循环。

4.2 电子支付的方式

4.2.1 电子支付系统

1. 电子支付系统的构成

电子支付系统是采用数字化、电子化形式进行电子货币数据交换和结算的网络银行业务系统。电子商务的网上支付系统应该是集购物流程、支付工具、安全认证技术、信用体系以及现代金融体系为一体的综合系统。其基本构成是由活动参与主体、支付方式以及遵守的支付协议等几部分组成的，如图 4-2 所示。

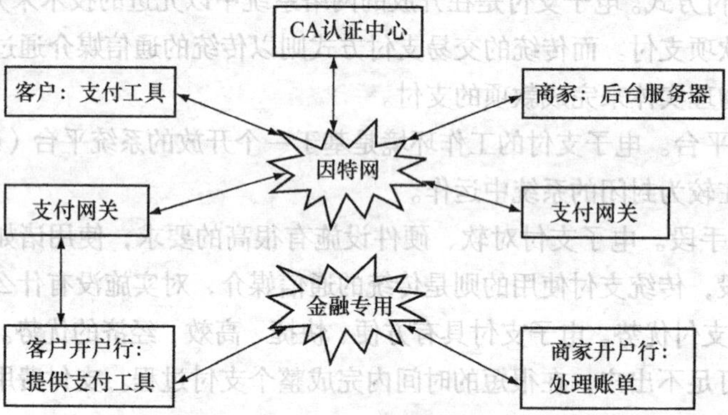

图 4-2 电子支付系统的基本构成

（1）客户

客户一般是指利用电子交易手段与企业或商家进行电子交易活动的单位或个人。它们通过电子交易平台与商家交流信息，签订交易合同，用自己拥有的网络支付工具进行支付。

（2）商家

商家是指向客户提供商品或服务的单位或个人。在电子支付系统中，它必须能够根据客户发出的支付指令向金融机构请求结算，这一过程一般是由商家设置的一台专门的服务器来处理的，其中包括认证和不同支付工具的处理。

（3）认证中心

认证中心是交易各方都信任的公正的第三方中介机构。它主要负责为参与电子交易活动的各方发放和维护数字证书，以确认各方的真实身份，保证电子交易整个过程的安全稳定进行。

（4）支付网关

支付网关是公用网和金融专用网之间的接口，支付信息只有通过支付网关才能进入银行的支付系统。其主要作用是完成两者的直接通信、协议、转换和进行数据加密、解密，以保护银行内部网的安全。

（5）客户开户行

客户开户行是指客户在其中拥有自己账户的银行。客户所拥有的支付工具一般都是由开户行来提供的，客户的开户行在提供支付工具的同时也提供了银行的信用，保证了支付工具的兑付。在信用卡体系中把客户的开户行也称为发卡行。

（6）商家开户行

商家开户行是指商家在其中拥有自己账户的银行。商家将客户的支付指令提交给其开户行后，就由商家开户行进行支付授权的请求以及银行间的清算等工作。商家开户行是依据商家提供的合法账单（客户的支付指令）来操作的，因此又称为收单银行。

（7）金融专用网

金融专用网则是银行内部及银行间进行通信的网络，具有非常高的安全性，包括中国国家现代化支付系统、人民银行电子联行系统、工商银行电子汇兑系统、同城清算系统、银行卡授权系统等，它们为开展电子商务提供了良好的条件。

（8）支付工具及支付协议

除了以上参与各方外，网上支付系统还应包括支付工具及遵守的支付协议。目前，常用的网上支付工具主要有 3 大类：第一类是电子信用卡类，主要包括智能卡、借记卡、电话卡等；第二类是电子货币类，如电子现金、电子钱包等；第三类是电子支票类，包括电子支票、电子汇款（EFT）、电子划款等。

在网上交易中，消费者发出的支付指令，在由商户送到支付网关之前，是在公用网上传输的，这一点与持卡在 POS 消费有着本质上的区别，因为从 POS 到银行使用的是专线。而互联网交易就必须考虑公用网上支付信息流动规则及安全保护，这就是支付协议的责任。目前，已经出现了一些比较成熟的支付协议（如 SET）。一般一种协议针对某种支付工具，对交易中的购物流程、支付步骤、支付信息的加密、认证等方面作出规定，以保证交易双方能在开放公用网中高效、快捷、安全地实现支付与结算。

2. 电子支付系统的支撑平台

（1）EDI 专用网络支付平台

从广义上讲，EDI 业务属于 B2B 电子商务范畴，这里将重点介绍基于 Internet 的 EDI 网络平台。Internet 是世界上最大的计算机网络，它的迅速发展对 EDI 产生了重大影响。Internet 与 EDI 有 4 种结合方式：Internet Mail，Standard IC，WEB-EDI 和 XML/EDI。其中，WEB-EDI 方式是目前最流行的方式。所谓 WEB-EDI，就是把 EDI 系统建立在 Internet 平台上，而不是原来的专用网络，而 EDI 运作规则与标准基本不变。这样，企业只需要通过 Web 浏览器和 Internet 连接就能执行 EDI 信息交换，大大减少了企业实现 EDI 的费用，拓展了 EDI 的应用范围。

（2）Internet 大众化网络平台

Internet 网络支付平台主要是由 Internet、支付网关、银行内部专用业务网络 3 个部分组成的。支付网关的作用是特殊而重要的，主要目的是安全地连接 Internet 和银行专用网，完成两者之间的通信、通信协议转换和进行相关支付数据的加密、解密，将目前不安全的、开放的 Internet 上的交易信息传给内部封闭的、安全的银行专网，起到隔离和保护银行内部网络的作用。

3. 电子支付系统的功能

① 使用数字签名和数字证书实现对各方的认证。为实现协议的安全性，对参与交易的各方身份的有效性进行认证，通过认证机构或注册机构向参与各方发放数字证书，来证实身份的合法。

② 使用加密技术对业务进行加密。可以采用单钥体制或双钥体制进行信息加密，并采用数字信封、数字签名等技术来加强数据传输的保密性，以防止未被授权的第三者获取信息。

③ 使用消息摘要算法以确认业务的完整性。为保护数据不被未授权者建立、嵌入，篡改、删除、重放，而是完整无缺地到达接收者，可以采用数据杂凑技术。通过对原文的杂凑生成消息摘要一并传送到接受者，接收者可以通过摘要来判断所接受的消息是否完整，否则，要求发送端重发以保证其完整性。

④ 能够处理贸易业务的多边支付问题。由于网上贸易的支付要牵涉客户、商家和银行等多方，其中传送的购货信息与支付信息必须连接在一起，因为商家只有确认了支付信息后才会继续交易，银行也只有确认了支付信息后才能提供支付。但同时，商家不能读取客户的支付信息，银行不能读取商家的订单信息，这种多变支付的关系基本上可以通过双联签字等技术来实现。

⑤ 当交易双方出现异议、纠纷时，保证对业务的不可否认性。这用于保护通信用户对付来自其他合法用户的威胁，譬如发送用户对他所发消息的否认，接收者对他接收信息的否认等。支付系统必须在交易的过程中生成或提供足够充分的证据来迅速辨别纠纷中的是非，可以采用仲裁签名、不可否认签名等技术来实现。

4.2.2 电子货币

1. 电子货币的概念

电子货币是指以金融电子化网络为基础，以商用电子化工具和各类交易卡为媒介，以电子计算机技术和通信技术为手段，以电子数据（二进制数据）形式存储在银行的计算机系统中，并通过计算机网络系统以电子信息传递形式实现流通和支付功能的货币。具体来说，就是以电子化方式来代替传统金属、纸质等媒体进行资金存储、传送和交易的信用货币。

用一定金额的现金或存款，从发行者处兑换并获得代表相同金额的数据，通过使用某些电子化方法，将该数据直接转移给支付对象，从而能够清偿债务。该数据本身即可称做电子货币。

2. 电子货币的作用

① 电子货币是电子商务的核心，建立电子货币系统是发展电子商务的基础和保证。

② 电子货币促进了经济发展：活跃和繁荣了商业，为零售业提供了商机，刺激了消费，扩大了需求。

③ 电子货币降低银行业的经营成本：对降低银行业的相关业务经营成本乃至对整个金融业的经营有着决定性的影响。

④ 电子货币促进了整个金融业的经营创新：电子货币促进了电子商务的创新，特别是与多媒体相关的信息、软件、计算机行业营销结构的创新。

⑤ 电子货币促进了信息商品营销方式的创新，出现了信息内容销售的新形式，使得零售的信

息内容细分化、计价单位小额化。

3. 电子货币与传统货币的区别

（1）两者所占有的空间不同

传统货币面值有限，大量的货币必然要占据较大的空间，而电子货币所占空间很小，其体积几乎可以忽略不计，一个智能卡或者一台计算机可以存储无限数额的电子货币。

（2）传递渠道不同

传统货币传递花费的时间长，风险也较大，需要采取一定的防范措施。较大数额传统货币的传递，甚至需要组织人员押运。另外，在交易的过程中受时间和空间的限制、受不同发行主体的限制，不利于大宗交易。而电子货币可以在短时间内进行远距离传递，借助电话线、互联网在瞬间内转到世界各地，且风险较小。

（3）计算所需的时间不同

传统货币的清点、计算需要花费较多的时间和人力，直接影响交易的速度，而电子货币的计算在较短时间内就可以利用计算机完成，大大提高了交易速度。

（4）匿名程度不同

传统货币总离不开面对面的交易，因为买卖双方处于同一位置，而且交易是匿名的。卖方不需要了解买方的身份，因为现金的有效性和价值是由中央银行保证的。而电子货币的匿名性要比传统货币强，主要原因是加密技术的采用以及电子货币便利的远距离传输。

4. 电子货币的种类

（1）储值卡型电子货币

一般以磁卡或 IC 卡形式出现，其发行主体除了商业银行之外，还有电信部门（普通电话卡、IC 电话卡）、IC 企业（上网卡）、商业零售企业（各类消费卡）、政府机关（内部消费 IC 卡）和学校（校园 IC 卡）等。发行主体在预收客户资金后，发行等值储值卡，使储值卡成为独立于银行存款之外新的“存款账户”。储值卡在客户消费时以扣减方式支付费用。

储值卡型电子货币的特点：消费者必须用现金购买相同价值的卡，凭卡消费；不计名、不挂失；面值较小，一般为 20 元、50 元、100 元等；大多为 IC 卡。

（2）信用卡应用型电子货币

信用卡是指定银行机构存取现金的特制卡片，是一种特殊的信用凭证。信用卡是由银行或金融机构发行的，可凭此卡向特定商家购买货物或享受服务，或向特定银行支取一定款项的信用凭证，如长城卡、龙卡、牡丹卡。它是商业银行、信用卡公司等发行主体发行的贷记卡或准贷记卡。其可在发行主体规定的信用额度内贷款消费，之后于规定时间还款。信用卡应用型电子货币是目前世界上应用积极性最高、发展速度最快、最普及的网络支付工具。用户与特约网上商店无需太多的投入即可进行网络支付与结算。

（3）电子化划拨型（存款利用型）电子货币

电子划拨型电子货币主要有借记卡、电子支票等，用于对银行存款以电子化方式支取现金、转账结算、划拨资金。该类电子化支付方法的普及使用能减少消费者往返于银行的费用，致使现金需求余额减少，并可加快货币的流通速度。电子划拨型电子货币又可细分为通过金融机构的专用封闭式网络的资金划拨和通过因特网开放网络实现的资金划拨。最典型的“电子化划拨型”电子货币之一就是电子支票。

（4）金型（现金模拟型）电子货币

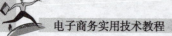

金型电子货币是指将按一定规律排列的数字串保存于电子计算机的硬盘内或 IC 卡内来进行支付，即以电子化的数字信息块代表一定金额的货币。金型电子货币主要有两种：一种是基于 Internet 网络环境使用的且将代表货币价值的二进制数据保管在微机终端硬盘内的电子现金；一种是将货币价值保存在 IC 卡内并可脱离银行支付系统流通的电子钱包。该类电子货币具备现金的匿名性，可用于个人间支付、并可多次转手等特性，是以代替实体现金为目的而开发的。前者如 E-CASH，后者如英国研制的 MONDEX 型电子货币。金型电子货币特别适合进行小额支付结算，适合个体消费者与个体消费者之间的网上交易。

4.2.3 电子钱包

1. 电子钱包的概念

电子钱包（Electronic Purse）是电子商务购物活动中常用的一种支付工具，尤其是小额购物。它是一种客户端的小数据库，用于存放电子现金和电子信用卡，同时包含诸如信用卡账号、数字签字以及身份验证等信息。它是在小额购物或购买小商品时常用的新式“钱包”，通常需要在电子钱包服务系统中进行。电子商务活动中电子钱包的软件通常都是免费提供的。世界上有 VISA Cash 和 Mondex 两大在线电子钱包服务系统。

严格意义上讲，电子钱包只是银行卡或数字现金支付的一种模式，不能作为一种独立的支付方式，因为其本质上依然是银行卡支付或电子现金支付。电子钱包的表现形式有两种：一种是智能卡形式；另一种是电子钱包软件形式，这是电子钱包主要的表现形式。

使用电子钱包进行购物就像生活中随身携带的钱包一样，持卡人的银行卡信息和与卡对应的证书都存放在电子钱包里。一个电子钱包里可以存放不同品牌的多张卡，当持卡人进行电子交易时，可以打开钱包，随意选择想用的卡来付款。

2. 电子钱包的作用

因为消费者在网站选好货物后，就要到收款台来进行付款，这时会出现一页或两页要求输入姓名、地址、信用卡号和其他个人信息的表。消费者必须填完所有信息才能完成结账，而填写这些表格很烦琐，很多人因不愿填写表格而在收款台前丢下电子购物车扬长而去。要人们不断填写过长的表格会使电子商务行业损失数百万美元。电子钱包非常实用，电子钱包的功能和实际钱包一样，可存放信用卡、电子现金、所有者的身份证书、所有者地址以及在电子商务网站的收款台上所需的其他信息。电子钱包提高了购物效率，用户选好商品后，只要点击自己的钱包就能完成付款过程。电子钱包帮助用户将所需信息（如送货和信用卡）自动输入到收款表里时，从而大大加速了购物的过程。

3. 电子钱包网上购物步骤

① 客户和商家达成购销协议并选择用电子钱包支付。

② 客户选定用电子钱包付款并将电子钱包装入系统，输入保密口令并进行付款。

③ 电子商务服务器进行合法性确认后，在信用卡公司和商业银行之间进行应收款项和账务往来的电子数据交换和结算处理。

④ 商业银行证明电子钱包付款有效并授权后，商家发货并将电子收据发给客户；与此同时，销售商留下整个交易过程中发生往来的财务数据。

⑤ 商家按照客户提供的电子订货单将货物在发送地点交到客户或其指定人手中。

4. 国外几种常用的电子钱包

电子钱包是电子商务活动中购物顾客常用的一种支付工具。目前世界上常用的电子钱包有 VISA Cash 和 Mondex 两大软件，其他电子钱包软件还有 MasterCard Cash，EuroPay 的 Clip 和比利时的 Proton 等。一些软件公司正在创建电子钱包的应用程序接口以便多种电子现金都可以使用一个钱包。

4.2.4 电子现金

1. 电子现金的概念

电子现金（E-Cash）又称为数字现金，就是以电子方式存在的现金货币。它把现金数值转换成为一系列的加密序列数，通过这些序列数来表示现实中各种金额的币值，是纸币现金的数字化形式。这是一种储值型的支付工具，多用于小额支付，可实现脱机处理。用户在开展电子现金业务的银行开设账户，并在账户内存钱后就可以在接受电子现金的商店购物了。按其载体来划分，电子现金主要包括两类：一类是币值存储在 IC 卡上；另一类则是以数据文件（已经被数字签名的文件）的形式存储在计算机的硬盘上。

广义的电子现金是指那些以数字（电子）形式存储的货币，它可以直接用于电子购物。按照这种定义，前面提到的磁卡、智能卡以及后面要述及的电子支票都属于这个范畴。

这里定义的电子现金是指狭义的电子现金，通常是指一种以数字（电子）形式存储并流通的货币。它通过把用户银行账户中的资金转换成为一系列的加密序列数，通过这些序列数来表示现实中的各种金额，用户以这些加密的序列数就可以在互联网上允许接受电子现金的商店购物了。

电子现金是一种以电子数据形式流通的，能被客户和商家普遍接受的，通过互联网购买商品或服务时可以使用的货币。电子现金以数字信息形式存储于电子现金发行者的服务器和用户计算机终端上，它可以用来表示现实中各种金额的币值，它是一种以数据形式流通的，通过网络支付时使用的现金。

2. 电子现金支付方式的特点

（1）安全性

电子现金可以安全存储，支付灵活方便。电子现金能够安全地存储在客户的计算机或智能卡中，而且客户以这种方式存储的电子现金可以非常方便地在网上传递。它融合了现代密码技术，防卫能力强。

（2）匿名性

现金交易具有一定的匿名性和不可跟踪性。客户用电子现金向商家付款，除了商家以外，没有人知道客户的身份或交易细节。如果客户使用了一个很复杂的假名系统，甚至连商家也不知道客户的身份。电子现金是以打包和加密的方法为基础，它的主要目标是保证交易的保密性与安全性，以维护交易双方的隐私权。除了双方的个人记录之外，没有任何关于交易已经发生的记录。因为没有正式的业务记录，连银行也无法分析和识别资金流向。正因为这一点，如果电子现金丢失了，就如同纸币现金一样无法追回。

（3）方便性

用户在支付过程中不受时间、地点的限制，使用更加方便，还可减少持有风险。普通现金有被抢劫的危险，必须存放在指定的安全地点，如保险箱、金库，保管普通现金越多，所承担的风险越大，在安全保卫方面的投资也就越大。而电子现金不存在这样的风险。高性能彩色复印技术和伪造技术的发展使伪造普通现金变得更容易了，但并不会影响到电子现金。电子现金由于采用安全的加密技术，不容易被复制和篡改。

（4）成本低

电子现金的发行成本比较低，还节省交易费用和传输费用。电子现金使交易更加便宜，因为通过 Internet 传输电子现金的费用比通过普通银行系统支付要便宜得多。而普通银行为了流通货币，就需要许多分支机构。职员、自动付款机及各种交易系统，这一切都增加了银行进行资金处理的费用。普通现金的传输费用比较高，这是由于普通现金是实物，实物的多少与现金金额是成正比的。大额现金的保存和移动是比较困难和昂贵的，而电子现金流动没有国界，在同一个国家内流通现金的费用跟国际间流通的费用是一样的，这样就可以减少国际间货币流通的费用比国内流通费用高出许多的状况。

（5）协议性、对软件的依赖性、灵活性、可鉴别性

银行和商家之间应有协议和授权关系，用户、商家和 E-Cash 银行都需使用 E-Cash 软件。

3. 电子现金存在的问题

（1）使用面窄

只有少数商家能接受电子现金，而且仅有少数几家银行提供电子现金开户服务。

（2）成本、安全与风险问题

电子现金对于硬件和软件的技术要求都较高，需要一个庞大的中心数据库，用来记录使用过的电子现金序列号，以解决其发行、管理、重复消费及安全验证等重要问题。当电子现金大量使用和普及时，中心数据库的规模将变得十分庞大。因此，尚需开发出硬、软件成本低廉的电子现金。此外，消费者硬盘一旦损坏，电子现金丢失，钱就无法恢复，这个风险许多消费者都不愿承担。电子伪钞一旦获得成功，那么，发行人及其一些客户所要付出的代价则可能是毁灭性的。

（3）货币兑换问题

因为电子现金可以随时与普通货币兑换，故电子现金量的变化也会影响真实世界的货币供应量。如果银行发放电子现金贷款，电子现金量就可能增多，产生新货币。这样当电子现金兑换成普通货币时，就会影响到现实世界的货币供应。电子货币与普通货币一样有通货膨胀等经济问题，而且因其特殊性，这些问题可能还会更加严重。

（4）税收与洗钱

由于电子现金可以实现跨国交易，税收和洗钱成为潜在的问题。通过 Internet 进行的跨国交易存在是否要征税，又如何征收，使用哪个国家的税率，由哪个国家征收，对谁征收等问题。为

了解决这些问题，国际税收规则必须进行调整。更麻烦的是，电子现金同实际现金一样很难进行跟踪，税务部门很难追查，所以电子现金的这种不可跟踪性将很可能被不法分子用以逃税。利用电子现金可以将钱送到世界上任何地方而不留下一点痕迹，洗钱也变得容易，如果调查机关想要获得证据，则要检查网上所有的数据包并且破译所有的密码，这几乎是不可能的。

（5）恶意破坏与盗用

电子现金存储在计算机里，其最大的特点之一就是易复制。因此，在流通过程中，就一定要注意防止非法复制，同时也注意防止恶意程序的破坏。另外，电子现金如果不妥善地加以保护，也有被盗的危险性。所以，一定要采取某些安全措施，如加密等，保护电子现金的存储和使用安全，否则电子现金就很难被用户接受。

4. 电子现金的使用过程

电子现金在其生命周期中要经过提取、支付和存款 3 个过程，涉及用户、商家和银行 3 方。

应用电子现金进行网络支付，需要在客户端安装专门的电子现金客户端软件，在商家服务端安装电子现金服务器端软件，在发行银行运行对应的电子现金管理软件等。为了保证电子现金的安全及可兑换性，发行银行还应该从第三方 CA 申请数字证书以证实自己的身份，借此获取自己的公开密钥／私人密钥对，且把公开密钥公开出去，利用私人密钥对电子现金进行签名，具体流程如图 4-3 所示。

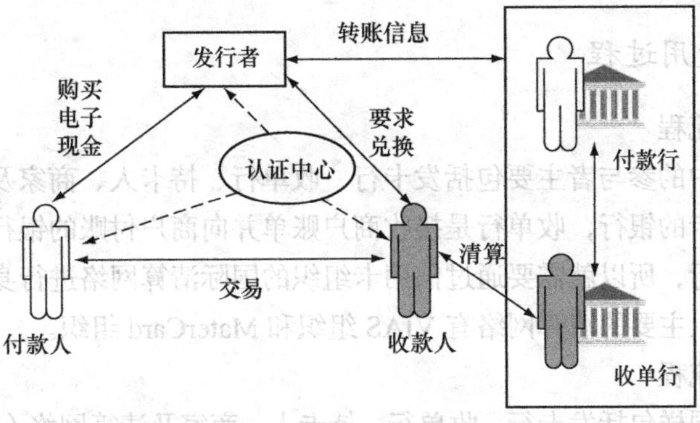

图 4-3　电子现金支付流程

① 预备工作。电子现金使用客户、电子现金接收商家与电子现金发行银行分别安装电子现金应用软件，为了安全交易与支付，商家与发行银行从 CA 中心申请数字证书。客户端在线认证发行银行的真实身份后，在电子现金发行银行开设电子现金账号，存入一定量的资金，利用客户端与银行端的电子现金应用软件，遵照严格的购买兑换步骤，兑换一定数量的电子现金（初始化协议）。客户使用客户端电子现金应用软件在线接收从发行银行兑换的电子现金，存放在客户机硬盘上（或电子钱包、IC 卡上），以备随时使用（提款协议）。接收电子现金的商家与发行银行间应在电子现金的使用、审核、兑换等方面有协议与授权关系，商家也可以在发行银行开设接收与兑换电子现金的账号，也可另有收单银行。

② 客户验证网上商家的真实身份（安全交易需要），并确认能够接收本方电子现金后，挑好商品，选择己方持有的电子现金来支付。

③ 客户把订货单与电子现金借助 Internet 平台一并发送给商家服务器（可利用商家的公开密

钥对电子现金进行加密传送，商家收到后利用私人密钥解开）。对客户来说，到这一步支付就算完成得差不多了，无需银行的中转（支付协议）。

④ 商家收到电子现金后，可以随时一次或批量到发行银行兑换电子现金，即把接收的电子现金发送给电子现金发行银行，与发行银行协商进行相关的电子现金审核与资金清算，电子现金发行银行认证后把同额资金转账给商家开户行账户。

⑤ 商家确认客户的电子现金真实与有效性后，确认客户的订单与支付，并发货。

4.2.5 银行卡

1. 银行卡概述

银行卡的种类主要包括银行信用卡、记账卡、现金卡、支票卡等。其应用领域包括无现金购物、启动 ATM 系统、企业银行联机、家庭银行联机、网上交易、银行柜台交易、个人资产管理。

银行卡对银行和社会发展有以下影响：①大大促进社会商品的生产和产品的流通；②深刻改变着人们的金融习惯和社会的支付体制；③银行卡推动银行实现电子化。

IC 卡可应用为银行电子付款卡、信用卡和电子钱包等。IC 卡根据其与阅读器的连接方式，可分为接触型卡和非接触型卡两种。接触型 IC 卡从功能上又分成 3 类：存储卡、智能卡（带 CPU 的卡）和超级智能卡。

2. 银行卡的使用过程

（1）信用卡支付流程

信用卡使用流程中的参与者主要包括发卡行、收单行、持卡人、商家及信用卡组织。发卡行是向持卡人签发信用卡的银行，收单行是接收商户账单并向商户付账的银行。由于发卡行和收单行往往不是同一家银行，所以就需要通过信用卡组织的国际清算网络进行身份信息的认证以及授权信息的传递。世界上主要的清算网络有 VIAS 组织和 MaterCard 组织。

（2）借记卡支付流程

借记卡使用流程同样包括发卡行、收单行、持卡人、商家及清算网络（如银联）。收单行会先通过清算网络验证持卡人出示的卡号和密码，并查询其账户中是否有足够的资金用于支付。支付完成后资金将直接从持卡人的账户中划拨到收单行，然后支付给商家。借记卡支付与信用卡支付流程有类似之处，主要区别就在于借记卡无信贷功能，是即时的支付。

4.2.6 电子支票

1. 电子支票的概念

电子支票（Electronic Check，E-Check 或 E-Cheque）是一种借鉴纸张支票转移支付的优点，利用数字传递将钱款从一个账户转移到另一个账户的电子付款形式。电子支票（Electronic Check）是纸质支票的电子替代物，它与纸质支票一样是用于支付的一种合法方式，它使用数字签名和自动验证技术来确定其合法性。监视器的屏幕上显示出来的电子支票样子十分像纸质支票，填写方式也相同，支票上除了必需的收款人姓名、账号、金额和日期外，还隐含了加密信息电子支票通过电子函件直接发送给收款方，收款人从电子邮箱中取出电子支票，并用电子签名签署收到的证实信息，再通过电子函件将电子支票送到银行，把款项存入自己的账户。

2. 电子支票支付方式的特点和优势

（1）电子支票支付方式的特点

① 电子支票与传统支票工作方式相同，易于理解和接受。

② 加密的电子支票使它们比数字现金更易于流通，买卖双方的银行只要用公开密钥认证确认支票即可，数字签名也可以被自动验证。

③ 电子支票适于各种市场，可以很容易地与 EDI 应用结合，推动 EDI 基础上的电子订货和支付。

④ 第三方金融服务者不仅可以从交易双方收取固定交易费用或按一定比例抽取费用，还可以以银行身份，提供存款账目，且电子支票存款账户很可能是无利率的，因此给第三方金融机构带来了收益。

⑤ 电子支票技术将公共网络连入金融支付和银行清算网络。

（2）电子支票支付方式的优势

电子支票是客户向收款人签发的、无条件的数字化支付指令。电子支票是网络银行常用的一种电子支付工具。将传统支票改变为带有数字签名的电子报文，或利用其他数字电文代替传统支票的全部信息。利用电子支票，可以使支票的支付业务和支付过程电子化，具有处理速度高、安全性能好、处理成本低以及给金融机构带来了效益等优势。

3. 电子支票使用的过程

用户可以在网络上生成一个电子支票，然后通过互联网络将电子支票发向商家的电子信箱，同时把电子付款通知单发到银行。像纸质支票一样，电子支票需要经过数字签名，被支付人数字签名背书，使用数字凭证确认支付者/接收者身份、支付银行以及账户，金融机构就可以根据签过名和认证过的电子支票把款项转入商家的银行账户。电子支票的交易流程如图 4-4 所示。

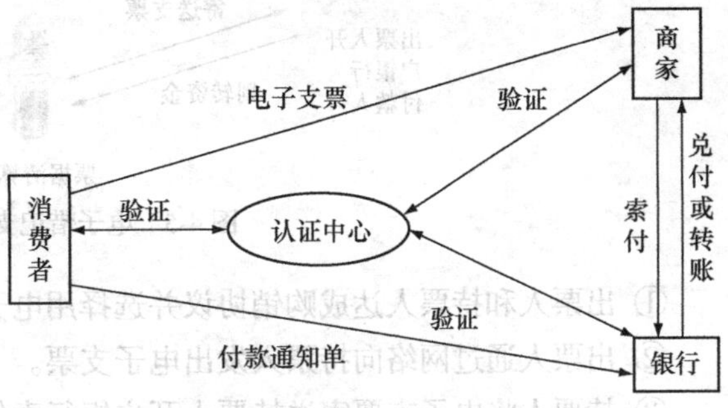

图 4-4　电子支票交易流程图

4.2.7　智能卡

1. 智能卡的概念

智能卡（Smart Card）或称集成电路卡（Integrated Circuit Card，IC 卡）是一种将具有微处理器及大容量存储器的集成电路芯片嵌装于塑料基片上而制成的卡片。智能卡可以存放电子货币，用来进行电子支付和存储信息，所以也具有电子钱包的功能。在芯片里存储了大量关于使用者的信息，如财务数据、私有加密密钥、账户信息、结算卡号码及健康保险信息等，因此，IC 卡又被广泛应用在社会保障领域（社会保障卡）。

智能卡出现已经有十多年了。在欧洲和日本智能卡已经可以用于交电话费和有线电视费。智能卡在澳大利亚也非常普及，几乎所有的商店和饭店的结账台都有智能卡刷卡器。我国的电话IC卡、公交IC卡和校园IC卡的应用十分广泛。由于智能卡上的信息是加密的，它需要用密钥来打开加密的信息，智能卡还具有便于携带及方便使用的好处。

2. 智能卡的优点及进行网上购物的过程

（1）智能卡的优点：①智能卡使得电子商务中的交易变得简便易行；②智能卡具有很好的安全性和保密性。

（2）运用智能卡进行网上购物的过程：①申请智能卡；②下载电子现金；③智能卡支付。

4.2.8 电子票据

在电子支付中，电子票据支付模拟传统纸质票据的使用方式，可以说是传统票据支付在网络的延伸。

电子借记支票的流转程序如图4-5所示。

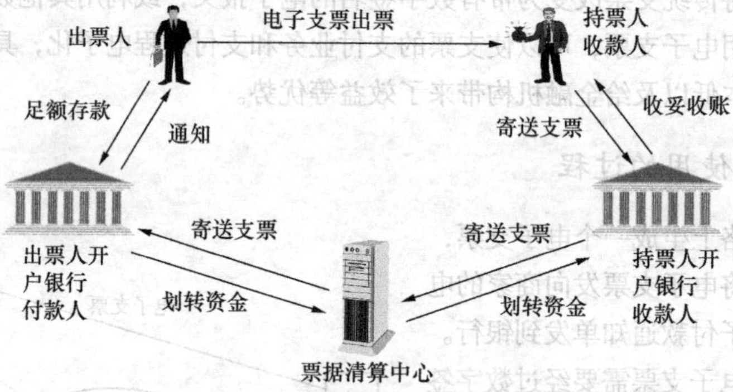

图4-5 电子借记支票的流转程序

① 出票人和持票人达成购销协议并选择用电子支票支付。

② 出票人通过网络向持票人发出电子支票。

③ 持票人将电子支票寄送持票人开户银行索付。

④ 持票人开户银行通过票据清算中心将电子支票寄送出票人开户银行。

⑤ 出票人开户银行通过票据清算中心将资金划转持票人开户银行。

4.2.9 移动支付

1. 移动支付的概念

移动支付（Mobile Payment，MPayment），是使用移动设备通过无线方式完成支付行为的一种新型的支付方式。目前，使用最广泛最典型的移动支付方式是手机支付。在手机支付中，使用一部手机就可以方便地完成整个交易，而且很多情况下可以缩短用户不必要的等待时间，剔除很多无价值的活动，因此，日益受到移动运营商、商品零售商和消费者的青睐。

2. 手机支付系统

（1）手机支付系统组成部分

手机支付系统主要涉及三方：消费者、商家及无线运营商，所以手机支付系统大致可分 3 个部分，即消费者前端消费系统、商家管理系统和无线运营商综合管理系统。

（2）手机支付主要业务种类

手机支付的主要业务种类有：①手机代缴费业务；②手机钱包业务；③手机银行业务；④手机信用平台业务。

3. 移动支付模式

移动支付模式主要有：①移动运营商独立或联合经营；②金融机构独立经营；③移动运营商与信用卡组织合作经营；④第三方机构独立经营。

4. 移动支付的“空中交易”模式

按照传输方式不同，手机支付可以分为空中交易和 WAN（广域网）交易两种。空中交易是指支付需要通过终端浏览器或者基于 SMS/MMS 等移动网络系统；WAN 交易则主要是指移动终端在近距离内交换信息，而不通过移动网络。例如，使用手机上的红外线装置在自动贩售机上购买可乐。

4.3 网上支付

4.3.1 网上支付概述

1. 网上支付的概念

网上支付（Net Payment 或 Internet Payment），是指以金融电子化网络为基础，以商用电子化工具和各类交易卡为媒介，通过计算机网络系统特别是 Internet 来实现资金的流通和支付。

网上支付是在电子支付的基础上发展起来的，它是电子支付的一个最新发展阶段，是基于 Internet 并结合电子商务发展的电子支付。网上支付比现有流行的信用卡 ATM 存取款、POS 支付结算等这些基于专线网络的电子支付方式更新、更先进、更方便，将是 21 世纪网络时代里支撑电子商务发展的主要支付与结算手段。

2. 网上电子支付系统

电子支付系统（Electronic-Payment System）是电子商务系统的重要组成部分。它指的是消费者、商家和金融机构之间使用安全电子手段交换商品或服务，即把新型支付手段包括电子现金（E-Cash）、信用卡（Credit Card）、借记卡（Debit Card）、智能卡（Smart Card）等的支付信息通过网络安全传送到银行或相应的处理机构，来实现电子支付；网上支付系统是融购物流程、支付工具、安全技术、认证体系、信用体系以及现在的金融体系为一体的综合大系统。网上电子支付系统主要包括：电子货币系统、支付清算系统和银行卡支付系统。

3. 网上支付系统的种类和特征

（1）网上支付系统的种类

① 信用卡支付系统：延时付款，在线操作，允许透支。

② 电子转账支付系统：即时付款，在线操作，不可透支。

③ 电子现金支付系统：预先付款，可离线操作。

（2）网上支付的特征

① 采用数字化的方式完成款项支付结算。

② 网上支付具有方便、快捷、高效、经济的特性。

③ 网上支付具有轻便性和低成本性。

④ 网上支付与结算具有较高的安全性和一致性。

⑤ 网上支付可以提高开展电子商务的企业资金管理水平，不过也增大了管理的复杂性。

⑥ 银行提供网上支付结算的支持使客户的满意度与忠诚度均上升。

（3）网上支付系统的功能

① 使用数字签名和数字证书实现对各方的认证。

② 使用加密技术对业务进行加密。

③ 使用消息摘要算法确认业务的完整性。

④ 保证业务不可否认性。

⑤ 处理贸易业务的多边支付问题（支付信息与订单信息相分离）。

4.3.2 网上支付模式

1. 在线转账支付模式

电子资金转账（Electronic Funds Transfer，EFT）系统缩短了银行之间支付指令传输的时间，并减少了在途流动资金。然而，EFT 系统并没有改变支付系统的基本结构。电子商务中的支付创新改变了消费者处理支付的方式。消费者电子支付系统正在迅速地完善。包括网络支付和移动支付在内的支付形式，与以往的各种电子支付无论在技术上还是在经营理念上均有巨大的差异。

（1）ATM 系统

CD/ATM 系统（简称 ATM 系统）即自动柜员机系统，是利用银行发行的银行卡，在自动存款机（Cash Dispenser）或自动取款机 ATM（Automated Teller Machine）上，执行存取款和转账功能的一种自助银行系统。该系统深受客户的欢迎，有效地提高了银行效率，降低了银行运行成本，是最早获得成功的电子资金转账系统。

（2）POS 系统

POS 系统组成如图 4-6 所示。

（3）电话银行系统

电话银行是利用电话实现传统银行业务的一种新型银行。机构、团体、企业和个人拨打服务热线后，根据语音提示可以享受银行为其提供的电话银行服务。从技术上可以将电话银行系统分为支付网关、语音平台两大部分，基本结构如图 4-7 所示。

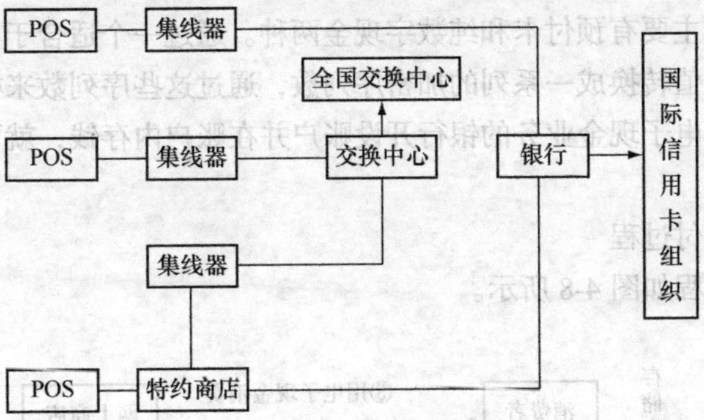

图 4-6　POS 系统组成

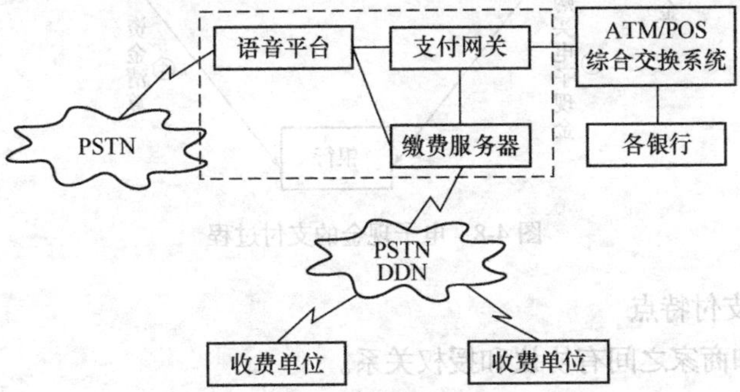

图 4-7　电话银行系统构成

① 企业电话银行的功能主要包括：账户查询。客户可查询在工商银行开立的结算帐户的余额及当日、历史明细；传真服务。客户可以利用电话银行把自己账户的当日、历史明细使用传真机接收回来，以便与银行对账。

② 个人电话银行的功能主要包括：账户查询；转账服务；自助缴费；银证转账；证券交易；基金业务；外汇买卖；公共信息；业务申请；账户挂失。

（4）电子汇兑系统

电子汇兑系统泛指行际间各种资金调拨作业系统，包括一般的资金调拨业务系统和清算作业系统。一般的资金调拨业务系统，如托收系统用于行际间的资金调拨；清算作业系统用于行际间的资金清算。电子汇兑系统是银行之间的资金转账系统，它的转账资金额度很大，是电子银行系统中最重要的系统。

电子汇兑系统由于功能和作业性质的不同可分为几大类：通信系统；资金调拨系统；清算系统。

2. 电子现金支付模式

电子现金又称数字现金（E-Cash），是一种以数据形式存在的现金货币。它把现金数值转换成为一系列的加密序列数，通过这些序列数来表示现实中各种金额的币值。

要使用电子现金，用户只需在开展电子现金业务的银行开设账户并在账户内存钱，在用户对应的账户内就生成了具体的数字现金，在承认数字现金的商店购物，从账户划拨数字现金即可。电子现金的种类：硬盘数据文件形式的电子现金；IC 卡形式的电子现金。如现在的游戏账户、QQ 账户等都是常见的电子现金。

数字现金表现形式主要有预付卡和纯数字现金两种。通过一个适合于在 Internet 上进行的实时支付系统，把现金数值转换成一系列的加密序列数，通过这些序列数来模拟现实中各种金额的币值。用户只要在开展电子现金业务的银行开设账户并在账户内存钱，就可以在接受电子现金的商店购物了。

（1）电子现金的支付过程

电子现金的支付过程如图 4-8 所示。

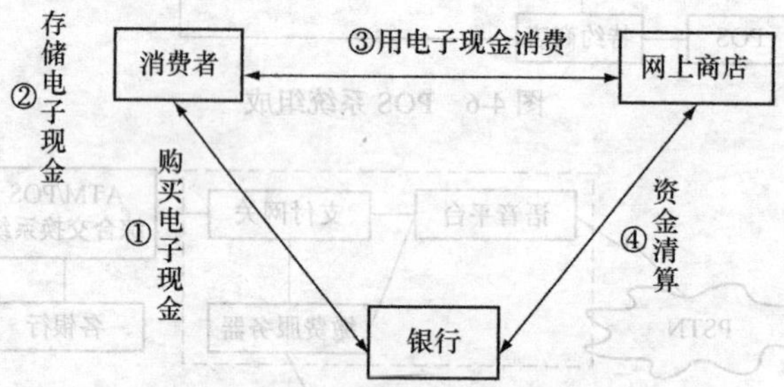

图 4-8 电子现金的支付过程

（2）电子现金的支付特点

① E-Cash 银行和商家之间有协议和授权关系。

② 用户、商家和银行都需使用 E-Cash 软件。

③ 身份验证由 E-Cash 本身完成。

④ 具有现金特点，可以存取转让，一样会丢失。

⑤ 电子现金的发行者负责用户和商家之间实际资金的转移。

⑥ 用于小额交易 B2C/C2C。

3. 电子支票支付模式

电子支票（Electronic Check，E-Check）电子支票，是网络银行常用的一种电子支付工具，是客户向收款人签发的、无条件的数字化支付指令，它主要用于 B2B 业务。电子支票的支付流程如图 4-9 所示。

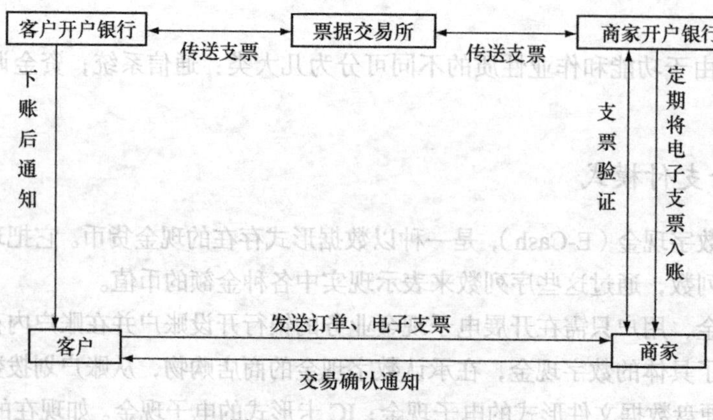

图 4-9 电子支票的支付流程

4. 信用卡在线支付模式

信用卡和借记卡都是比较成熟的支付方式，在世界范围内得到了广泛的应用。银行卡的最大优点是持卡人可以不用现金，凭卡购买商品和享受服务，其支付款项由发卡银行支付。银行卡支付通常涉及三方，即持卡人、商家和银行。支付过程包括清算和结算，前者指支付指令的传递，后者指与支付相关的资金转移。

目前，信用卡的支付包括无安全措施的信用卡支付、通过第三方代理的信用卡支付、简单加密信用卡支付、基于 SET 的信用卡支付等类型。

5. 第三方平台支付模式

（1）第三方支付的定义

第三方支付平台是属于第三方的服务型中介机构。它主要是面向开展电子商务业务的企业提供与电子商务支付活动有关的基础支撑与应用支撑的服务。

第三方支付服务商，是指依法在中华人民共和国境内设立的，中立于网上交易买卖双方，中立于电子商务企业与银行，自行建立支付平台连接买卖双方，连接商家与银行，提供网上购物资金划拨渠道的独立法人。

（2）第三方支付存在的意义

第三方支付企业是互联网支付的枢纽。在支付活动中，第三方支付企业充当各个银行的代理人为商户提供互联网支付产品，通过支付网关为商户提供多种支付工具的支付功能。第三方支付平台作为中介方，可以促成商家和银行的合作。对于商家，第三方支付平台可以降低企业运营成本；对于银行，可直接利用第三方的服务系统提供服务，帮助银行节省网关开发成本。

（3）第三方电子支付模式

电子支付不是新概念，从 1998 年招商银行率先推出网上银行业务之后，人们便开始接触到网上缴费、网上交易和移动银行业务。这个阶段，银行的电子支付系统无疑是主导力量，但银行自身没有足够的动力也没有足够的精力去扩展不同行业的中小型商家参与电子支付。于是，非银行类的企业开始进入支付领域，它们通常被称为第三方电子支付公司。目前，我国主要存在 4 种模式：①支付网关型模式；②自建支付平台模式；③第三方垫付模式；④多种支付手段结合模式。

4.4 网上银行

4.4.1 网上银行概述

1. 网上银行的概念

网上银行也称为网络银行、在线银行，是指利用 Internet 及相关技术处理传统的银行业务及支持电子商务网上支付的新型银行。

网上银行利用 Internet 或其他专用网络，为银行客户在网上提供开户、销户、支付、转账、查询、汇款、网上证券、投资理财等传统服务项目。客户足不出户就能够安全快捷地办理银行业务。

网上银行是通过Internet这一公共资源及使用相关技术来实现银行与消费者之间安全、方便、友好连接的银行。它可为消费者提供各种金融服务产品，真正实现家庭银行，企业银行的服务。

电子商务强调支付过程和支付手段的电子化。作为电子支付和结算的最终执行者，网上银行起着连接买卖双方的纽带作用，网上银行所提供的电子支付服务是电子商务中最关键的要素和最高层次。

2. 网上银行的产生与发展

美国3家银行于1995年10月18日联合成立了全球第一家网络银行——美国“安全第一网络银行”（Security First Network Bank，SFNB）。该网络银行通过Internet提供全球范围的金融服务。该银行采用一种全新的服务手段，用户只要输入其网址，屏幕上就显示出类似传统银行营业大厅的画面，其上有开户、个人账务、咨询台、行长等柜台，还有一名保安。用鼠标单击要去的柜台，按照屏幕提示就可以进入自己所需的领域。

开业后的短短几个月，即有近千万人次上网浏览，给金融界带来极大震撼。于是更有若干银行立即紧跟其后，在网上开设银行。随即，此风潮逐渐蔓延全世界，网络银行走进了人们的生活。

3. 网上银行的特点

① 突破了银行的传统业务模式，摒弃了银行由店堂柜台开始的传统服务流程，把银行的业务直接在互联网上推出。

② 网络银行实现了交易无纸化、业务无纸化和办公无纸化，大大提高了服务的准确性和时效性。

③ 网络银行降低了银行的服务成本，提高了服务质量。网络银行只需一个网址，无须营业大厅，无须设立分支机构，就能将银行业务推向全国乃至世界各地，极大地减少了银行的管理费用。

④ 降低消费者成本，消费者操作更方便、友好。

⑤ 降低银行的软、硬件开发和维护费用。

4. 网上银行的发展模式

网络银行有两种发展模式。一种是完全依赖于Internet发展起来的全新电子银行，这类银行没有分支机构，所有业务均是通过Internet进行的。新建的银行适合采用这种模式，如美国“安全第一网络银行”。另一种是传统银行通过Internet扩展原有的银行业务，特别是通过Internet发展家庭银行及企业银行服务。现有的银行可按第二种发展模式发展自己的网络银行服务。传统银行要开展网络银行服务，必须将传统银行业务和网络银行进行重新整合，这样才能为客户提供良好的网络银行服务。世界上许多著名的商业银行，如花旗银行、大通曼哈顿银行、汇丰银行、美洲银行以及我国的各大银行如工商银行、中国银行、招商银行、建设银行、农业银行等，都已经进行了银行业务的网络化改造工作，而几乎所有规模较大的商业银行都在国际互联网上建立了自己的站点。

5. 网上银行的分类

① 网上银行按主要服务对象可分为个人网上银行和企业网上银行。

个人网上银行，主要适用于个人与家庭，为个人客户提供账户查询、转账汇款、投资理财、在线支付等金融服务的网上银行服务。使客户可以足不出户就能够安全便捷地管理活期和定期存款、支票、信用卡及个人投资等。

企业网上银行，主要适用于企事业单位。企事业单位可以通过企业网上银行实时了解财务运作情况，及时调度资金，轻松处理大批量的网络支付和工资发放业务，并可处理信用证的相关业务。

② 网上银行按组成架构可分为纯网上银行和广义网上银行。

纯网上银行，指开展网络银行服务的机构除了后台处理中心外，没有其他任何物理上的营业机构，银行的所有业务完全在 Internet 上进行，如美国“安全第一网络银行”。

广义网上银行，主要指已拥有传统物理分支机构和营业点的银行又通过 Internet 来开展银行金融服务，两者相互协助，如招商银行网上银行。

③ 网上银行按网络及使用的工具可分为 Web 个人网上银行、手机银行、PAD 银行等。

4.4.2　网上银行的框架及服务

1. 网上银行系统的框架

① Web 服务器，负责提供银行的功能描述，供客户了解各种公共信息，并提供网上银行的相关信息如网上银行演示、网上银行热点解答以及网上银行服务协议和申请方法，还包括网上填写开户申请表等。

② CA 服务器，用于对进出网上银行服务器端的各种信息进行网络监控和认证处理，可为安全管理员提供可疑信息的“报警、记录和回放”，并可提供相应的报告，保证系统的安全性、正确性。

③ 交易服务器，作为应用服务器是网上银行服务器端的核心，主要负责处理来自网络终端的交易，并负责与后台主机进行通信。

④ 数据库服务器，是保存网上银行数据的地方，在其上运行数据库管理系统软件。该数据库存放的数据包括网上银行用户开户信息、系统参数、与用户定制服务相关的信息以及各种操作日志信息等。

⑤ 客户服务代表工作站，供网上银行服务器端的客户服务代表使用，客户服务代表负责接收、解答网上银行用户的反馈意见、咨询和投诉等，客户服务代表的解答意见也以电子邮件方式返回客户。

2. 网上银行的服务内容

（1）公共信息服务

银行公共信息服务主要包括银行的广告、宣传资料、业务种类和特点、操作规程、最新通知、年报等综合信息，它对网上的所有访问者开放。

银行公共信息具体包括：公共信息发布；银行简介；银行业务、服务项目介绍；银行网点分布情况；存、贷款利率查询；外汇牌价；利率查询，国债行情查询；银行特约商户介绍；各类申请资料（贷款，信用卡申请）；投资理财咨询；最新经济快递；客户信箱服务等。

（2）个人网上银行服务

个人网上银行服务主要针对个人持卡用户和存折客户，为其提供全方位、个性化的电子金融服务。

（3）企业网上银行服务

企业网上银行服务可以分为集团客户和一般客户，根据客户类型和付费情况为客户提供不同的交易功能。其主要包括收款业务、付款业务、贷款业务、集团理财、信用证及其查询业务、企业信用管理、账户管理、投资理财以及其他服务。

4.5 国内外的电子支付系统

4.5.1 国内电子支付体系

1. 我国支付清算系统概述

（1）我国支付清算系统的历史沿革

建国之初，我国支付清算系统是借鉴前苏联的经验而建立起来的，整个系统是以手工操作为主的地区封闭式的清算系统。

20 世纪 80 年代，为适应经济的改革，金融体制相应进行了大的改革，从高度集中的中国人民银行分出了自主经营的国有商业银行，并开始建立多种形式的股份制和民营性质的商业银行，这对资金和货币在社会的流动提出了新的要求。

（2）我国支付清算系统存在的问题

我国支付结算系统改革取得了巨大的成就，大大加速了社会资金的周转，但仍有一些问题存在。

① 国内银行体制和内部运作方式差异大，因此特别缺乏支持各银行间支付清算的有效公共平台，支付速度慢，资金在途时间长。

② 防范支付风险的机制目前还不健全，存在安全隐患。

③ 系统结构紊乱，清算账户分散，支付系统难以集中和统一，不利于金融监管。

④ 为与金融市场等相关连接，不能有效支持中央银行货币政策的实施和加强金融监管。

（3）国内银行系统主要支付结算工具

① 贷记支付工具。

② 借记支付工具。

③ 还有用于商业支付的商业汇票和银行卡。

（4）我国银行支付体系

如图 4-10 所示，我们可以更加清晰地了解我国银行业的体系结构，从而为进一步了解整个支付清算系统的功能打下基础。

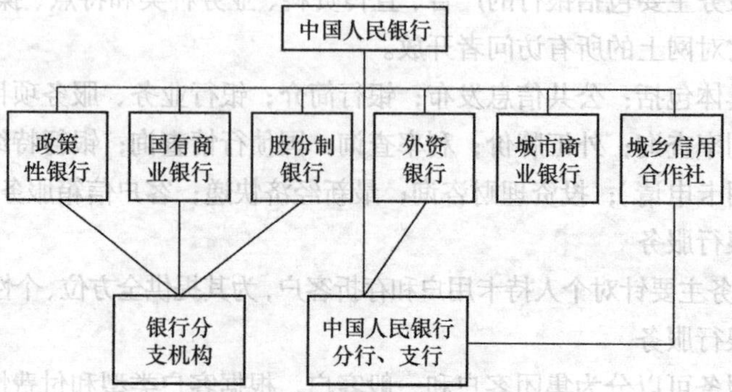

图 4-10 我国银行业体系结构

2. 我国支付清算系统功能

我国支付清算系统分为两个部分，即大额实时支付系统（HVPS）和小额批量支付系统（BEPS），以实现对大额支付业务和小额批量业务的资金清算。为了加强对清算账户的集中处理以及中央银行办理现金存取、再贷款和再贴现等业务的处理，我国支付系统还设立了两个辅助系统（SAPS）和（PIMS），分别用于管理清算账户和管理支付信息，如图 4-11 所示。

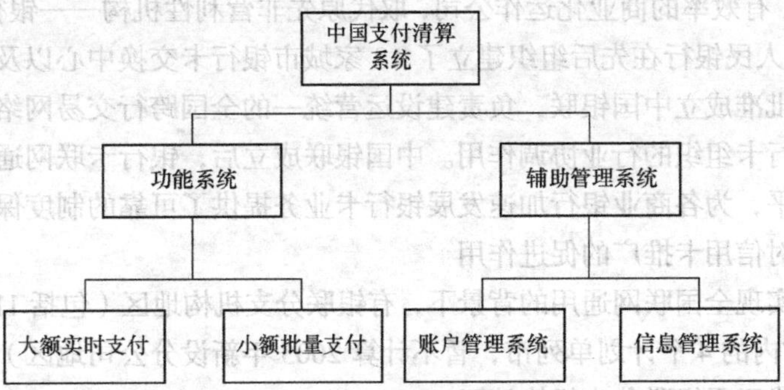

图 4-11　中国支付清算系统功能图

3. 中国现代化支付体系

中国现代化支付系统（CNAPS）是中国人民银行按照我国支付清算需要，利用现代计算机技术和通信网络自主开发建设的，能够高效、安全处理各银行办理的异地、同城各种支付业务及其资金清算和货币市场交易的资金清算的应用系统。中国人民银行通过建设现代化支付系统，将逐步形成一个以中国现代化支付系统为核心，商业银行行内系统为基础，各地同城票据交换所并存，支撑多种支付工具的应用和满足社会各种经济活动支付需要的中国支付清算体系。

（1）CNAPS 系统参与者和支撑环境。

CNAPS 由中国人民银行（PBC）即中国的中央银行发起、管理和监督。系统的直接参与是在各级人民银行开设联行清算账户的金融机构，包括中国工商银行（ICBC）、中国农业银（ABC）、中国银行（BOC）、中国建设银行（PCBC）、交通银行（BOCOM）和其他金融机构。

（2）中国国家金融网络（CNFN）

CNFN 是一个国家级的计算机网络系统，通过该系统使中央银行、各商业银行和其他金融机构有机地连接在一起，最终为广大客户提供全面的支付服务和金融信息服务，是 CNAPS 运作的网络基础。

CNFN 的建设目标之一是为了实现一网多用。围绕这个建设目标，在网络结构设计时，采用了将通信子网与资源子网分离的方案，以便建设一个独立于应用的国家级金融通信网络，即中国国家金融网络 CNFN。

（3）CNAPS 系统组成和功能。

在中国国家金融网络 CNFN 的支撑下，中国国家现代化支付系统 CNAPS 由独立运行的以下几个应用系统组成：①同城清算所；②大额支付系统（HVPS）；③小额批量支付系统（BEPS）；④银行卡授权系统（BCAS）；⑤政府债券簿记系统（GSES）；⑥金融管理信息系统（FMIS）；⑦金融信息传输服务（FITS）。

4. 中国银联

（1）从“金卡工程”到银联

“金卡工程”始于1993年。此后8年中，各家商业银行耗资近10亿元人民币，参与建立全国18家银行卡信息交换中心。然而，由于多家银行协调困难，中国人民银行牵头的这项工程并未使众多商业银行形成预想的合力。而Visa等银行卡国际组织运作方式的成功，使银行界开始考虑打造一个自负盈亏的、有效率的商业化运作公司，取代原先非营利性机构——银行卡信息交换中心。

2002年，中国人民银行在先后组织建立了18家城市银行卡交换中心以及在银行卡信息交换总中心的基础上，批准成立中国银联，负责建设运营统一的全国跨行交易网络，制定业务规则和技术标准，发挥银行卡组织的行业协调作用。中国银联成立后，银行卡联网通用的范围和质量都提升到一个新的水平，为各商业银行加速发展银行卡业务提供了可靠的制度保障。

（2）中国银联对信用卡推广的促进作用

在银行卡已经实现全国联网通用的背景下，有银联分支机构地区（包括11个省，3个直辖市以及属于上述11省内的4个计划单列市，暂不计算2005年新设分公司地区）银行卡受理市场的发展状况，要明显优于无银联分支机构地区。

4.5.2 国外电子支付体系

1. 国际电子汇兑系统

第二次世界大战后，商品生产的规模和交换方式都发生了很大的变化。科学技术的发展，促使劳动生产率迅速提高和国际贸易急速发展，从而使商品流动和货币流动急速加大。通过电信和手工处理纸基票证这种传统的转账方式，已经不能适应时代发展的要求。为适应国际贸易急速发展的需要，从20世纪60年代末开始，国际银行界纷纷研究建立各种国际资金调拨系统。在诸多国际资金调拨系统中，最重要的是SWIFT系统和CHIPS系统。SWIFT系统主要提供通信服务，为其成员金融机构传送各种标准的国际资金调拨信息，而国际间的资金调拨处理则主要由CHIPS系统（纽约清算所银行同业支付系统）完成。

CHIPS是Clearing House Interbank Payment System的缩写，系“纽约清算所银行同业支付系统”的简称。纽约是世界上最大的金融中心，国际贸易的支付活动多在此地完成。纽约结算所是为外国客户和往来银行进行票据交换和清算的场所，因此，由纽约清算所建立的CHIPS系统也就成为世界性的资金调拨系统。现在，世界上90%以上的外汇交易，是通过CHIPS完成的。可以说CHIPS是国际贸易资金清算的桥梁，也是欧洲美元供应者进行交易的通道。

通过CHIPS系统的国际资金调拨处理过程并不复杂。例如，纽约的A行从SWIFT网等国际线路接受的某国甲行的电报付款指示，要求A行于某日（Value Date，即生效日）扣其往来账，并将此款拨付给在纽约B行设有往来账户的其他国际某乙银行。若A行和B行均为CHIPS的成员行，则这笔资金可以通过一定的方法完成。

2. 卡基支付网络

（1）信用卡收单网络

信用卡网络发展最早，也最成熟。由于当时只有信用卡这一支付工具，因此，网络的架构、标准规范等都只适用于信用卡。随着网络的发展，其逐渐也可以接受签名借记卡和 P2P 支付。目前，信用卡网络处理的交易中 26%是签名借记卡交易。当支付工具上带有某一信用卡网络品牌时，交易则通过该网络进行，信用卡网络品牌以 VISA、万事达、美国运通等为代表。

（2）ATM/EFT 网络

ATM/EFT 网络运营商最初是为美国各银行提供 ATM 专业化服务的机构，专门从事 ATM 维护、监控等服务，并逐渐发展为连接各 ATM 和借记卡发卡银行的 ATM/EFT 网络运营商，同时开始利用其价格优势将网络介入商户消费领域，发展成能进行 ATM 交易和密码借记卡 POS 交易的独立的 ATM/EFT 网络，并从区域性的网络逐渐发展为全国性网络。目前，ATM/EFT 网络除了能受理密码借记卡交易外，还可以受理 P2P 支付、电子账单支付等。

（3）ACH 网络

ACH 网络，即自动清算所网络，最早用来进行直接存款交易。目前发展迅速，体现出较好的开放性，能够受理多种新型支付交易，如预授权交易、支票电子转换支付、电子账单支付和 P2P 支付等。ACH 支持的交易包括:工资发放、社会福利发放、各种贷款的自动还款、B2B 支付、电子支付、联邦及各州的所征税款支付。由于其交易成本低廉，被不断地应用于新的用途，发展势头强劲，例如，一些商户开始发行通过 ACH 网络受理的零售借记卡，以绕开信用卡网络和 EFT 网络。

本章小结

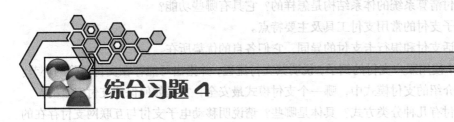

本章主要介绍了电子支付的概念、电子支付的方式、网上支付、网上银行、国内外的电子支付系统。通过本章的学习，理解电子支付的概念、理解电子支付方式的类型和作用、掌握网上支付的操作流程、了解网上银行的基本业务和优势、了解国内外的电子支付系统。

综合习题 4

一、填空题

（1）后支付系统允许用户购买商品后再付款，________是一种最普遍的后支付系统。

（2）信用卡也称________。

（3）阿里巴巴旗下的________是国内最具影响的第三方支付平台。

（4）网络银行也称为________。

（5）网络银行有________和________两种运作模式。

二、单项选择题

（1）SET 协议又称为（　　）。

A. 安全套接层协议　　B. 安全电子交易协议

C. 信息传输安全协议　　D. 网上购物协议

（2）世界上最早的电子钱包系统出现在（　　）。

A. 美国　　B. 英国　　C. 法国　　D. 澳大利亚

（3）电子现金的英文称谓是（　　）。

A. Smart Card　　B. E-Cash　　C. E-purse　　D. E-cheque

（4）目前，我国智能卡的推广应用中还存在一些障碍，主要是安全问题和（　　）。

A. 资金问题　　B. 政策问题　　C. 成本问题　　D. 观念问题

（5）电子钱包是一个在 SET 交易中运行在银行卡持卡人端的软件（　　）。

A. 网上商店端　　B. 银行卡发行商端

C. 银行卡持卡人端　　D. 银行卡受理银行端

（6）电子支付是指电子交易的当事人，使用安全电子支付手段，通过（　　）进行的货币支付或资金流转。

A. 网络　　B. 发卡银行　　C. 开户银行　　D. 中介银行

（7）电子支票在使用过程中，需要通过（　　）来鉴定电子支票的真伪。

A. 密押　　B. 验证中心　　C. 商家　　D. 收单银行

（8）在进行网上交易时，信用卡的账号和用户名、证件号码等被他人知晓，这是破坏了信息的（　　）。

A. 完整性　　B. 身份的可确定性

C. 有效性　　D. 保密性

三、思考题

（1）电子商务中的支付有什么特点？你是否使用过某种电子支付方式？

（2）电子支付系统是怎样构成的？它有哪些功能？

（3）我国支付清算系统的体系结构是怎样的？它具有哪些功能？

（4）简述电子支付的常用支付工具及主要特点。

（5）简述电话支付和银行卡支付的异同，它们各自的优势所在。

（6）请举一个使用账户支付的例子，说明其支付流程，并指出可能存在支付风险的环节。

（7）本章所介绍的支付模式中，哪一个支付模式最安全，它是如何保证支付安全的？

（8）移动支付有几种分类方式？具体是哪些？请说明移动电子支付与互联网支付存在的异同点。

第5章 电子商务与网络营销

学习目标

- 了解网络营销的术语的常用方法。
- 掌握网络营销的常用策略。
- 能够运用网络营销的方法解决实际问题。

案例导入

案例 5–1　小米科技的手机营销策略

近年来，手机行业最热的话题无疑是高配低价的小米手机，小米以主流高端的配置卖1999 元确实让不少人给 HOLD 住了，如此爆炸性的价格立刻引发众多媒体的跟踪报道。

1. 序幕的开始

在 2012 年 8 月 16 日，小米科技 CEO 雷军在小米手机产品发布会上开启了这场营销的序幕。经过对小米手机高配与性能的叙述，并爆出超低价格立刻引发各大媒体的兴趣，也吸引不少消费者的关注。

透过百度指数，我们看到小米手机关注度在 8 月 16 日从开始的几千上升到 20 多万，在 8 月 17 日经过各大媒体对其报道，百度指数关注度已经上升至 36 万。

2. 1 万台产量的饥饿营销

前段时间，有媒体爆出小米手机硬件采购的细节，发现小米手机第一批产能只有 1 万台，这个消息确实让不少垂涎的米粉神经立马紧张起来，如此优秀的手机居然第一批产量只有 1 万台？这则消息除了让消费者神经绷紧，媒体方面也出现了诸多猜测，有的说小米实力不足、有的说小米搞饥饿营销等。小米官方辟谣否定这些消息的真实性，但是这1 万台的营销效果，直接引发了在网络上更广泛的讨论。

3. 公测工程机，丰富网络上各种声音

在业内，工程机就是测试机，是不允许销售的，不过这次小米破例销售工程机，效果等同于网络游戏公测或免费试用一样。这种公测模式与权威媒体测评不一样，因为每个人使用习惯不一样，关注的功能就不一样，这样的测试除了可以更快速更广泛地知道产品优劣性，而且还能获得更多更全面的评价和信息。如此丰富了网络上对小米手机的各种声音，从而让大家更好更深入地了解这款产品。

4. 网上预订购，数字的魅力

9月5日小米官网在下午1:00开始第一轮预订购。当天，我在客户那里回到公司已经是下午4:30了，打开电脑开始加入了预订购行列，高兴的是我预订购成功了，悲催的是我排在第13万多名的位置上，可想而知小米的吸引力非同小可。半天时间13万人预订购是什么概念，按照每台手机1999元的价格，等于半天时间就有2亿多的销售额，先不论真实性和水分，这个数字足以HOLD住了不少的观众。

数字是一个很容易吸引人的东西，在团购网上已购买人数等同于产品的火热程度、等同于客户的认可度。在小米网站上的预订购人数，可以让预订购者更珍惜这个机会，并且能激发更多潜在的购买者。所以在产品图上和广告上写上销售量或者评论数，都能引起消费者对该产品的关注，从而唤起消费者的购买欲。

案例分析

通过连贯的网络营销，可以说小米手机不需要投放一分钱广告，已经达到惊人的宣传效果，这是做B2C电子商务产品推广很值得参考和学习的经验。

案例思考题

小米手机是如何营销的?

5.1 网络营销概述

5.1.1 网络营销现状与发展

1. 网络营销的定义

网络营销（On-line Marketing或E-Marketing）就是以国际互联网络为基础，利用数字化的信息和网络媒体的交互性来辅助营销目标实现的一种新型的市场营销方式。简单地说，网络营销就是以互联网为主要手段进行的，为达到一定营销目的的营销活动。

2. 我国网络营销现状

网络营销不同于其他传统营销，最本质的特点是属于全球营销。当今时代，国际互联网正迅速渗透到政治、经济和社会文化的各个领域，进入人们的日常生活，并带来社会经济和人们生活方式的重大变革。在我国，网络营销起步较晚，直到1996年，才开始被我国企业尝试。海尔集团1997年通过互联网将3000台冷藏冷冻冰箱远销爱尔兰。随后，北京、上海、广州等地不少商业企业纷纷在网上开设虚拟商店。1997～2000年是我国网络营销的起始阶段，电子商务快速发展，越来越多的企业开始注重网络营销。

从 2000 年开始，网络营销进入应用和发展阶段，网络营销服务市场初步形成：企业网站建迅速发展，网络广告不断创新；营销工具与手段不断涌现和发展。中国网络营销发展的现状特征可归纳如下。

① 网络营销服务市场继续快速增长，新型网络营销服务不断出现。

网络营销服务市场规模不断扩大的同时，网络营销服务产品类别也在不断增加。尽管其服务市场规模还比较小，但显示出较好的发展前景。其中，值得关注的领域包括网络营销管理工具（例如网站访问统计分析系统、实时在线服务工具等）、专业的网络营销顾问咨询服务、网络营销培训等。

② 企业对网络营销的认识程度和需求层次提升。

企业对网络营销的需求层次是一个难以量化的指标，不过通过一些事例分析可以发现，企业对网络营销的认识和需求产生了明显的转变。至少有两个信号表明企业的网络营销需求层次在不断提升：第一，企业更希望获得完整的网站推广整体方案而不仅仅是购买孤立的网站推广产品；第二，规范的网站优化思想获得越来越多的认可。

企业对网站推广综合解决方案的需求有明显增加的趋势。经过众多网络营销服务商几年的努力，国内网络营销服务市场逐渐走向成熟，尤其是搜索引擎推广相关的网络营销产品已经被越来越多的企业所了解。

网站优化已经成为网络营销经营策略的必然要求，如果在网站建设中没有体现出网站优化的基本思想，在网络营销水平普遍提高的网络营销环境中是很难获得竞争优势的。

③ 搜索引擎营销呈现专业化、产业化趋势。

搜索引擎营销是目前网络营销中最具活力的领域。经过几年的发展，传统的登录免费搜索引擎等简单初级的推广手段已经不适应网络营销环境，搜索引擎服务提供商适时地推出诸如关键词竞价广告、内容关联广告等产品（如百度的主题推广和搜狗的搜索联盟等），进一步增加了搜索引擎营销的渠道，并且扩展了搜索引擎广告的投放空间。对于企业营销人员来说，也就意味着开展搜索引擎营销需要掌握的专业知识更加复杂，例如，对于网站优化设计、关键词策划、竞争状况分析、推广预算控制、用户转化率、搜索引擎营销效果的跟踪管理等，搜索引擎营销已经逐渐发展成为一门专业的网络营销知识体系。

④ 更多有价值的网络资源为企业网络营销提供了新的机会。

随着互联网经济再度火热，出现了越来越多的网络营销资源，其中包括可用的免费推广资源以及网络营销管理服务，如免费网络分类广告、网上商店平台、免费网站流量统计等。

网络营销资源的增加不仅表现在免费资源的数量，同时也表现在网络营销资源可以产生的实际价值方面。例如，现有领先的 B2B 电子商务平台通过与搜索引擎营销策略的整合，为潜在用户获取 B2B 网站中的商业信息提供了更多的机会，从而提高了 B2B 电子商务平台对企业网络营销的商业价值，也使得 B2B 电子商务打破了原有只有付费会员登录才能获取商业信息的局面。在这方面，阿里巴巴、惠聪等行业领先者已取得了突破性进展。这些更具价值得网络营销信息传递渠道，增加了中小企业网络营销成功机会。

⑤ 网络营销服务市场直销与代理渠道模式并存。

网络营销服务市场目前主要的产品和服务包括以域名注册、网站建设、企业邮局等为代表的基础网络营销服务，及竞价广告、网络实名/通用网址、B2B 电子商务平台等网络推广产品。目前，国内网络营销服务市场直销与代理渠道并存，部分基础网络营销服务已经形成了完善的电子商务模式，但传统代理渠道在网络网络推广产品市场仍然是主流。

基础网络营销服务全面实现电子商务化。在网络营销服务领域，值得特别肯定的是提供域名注册、虚拟主机、企业邮局等产品在内的基础网络营销服务商。这些服务商并不完全依赖传统的代理销售渠道，而是走代理商和网上直接销售相结合的道路，并且整个业务流程的电子商务化日益完善，从域名注册、域名解析，到虚拟主机和企业邮局等产品的在线购买、在线支付等环节，都可以方便地实现用户自由购买、自助管理。这些基础网络营销服务商已经率先成为国内最先进的电子商务企业。这不仅代表着我国网络营销服务已经达到一个崭新的高度，也预示着网络营销服务的电子商务化是完全可以实现的，代表了先进的网络营销产品销售模式。基础网络营销服务商成功地全面实现电子商务化，也为网络营销其他领域的服务商做出了表率。这些服务商的成功经验表明，在线直接销售并未影响代理渠道的销售，因为用户的购买方式和需求毕竟不同，一些互联网应用水平较高的用户更看重在线购买的便捷性。

⑥ 新型网络营销概念和方法受到关注。

随着 Web 2.0 思想逐渐被认识，随之出现了一些网络营销概念，如博客营销、RSS 营销等，这些新型网络营销方法正逐步为企业所采用。自从 2002 年“博客”（BLOG）的概念在国内出现以来，它已经成为互联网上非常热门的词汇之一。国内不仅出现了一批有影响力的中文博客网站，而且利用博客来开展网络营销的实践尝试早已开始，博客网站开始提供企业博客服务，为企业网络营销增加了新的模式和新的机会，因而博客在网络营销中的应用也成为令人关注的研究领域。

目前，我国网络营销发展到了一个新的阶段，出现了新特点。一是网络营销迎来搜索引擎营销时代，以搜索引擎为主的网站推广服务已经为许多企业所认可，也成为网络营销服务领域的核心业务之一。二是网络会员制营销得到快速发展，现在的网络会员制营销已经在国内大型网络公司获得了广泛应用，不仅受到大型电子商务网站的重视，也扩展到其他网络服务领域，如搜索引擎的竞价排名、竞价广告等。三是网络营销服务市场初步形成，现已展现出勃勃生机，已形成一个巨大的、快速增长的市场，也成为网络经济最坚实的基础。

5.1.2 网络营销的特点

随着互联网技术发展的成熟以及联网成本的低廉，互联网好比是一种“万能胶”将企业、团体、组织以及个人跨时空连接在一起，使得他们之间信息的交换变得“唾手可得”。市场营销中最重要也最本质的是组织和个人之间进行信息传播和交换。如果没有信息交换，那么交易也就是无本之源。正因如此，互联网具有营销所要求的某些特性，使得网络营销呈现出一些特点。目前，对于网络营销的特点，学术上有两种比较主流的观点，事实上都大同小异，介绍如下。

1. 时域性

营销的最终目的是占有市场份额。由于互联网能够超越时间约束和空间限制进行信息交换，使得营销脱离时空限制进行交易变成可能，企业有了更多时间和更大的空间进行营销，可每周 7 天，每天 24 小时随时随地的提供全球性营销服务。

2. 多媒体

互联网被设计成可以传输多种媒体的信息，如文字、声音、图像等信息，使得为达成交易进行的信息交换能以多种形式存在和交换，可以充分发挥营销人员的创造性和能动性。

3. 交互式

互联网通过展示商品图像，商品信息资料库提供有关的查询，来实现供需互动与双向沟通，还可以进行产品测试与消费者满意调查等活动。互联网为产品联合设计、商品信息发布以及各项技术服务提供最佳工具。

4. 个性化

互联网上的促销是一对一的、理性的、消费者主导的、非强迫性的、循序渐进式的，而且是一种低成本与人性化的促销，避免推销员强势推销的干扰，并通过信息提供与交互式交谈，与消费者建立长期良好的关系。

5. 成长性

互联网使用者数量快速增长并遍及全球，使用者多属年轻、中产阶级、高教育水准，由于这部分群体购买力强而且具有很强市场影响力，因此是一项极具开发潜力的市场渠道。

6. 整合性

互联网上的营销可由商品信息至收款、售后服务一气呵成，因此也是一种全程的营销渠道。另一方面，禹含网络建议企业可以借助互联网将不同的传播营销活动进行统一设计规划和协调实施，以统一的传播资讯向消费者传达信息，避免不同传播中不一致性产生的消极影响。

7. 超前性

互联网是一种功能最强大的营销工具，它同时兼具渠道、促销、电子交易、互动顾客服务以及市场信息分析与提供的多种功能。它所具备的一对一营销能力，正是符合定制营销与直复营销的未来趋势。

8. 高效性

计算机可储存大量的信息，代消费者查询，可传送的信息数量与精确度，远超过其他媒体，并能应市场需求，及时更新产品或调整价格，因此能及时有效了解并满足顾客的需求。

9. 经济性

通过互联网进行信息交换，代替以前的实物交换，一方面可以减少印刷与邮递成本，可以无店面销售，免缴租金，节约水电与人工成本，另一方面可以减少由于迂回多次交换带来的损耗。

10. 技术性

网络营销大部分是通过网上工作者，通过他们的一系列宣传、推广，这其中的技术含量相对较低，对于客户来说是小成本大产出的经营活动。

5.1.3 网络营销的优势与劣势

1. 网络营销的优势

① 网络媒介具有传播范围广、速度快、无时间地域限制、无时间版面约束、内容详尽、多媒体传送、形象生动、双向交流、反馈迅速等特点，有利于提高企业营销信息传播的效率，增强企业营销信息传播的效果，降低企业营销信息传播的成本。

② 网络营销无店面租金成本。且有实现产品直销功能，能帮助企业减轻库存压力，降低经营成本。

③ 国际互联网覆盖全球市场，通过它，企业可方便快捷地进入任何一国市场。

④ 服务个性化。

⑤ 容易实现 5C 策略。

⑥ 方便地获取商机和决策信息。

⑦ 多媒体展示。

⑧ 丰富的促销手段。

⑨ 具有扩展性。

⑩ 信息透明化。

⑪ 长尾效应显著。

2. 网络营销的劣势

网络营销的劣势包括：缺乏信任感、缺乏生趣、技术与安全性问题、价格问题、广告效果不佳、被动性等。

5.1.4 网络营销的职能

1. 网络品牌

网络营销的重要任务之一就是在互联网上建立并推广企业的品牌。知名企业的网下品牌可以在网上得以延伸，一般企业则可以通过互联网快速树立品牌形象，并提升企业整体形象。网络品牌建设是以企业网站建设为基础，通过一系列的推广措施，达到顾客和公众对企业的认知和认可。在一定程度上说，网络品牌的价值甚至高于通过网络获得的直接收益。

2. 网址推广

网址推广是网络营销最基本的职能之一。在几年前，甚至认为网络营销就是网址推广。相对于其他功能来说，网址推广显得更为迫切和重要，网站所有功能的发挥都要一定的访问量为基础，所以网址推广是网络营销的核心工作。

3. 信息发布

网站是一种信息载体，通过网站发布信息是网络营销的主要方法之一。同时，信息发布也是网络营销的基本职能，所以也可以理解为：无论哪种网络营销方式，结果都是将一定的信息传递给目标人群，包括顾客 / 潜在顾客、媒体、合作伙伴、竞争者等。

4. 销售促进

营销的基本目的是为增加销售提供帮助，网络营销也不例外，大部分网络营销方法都与直接或间接促进销售有关，但促进销售并不限于促进网上销售。事实上，网络营销在很多情况下对于促进网下销售十分有价值。

5. 销售渠道

一个具备网上交易功能的企业网站本身就是一个网上交易场所。网上销售是企业销售渠道在网上的延伸，网上销售渠道建设也不限于网站本身，还包括建立在综合电子商务平台上的网上商店及与其他电子商务网站不同形式的合作等。

6. 顾客服务

互联网提供了更加方便的在线顾客服务手段，从形式最简单的 FAQ（常见问题解答）到邮件列表以及 BBS、MSN、聊天室等各种即时信息服务，顾客服务质量对于网络营销效果具有重要影响。

7. 顾客关系

良好的顾客关系是网络营销取得成效的必要条件，通过网站的交互性、顾客参与等方式在开展顾客服务的同时，也增进了顾客关系。

8. 网上调研

通过在线调查表或者电子邮件等方式，可以完成网上市场调研。相对传统市场调研，网上调研具有高效率、低成本的特点，因此，网上调研成为网络营销的主要职能之一。

5.1.5　网络营销分类

1. 以服务的对象不同分类

（1）个人网络营销

个人可以通过网络的方式进行营销。目前，这种方式已经广泛地被广大网民使用，典型的应用如广大的“淘宝卖家”、“芙蓉姐姐”、“凤姐”之类通过网络的方式出名的网络炒家。

（2）企业网络营销

网络的商用价值应该成为互联网营销的主流。目前，大量的企业通过网络营销的方式拓展自己的业务。

2. 以应用范围划分

(1)广义的网络营销

笼统地说，网络营销就是以互联网为主要手段(包括 Intranet 企业内部网、EDI 行业系统专线网及 Internet 国际互联网)开展的营销活动。

(2)狭义的网络营销

狭义的网络营销是指组织或个人基于开放便捷的互联网络，对产品、服务所做的一系列经营活动，从而达到满足组织或个人需求的全过程。

(3)整合网络营销

网络营销是企业整体营销战略的一个组成部分，是为实现企业总体经营目标所进行的，以互联网为基本手段营造网上经营环境的各种活动。

(4)颠覆式网络营销

企业应以高端的商业策划为指导，突破常规网络营销方法，创造出独特、新颖、创意、吸引、持久的颠覆式网络营销方法，才能实现网络营销效果。

(5)社会化媒体营销

社会化媒体营销就是利用社会化网络、在线社区、博客、百科或者其他互联网协作平台媒体来进行营销、销售、公共关系和客户服务维护开拓的一种方式。一般社会化媒体营销工具包括论坛、微博、博客、SNS、Flickr 和 Video 等。

(6)非对称网络营销

非对称竞争是传统企业新起的一种理念。2010 年在网络营销爆发的时代，万成卫先生将其引入到网络营销，并把非对称竞争理念成功转换成可运用的网络营销模式。企业应该以自身定位为主，通过精装、放大、唯一、记忆、侧面品牌、差异化优势的网络营销方法，获得双赢的网络营销效果。

3. 以具体推广方式分类

网络营销以具体方式分为口碑营销、网络广告、媒体营销、事件营销、搜索引擎营销(SEM)、E-mail 营销、 数据库营销、短信营销、电子杂志营销、病毒式营销、问答营销、QQ 群营销、博客营销、微博营销、论坛营销、社会化媒体营销、针对 B2B 商务网站的产品信息发布以及平台营销等。

5.1.6 网络营销发展趋势

未来中国网络营销发展趋势主要包括 8 个方面的内容：搜索引擎营销的地位；Web2.0 网络营销模式的深度发展；企业网站的网络营销价值；视频网络广告；更多适用于中小企业的网络广告形式；插件类网络推广产品市场演变；网站运营与注重用户体验；互联网用户行为研究。

1. 搜索引擎仍然是第一网络营销工具(如图 5-1 所示)

未来搜索引擎营销的发展势不可挡，并且随着多种专业搜索引擎和新型搜索引擎的发展，搜索引擎在网络营销中的作用更为突出，搜索引擎营销的模式也在不断发展演变，除了常规的搜索引擎优化和搜索引擎关键词广告、网页内容定位广告等基本方式之外，专业搜索引擎(如博客搜索引擎)、本地化搜索引擎推广等也将促进搜索引擎营销方法体系的进一步扩大和完善。

2. Web2.0 网络营销模式的深度发展

2008 年，博客营销已经取得了快速发展，未来的企业博客营销有望成为主流网络营销方法，博客营销成为企业网络营销营销策略的组成部分，企业博客引领网络营销进入全员营销时代。与此同时，更多 Web2.0 网络营销模式将获得不同层次的发展，如 RSS 营销、网摘营销、播客营销、基于 SNS 网络社区的各种营销模式等。

图 5-1　各种搜索引擎

3. 企业网站的网络营销价值将得到提高

不符合 Web 标准的网站将无法获得正常浏览效果，这将在一定程度上促进网站建设采用 Web 标准的进程。中国互联网协会企业网站建设指导规范是基于国际认可的 Web 标准和新竞争力网站优化思想并且经过大量调查研究而制定，这一规范对于提高网站建设服务商以及企业网站建设的专业水平将发挥积极作用。当越来越多的企业网站建设符合网络营销导向，企业网站的网络营销价值将得到明显提升。

4. 视频网络广告将成为新的竞争热点

受到 YouTube 等视频网站成功的刺激，将有大量视频类网站爆发性发展，而传统门户网站和搜索引擎等也将视频网络广告作为未来发展的方向之一。

5. 更多适用于中小企业的网络广告形式

传统的展示类 Banner 网络广告和 RichMedia 广告，由于广告制作复杂播出价格高昂，至今仍然只是大企业展示品牌形象的手段，传统网络广告难以走进中小企业。不过随着更多分类信息、本地化服务网站等网络媒体的发展以及不同形式的付费广告模式的出现，将有更多成本较低的网络广告，为中小企业扩大信息传播渠道提供机会。

6. 插件类网络推广产品市场的演变

随着反流氓软件的进一步深化，与用户决定营销规则不相符的插件类网络推广产品在网络营销服务市场的地位将进一步降低，甚至存在快速边缘化的可能。另一方面，也将产生基于用户许可的客户端插件的网络推广产品，并且将成为插件类网络营销的主流发展方向。

7. 网站运营注重用户体验改善

网站运营进入精细化管理阶段，即体现出作者一直倡导的网络营销细节致胜理念。尽管很难详尽罗列用户体验的各项因素，也很难为用户体验下一个准确的定义，甚至对同一现象的用户体验没有统一的解决方案，但是这种听起来似乎有些空洞和玄虚的概念将通过各种细节体现出来并成为网站运营成功的法宝。“让用户可以方便地获取有价值的信息和服务，才是网络营销的精髓”。这是新竞争力网络营销管理顾问提出的用户体验的基本思想。

8. 系统的用户行为研究将受到重视

以网站流量统计分析为基础的网络营销管理的基本意识已经有明显提高，在新的一年中网络营销管理的内容将进一步扩大，应用层次也将逐渐提高。互联网用户行为研究是网站运营管理必不可少的内容，同时也是网站运营中用户体验研究的基础，因此，系统的用户行为研究将成为网络营销的重要研究领域，如图 5-2 所示。

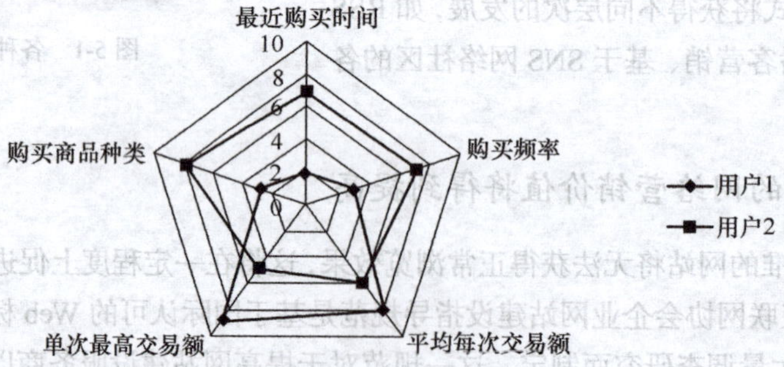

图 5-2 用户行为分析

以上仅仅是未来网络营销发展中比较典型的几个方面，此外，还有更多值得关注的领域，包括成熟的传统网络营销方法在新的网络营销环境中的发展演变、网络营销效果分析管理、网络营销与企业经营策略等。总之，网络营销将不仅仅是网站建设和网站推广等常规内容，网络营销的关注点也不仅仅是访问量的增长和短期收益，而是关系到企业营销竞争力的全局性的策略。

5.2 网络营销策略

在网络营销的实践中，综合考虑政治、经济、社会的利益，一般以 4P 理论为基础的网络营销策略，即产品策略、定价策略、渠道策略和促销策略。

5.2.1 网络营销策划

网络营销策划，着重考虑原有基础上受制约的因素，不仅要跟上网络市场的步伐，更需要洞察同行对手在网络营销上采取的各种方法。对于一个企业在发展过程中遇到的问题，必须与网络市场相结合，网络与市场相结合发展，才能在网络大市场中占得一席之地。

企业网络营销策划书——5W2H 定律：

① 5 个 W——What，即方案要解决的问题是什么？执行方案后要实现什么样的目标？为企业能创造多大的价值。Who，即谁负责创意和编制？总执行者是谁？各个实施部分由谁负责？Where；即针对产品推广的问题所在？执行营销方案时候要涉及什么地方（单位）？Why，即为什么要提出这样的策划方案？为什么要这样执行等？When，即时间是怎么样安排的？营销方案执行过程具体花费多长时间？

② 2 个 H——How，即各系列活动如何操作？ 在操作过程中遇到的新问题如何及时解决处理？Howmuch，即在方案需要多少资金？多少人力？

这犹如打仗，要做到精打细算。知己知彼，方为百战不殆！如果能读懂上面所说的，那么无论在什么情况下都能写出一份具有初级的网络营销策划书。

1. 网络营销策划内涵

策划本质上是一种借助脑力进行操作的理性行为，从个人或组织的目标出发，通过对各种相关的客观现象的分析与思考，力图找出事物之间的因果关系，预测事物发展的趋势，从而为个人或组织的未来制定合理的策略和计划。网络营销策划是指企业根据网络营销目标、自身资源条件、网络营销环境及其发展趋势对将要发生的网络营销行为进行的超前决策。即预先决定企业在网络营销中做什么、如何做、何地做、何人做、如何做的问题。

2. 网络营销策划的原则

网络营销策划的原则有：①系统性原则；②创新性原则；③可操作性原则；④经济性原则。

3. 网络营销系统

企业开展网络营销是一项系统性工程，它需要企业调动人力、物力和财力进行系统的组织和开发。网络营销系统的组成主要包括：①Internet（互联网）；②Intranet（企业内联网）；③Extranet（企业外联网）；④网络营销站点；⑤企业经营管理组织人员。

4. 网络营销系统功能

网络营销系统功能有：①信息发布；②信息沟通；③网上支付与结算；④售后服务；⑤个性化服务。

5. 网络营销策划的实施步骤

网络营销策划的实施步骤：①确定策划目的；②市场调研，包括企业自身状况调研、消费者调研、竞争对手调研、行业环境及其他外部环境调研；③市场环境和市场机会的分析；④编写策划方案；⑤预算策划经费，包括市场调研费、信息收集费、人力投入费、策划费用；⑥实施策划方案；⑦效果测评。

5.2.2 网络营销的产品策略

网络营销的产品策略由产品选择策略、销售服务策略和信息服务策略 3 部分组成。

1. 产品选择策略

从理论上讲，网络营销可以选择任何实物产品与服务，但在目前状态下显然是不可能完全做到的。因此，一般选择符合以下条件的产品：名牌产品、与计算机技术相关的产品、便于配送的产品、网络营销费用低于其他销售渠道的产品、不容易设店的特殊产品、市场容量较大的产品。

2. 销售服务策略

企业向消费者提供服务是产品的延伸。与传统的营销一样，网络营销也分成售前服务、售中服务与售后服务。这里所说的售前服务是指企业在产品销售前在因特网上公布诸如产品性能、价格、外观等内容的介绍，从而使消费者迅速得到有关产品的信息；另外，消费者的咨询也能及时得到网络营销的答复。售中服务则需要企业能及时向消费者提供在购买过程中所需要的各种咨询，为消费者导向，使其购买到称心如意的产品，并帮助消费者学会产品的使用方法。售后服务是指通过网络及时回答消费者提出的各种问题，使得消费者在使用产品的过程中不断得到网络营销者提供的指导。

企业在实施网络营销时，必须重视这 3 个阶段的服务，从而提高消费者的满意程度，树立良好的企业形象。

3. 信息服务策略

为用户提供完善、及时的信息服务，是确保网络营销产品策略获得成功的重要一环。企业可以从以下几个方面考虑信息服务策略：

（1）建立自动信息传递系统

要建立快捷的信息发布系统，使企业的各种信息能及时传递给消费者。同时，还要建立快捷的信息沟通系统，加强企业与消费者在文化、情感上的沟通，并随时收集、整理、分析消费者的意见与建议，在产品开发、研制、生产及营销的同时，充分吸收消费者的意见并给予相应的回报。

（2）设立虚拟的产品展示厅

充分利用文字、图像、声音等多媒体技术，将本企业的产品全方位地展示给消费者，使消费者如身临其境，对产品特性、使用有一个全方位的了解，从而激发消费者的购买欲望。

（3）设立虚拟的组装厅

对于个性化特征比较明显的产品的营销，企业可以在网站上建立一个虚拟的组装厅，让消费者根据自己的爱好、文化口味，提出不同的设计与生产理念，最终生产出消费者喜爱的产品。例如，家用轿车、服装等一类的产品，随着网络技术的发展与消费者自身素质的提高，消费者将有更多的机会参与产品的设计与生产。

5.2.3 网络营销价格策略

1. 低价定价策略

借助互联网进行销售，比传统销售渠道的费用低廉，因此网上销售价格一般来说比流行的市场价格要低。由于网上的信息是公开和易于搜索比较的，因此网上的价格信息对消费者的购买起着重要作用。根据研究，消费者选择网上购物，一方面是因为网上购物比较方便，另一方面是因为从网上可以获取更多的产品信息，从而以最优惠的价格购买商品。

（1）直接低价定价策略

直接低价定价策略就是由于定价时大多采用成本加一定利润，有的甚至是零利润，因此这种定价在公开价格时就比同类产品要低。它一般是制造企业在网上进行直销时采用的定价方式，如 Dell 公司电脑定价比同性能的其他公司产品低 10%～15%，因此其产品的网络销售量非常大。

（2）折扣策略

折扣策略是在原价基础上进行打折来定价的。这种定价方式可以让顾客直接了解产品的降价幅度以增强顾客的购买欲。这类价格策略主要用在一些网上商店，它一般按照市面上的流行价格进行折扣定价。如亚马逊公司的图书价格一般都要进行折扣，而且折扣价格达到 3～5 折。

（3）网上促销定价策略

如果企业是为拓展网上市场，但产品价格又不具有竞争优势时，则可以采用网上促销定价策略。由于网上的消费者面很广而且具有很强的购买能力，许多企业为打开网上销售局面和推广新产品，采用临时促销定价策略。促销定价除了前面提到折扣策略外，比较常用的是有奖销售和附带赠品销售。

在采用低价定价策略时要注意的是：首先，由于互联网是从免费共享资源发展而来的，因此用户一般认为网上商品比从一般渠道购买商品要便宜，在网上不宜销售那些顾客对价格敏感而企业又难以降价的产品；其次，在网上公布价格时要注意区分消费对象，一般要区分一般消费者、零售商、批发商、合作伙伴，分别提供不同的价格信息发布渠道，否则可能因低价策略混乱导致营销渠道混乱；再次，网上发布价格时要注意比较同类站点公布的价格，否则价格信息公布将起到反作用，因为消费者通过搜索功能很容易在网上找到最便宜的商品。

2. 使用定价策略

所谓使用定价，就是顾客通过互联网注册后可以直接使用某公司的产品，顾客只需要根据使用次数进行付费，而不需要将产品完全购买，这一方面减少了企业为完全出售产品而进行的大量不必要的生产和包装浪费，同时还可以吸引过去那些有顾虑的顾客使用产品，扩大市场份额。顾客每次只是根据作用次数付款，节省了购买产品、安装产品、处置产品的麻烦，还可以节省不必要的开销。

采用按使用次数定价，一般要考虑产品是否适合通过互联网传输，是否可以实现远程调用。目前，比较适合的产品有软件、音乐、电影等产品。

3. 网上拍卖竞价策略

网上拍卖是目前发展比较快的领域，经济学认为市场要想形成最合理的价格，拍卖竞价是最合理的方式。网上拍卖由消费者通过互联网轮流公开竞价，在规定时间内价高者赢得该商品。根据供需关系，网上拍卖竞价方式有下面几种：

① 竞价拍卖。最大量的竞价拍卖是 CtoC 的交易，包括二手货、收藏品，也可以是普通商品以拍卖方式进行出售。

② 竞价拍买。这是竞价拍卖的反向过程，消费者提出一个价格范围，求购某一商品，由商家出价，出价可以是公开的或隐蔽的，消费者将与出价最低或最接近的商家成交。

③ 集体议价。在互联网出现以前，集体议价在国外主要是多个零售商结合起来，向批发商（或生产商）以数量换价格的方式。互联网出现后，使得普通的消费者能使用这种方式购买商品。集合竞价模式，是一种由消费者集体议价的交易方式。

4. 免费价格策略

免费价格策略是市场营销中常用的营销策略，就是将企业的产品或服务以零价格或近乎零价格的形式提供给顾客使用，满足顾客需求。在传统营销中，免费价格策略一般是短期和临时性的；在网络营销中，免费价格策略还是一种长期并行之有效的企业定价策略。

采用免费策略的产品一般都是利用产品成长推动占领市场，帮助企业通过其他渠道获取收益，为未来市场发展打下基础。但是，并不是所有的产品都适合于免费定价策略。受企业成本影响，如果产品开发成功后，只需要通过简单复制就可以实现无限制的生产，使免费商品的边际成本趋近于零或通过海量的用户，使其成本摊薄，这就是最适合用免费定价策略的产品。

5. 3C 定价策略

利用 3C 定价模型，以产品的成本为价格的底线，综合考虑竞争者价格、替代产品价格，以及顾客感受的产品价值，确定产品的价格，如图 5-3 所示。

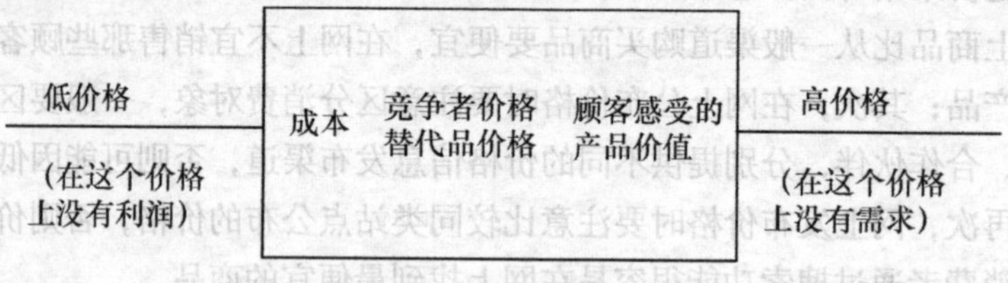

图 5-3 3C 定价模型

5.2.4 网络营销渠道策略

1. 网络营销渠道概述

（1）网络营销渠道

网上销售渠道就是借助互联网将产品从生产者转移到消费者的中间环节。传统的渠道主要是指代理分销制，对于中国的大多数厂商来说，代理分销制度仍然是主流。

（2）网络时代的新型中间商

电子中间商（Cyber me diaries）是指基于网络（现阶段为 Internet）的提供信息服务中介功能的新型中间商。

按提供信息服务的各类把电子中间商分成目录服务、搜索服务、虚拟商业街、网上出版、虚拟零售店（网上商店）、站点评估、电子支付、虚拟市场和交换网络、智能代理 9 类。

2. 网络营销渠道类型

（1）网络直销渠道

网上直销渠道是指没有营销中间商，商品直接从生产者转移给消费者或使用者。在网络直销中，生产企业可以通过建设网络营销站点，使顾客直接从网站进行订货；可以通过一些电子商务服务机构的合作，如网上银行等，直接提供支付结算功能，解决资金流转问题；还可以利用互联网技术，通过与一些专业物流公司进行合作，建立有效的物资体系。

（2）网络间接营销渠道

它是通过融入互联网技术后的中间商提供网络间接营销渠道，是指把商品由中间商销售给消费者或使用者的营销渠道。

3. 网络营销渠道建设

（1）网络营销渠道建设

一般来说网上销售主要有两种方式。一种是 B-B，即企业对企业的模式。这种模式每次交易量很大、交易次数较少，并且购买方比较集中，因此，网上销售渠道的建设关键是建设好订货系统，方便购买企业进行选择。第二种方式是 B-C，即企业对消费者模式。这种模式的每次交易量小、交易次数多，而且购买者非常分散，因此，网上渠道建设的关键是结算系统和配送系统。在选择网络销售渠道时还要注意产品的特性，有些产品易于数字化，可以直接通过互联网传输；而对大多数有形产品，还必须依靠传统配送渠道来实现货物的空间移动，对于部分产品依赖的渠道，可以通过对互联网进行改造以最大限度提高渠道的效率，减少渠道运营中的人为失误和时间耽误造成的损失。

（2）建设网络营销渠道应注意的问题

① 应从消费者的角度来设计营销渠道。

② 订货系统的设计要简单明了。

③ 结算方式的选择。

④ 要建立完善的物流配送系统。

4. 产品服务

售前做到全面了解客户的需求，建立相应的网络信息搜集系统，在全国甚至国际范围内搜集有关客户的信息并进行有效地管理。

售中做到全面的接触客户，以客户为上帝，尽一切可能满足客户的需求，在与顾客的网络交流过程中，服务态度热情、服务用语礼貌、掌握产品信息充分、如实解答客户问题，诚实、高效的与客户交往。

售后做到跟客户保持联系，建立客户关系管理系统，有效地利用网络管理客户的反馈意见，解答客户的疑问，为客户做好售后的技术服务工作。

5.2.5 促销策略

1. 网上折价促销

折价亦称打折、折扣，是目前网上最常用的一种促销方式。因为目前网民在网上购物的热情远低于商场超市等传统购物场所，因此网上商品的价格一般都要比传统方式销售时要低，以吸引人们购买。由于网上销售商品不能给人全面、直观的印象、也不可试用、触摸等原因，再加上配送成本和付款方式的复杂性，造成网上购物和订货的积极性下降。而幅度比较大的折扣可以促使消费者进行网上购物的尝试并做出购买决定。

目前，大部分网上销售商品都有不同程度的价格折扣。

2. 网上变相折价促销

变相折价促销是指在不提高或稍微增加价格的前提下，提高产品或服务的品质数量，较大幅度地增加产品或服务的附加值，让消费者感到物有所值。由于网上直接价格折扣容易造成降低了品质的怀疑，利用增加商品附加值的促销方法会更容易获得消费者的信任。

3. 网上赠品促销

赠品促销目前在网上的应用不算太多，一般情况下，在新产品推出试用、产品更新、对抗竞争品牌、开辟新市场情况下利用赠品促销可以达到比较好的促销效果。

赠品促销的优点：①可以提升品牌和网站的知名度；②鼓励人们经常访问网站以获得更多的优惠信息；③能根据消费者索取赠品的热情程度而总结分析营销效果和产品本身的反应情况等。

4. 网上抽奖促销

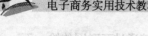

抽奖促销是网上应用较广泛的促销形式之一，是大部分网站乐意采用的促销方式。抽奖促销是以一个人或数人获得超出参加活动成本的奖品为手段进行商品或服务的促销，网上抽奖活动主要附加于调查、产品销售、扩大用户群、庆典、推广某项活动等。消费者或访问者通过填写问卷、注册、购买产品或参加网上活动等方式获得抽奖机会。

5. 积分促销

积分促销在网络上的应用比起传统营销方式要简单和易操作。网上积分活动很容易通过编程和数据库等来实现，并且结果可信度很高，操作起来相对较为简便。积分促销一般设置价值较高的奖品，消费者通过多次购买或多次参加某项活动来增加积分以获得奖品。

积分促销可以增加上网者访问网站和参加某项活动的次数；可以增加上网者对网站的忠诚度；可以提高活动的知名度等。

6. 网上联合促销

由不同商家联合进行的促销活动称为联合促销。联合促销的产品或服务可以起到一定的优势互补、互相提升自身价值等效应。如果应用得当，联合促销可起到相当好的促销效果，如网络公司可以和传统商家联合，以提供在网络上无法实现的服务；网上售汽车和润滑油公司联合等。促销策略如图 5-4 所示。

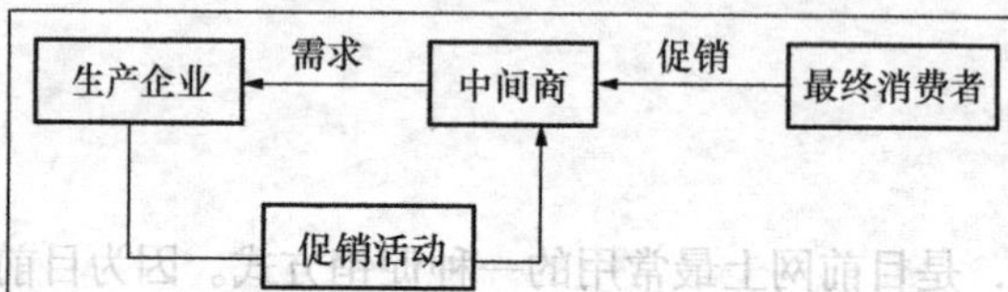

图 5-4　促销策略

以上 6 种是网上促销活动中比较常见又较重要的方式，其他如节假日的促销、事件促销等都可从以上几种促销方式进行综合应用。但要想使促销活动达到良好的效果，必须事先进行市场分析竞争对手分析以及网络上活动实施的可行性分析，与整体营销计划结合，创意地组织实施促销活动，使促销活动新奇、富有销售力和影响力。

5.3 网络营销的手段

网络营销常用手段按网络技术方式的不同分为许多种。以下对网络常见的技术形式为基础分析和介绍各种网络营销的手段。

5.3.1 搜索引擎营销

（1）搜索引擎营销概述

SEM 是 Search Engine Marketing 的缩写，中文意思是搜索引擎营销。SEM 是一种新的网络营销形式。SEM 所做的就是全面而有效地利用搜索引擎来进行网络营销和推广。SEM 追求最高的性价比，以最小的投入，获得最大的来自搜索引擎的访问量，并产生商业价值。这是网络营销的主要手段。

搜索引擎营销分两种：SEO 与 PPC。SEO 即搜索引擎优化，是通过对网站结构（内部链接结构、网站物理结构、网站逻辑结构）、高质量的网站主题内容、丰富而有价值的相关性外部链接进行优化而使网站为用户及搜索引擎更加友好，以获得在搜索引擎上的优势排名为网站引入流量。PPC，是指购买搜索结果页上的广告位来实现营销目的，各大搜索引擎都推出了自己的广告体系，相互之间只是形式不同而已。搜索引擎广告的优势是相关性，由于广告只出现在相关搜索结果或相关主题网页中，因此，搜索引擎广告比传统广告更加有效，客户转化率更高。

搜索引擎营销的基本思想是让用户发现信息，并通过点击进去网站/网页进一步了解他所需要的信息。

搜索引擎营销主要实现方法包括：竞价排名、分类目录登录、搜索引擎登录、付费搜索引擎广告、关键词广告、搜索引擎优化（搜索引擎自然排名）、地址栏搜索、网站链接策略等。

搜索引擎营销追求最高的性价比，以最小的投入，获得最大的来自搜索引擎的访问量，并产生商业价值。用户在检索信息所使用的关键字反映出用户对该问题（产品）的关注，这种关注是搜索引擎之所以被应用于网络营销的根本原因。

（2）搜索引擎营销的特点

① 搜索引擎营销方法与企业网站密不可分。

② 搜索引擎传递的信息只发挥向导作用。

③ 搜索引擎营销是用户主导的网络营销方式。

④ 搜索引擎营销可以实现较高程度的定位。

⑤ 搜索引擎营销的效果表现为网站访问量的增加而不是直接销售。

（3）SEM 的实现目标

① 被搜索引擎收录。

② 在搜索结果中排名靠前。

③ 增加用户的点击（点进）率。

④ 将浏览者转化为顾客。

⑤ 成为企业忠诚客户。

5.3.2　博客营销

博客营销是通过博客网站或博客论坛接触博客作者和浏览者，利用博客作者个人的知识、兴趣和生活体验等传播商品信息的营销活动。

博客这种网络日记的内容通常是公开的，自己可以发表自己的网络日记，也可以阅读别人的网络日记，因此博客可以理解为一种个人思想、观点、知识等在互联网上的共享。由此可见，博客具有知识性、自主性、共享性等基本特征，正是博客这种性质决定了博客营销是一种基于思想、体验等表现形式的个人知识资源，它通过网络形式传递信息。成功博客的前提条件：博主必须对某个领域知识学习、掌握并有效利用。

5.3.3 微博营销

微博营销是近年发展较快的网络营销方式。因为随着微博的火热，催生了有关的营销方式，就是微博营销。微博营销以微博作为营销平台，每一个听众（粉丝）都是潜在营销对象，每个企业都可以在新浪、网易等注册一个微博，然后利用更新自己的微型博客向网友传播企业、产品的信息，树立良好的企业形象和产品形象。每天更新的内容就可以跟大家交流，或者有大家所感兴趣的话题，这样就可以达到营销的目的，这样的方式就是新兴推出的微博营销。微博营销具有门槛低、随时随地、快速传递、即时搜索、高分享度、高交互性等特点。

5.3.4 电子邮件营销

E-mail 营销是在用户事先许可的前提下，通过电子邮件的方式向目标用户传递价值信息的一种网络营销手段。E-mail 营销有 3 个基本因素：用户许可、电子邮件传递信息、信息对用户有价值。3 个因素缺少一个，都不能称为有效的 E-mail 营销。

电子邮件营销（邮件营销）是利用电子邮件与受众客户进行商业交流的一种直销方式，同时也广泛地应用于网络营销领域。电子邮件营销是网络营销手法中最古老的一种，可以说电子邮件营销比绝大部分网站推广和网络营销手法都要老。相比之下，搜索引擎优化是晚辈。电子邮件营销的内容如图 5-5 所示。

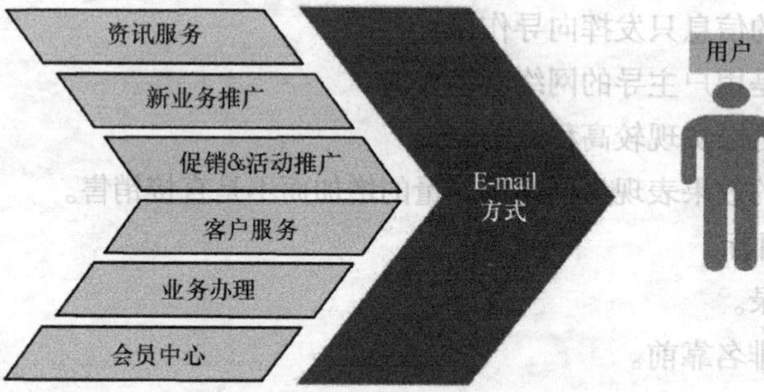

图 5-5 电子邮件营销的内容

电子邮件营销具有范围广、操作简单效率高、成本低廉、应用范围广、针对性强、反馈率高等特点。

5.3.5 病毒式营销

病毒式营销（Viral Marketing，也可称为病毒性营销）是一种常用的网络营销方法，常用于网站推广、品牌推广等。病毒式营销利用的是用户口碑传播的原理，在互联网上，这种“口碑传播”更为方便，可以像病毒一样迅速蔓延，因此，病毒式营销（病毒性营销）成为一种高效的信息传播方式。而且，由于这种传播是用户之间自发进行的，因此，几乎是不需要费用的网络营销手段，如图 5-6 所示。

病毒式营销必然含有两个重要的功能：

① 人们在获得利益的同时不知不觉地、不断缠绕式地宣传了商家的在线生意、信息传播者，往往是信息受益者。

② 商家生意信息的传播是通过第三者“传染”给他人而非商家自己，而通常人们更愿意相信他人介绍而非商家自己。

病毒式营销是有吸引力的“病源体”，具有几何倍数的传播速度、高效率的接收、更新速度快等特点，具有费用低廉、传播高效、自愿传播等优点。同时，也存在违反公众道德、各类负面效应、尤其会广泛传播以及误导公众等缺点。

5.3.6 社区营销

随着中国社会经济与房地产业的蓬勃发展，目前城市中绝大多数人口已经按照自身居住的业态形成了一种社区化的生活方式，而“社区营销”恰恰是在这样的大环境与背景下所诞生的事物。由于传统分销渠道竞争的日益加剧，进行渠道创新往往成为一些企业出奇制胜的法宝。在城市中，星罗棋布的社区蕴藏着巨大无比的潜力。因此，“在社区中营销”已经逐渐被一些企业视为一种全新的分销方式，并被越来越多的企业所关注。

社区营销的特点

① 直接面对消费人群，目标人群集中，宣传比较直接，可信度高，更有利于口碑宣传。

② 氛围制造销售，投入少，见效快，利于资金迅速回笼。

③ 可以作为普遍宣传手段使用，也可以针对特定目标，组织特殊人群进行重点宣传。

④ 直接掌握消费者反馈信息，针对消费者需求及时对宣传战术和宣传方向进行调查与调整。

5.3.7 事件营销

所谓事件营销，是指企业通过策划、组织和利用具有新闻价值、社会影响以及名人效应的人物或事件，吸引媒体、社会团体和消费者的兴趣，以求提高企业或产品的知名度、美誉度，树立良好品牌形象，并最终促成产品或服务的销售的手段和方式。由于这种营销方式具有受众面广、突发性强，在短时间内能使信息达到最大、最优传播的效果，为企业节约大量的宣传成本等特点，近年来越来越成为国内外流行的一种公关传播与市场推广手段，如图 5-7 所示。

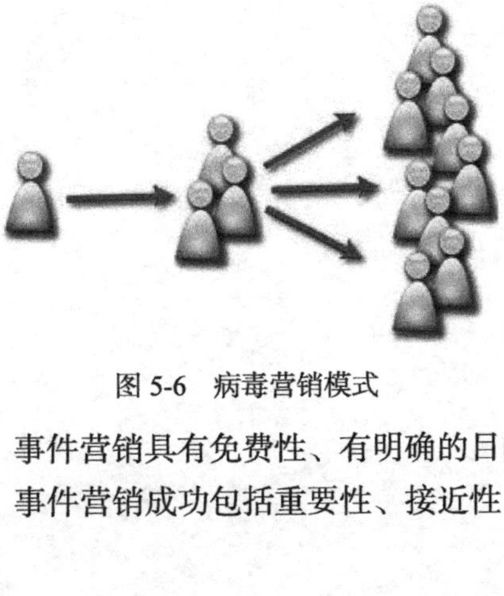

图 5-6　病毒营销模式

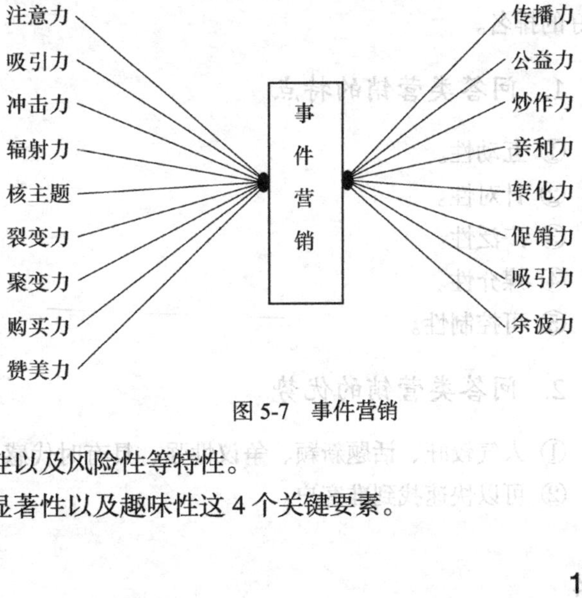

图 5-7　事件营销

事件营销具有免费性、有明确的目的性以及风险性等特性。

事件营销成功包括重要性、接近性、显著性以及趣味性这 4 个关键要素。

5.3.8 软文营销

1. 软文营销概述

所谓“软文”，就是指通过特定的概念诉求、以摆事实讲道理的方式使消费者走进企业设定的“思维圈”，以强有力的针对性心理攻击迅速实现产品销售的文字模式和口头传播。比如：新闻，第三方评论，访谈，采访，口碑。软文是基于特定产品的概念诉求与问题分析，对消费者进行针对性心理引导的一种文字模式。从本质上来说，它是企业软性渗透的商业策略在广告形式上的实现，通常借助文字表达与舆论传播使消费者认同某种概念、观点和分析思路，从而达到企业品牌宣传、产品销售的目的。

2. 软文营销的特点

① 本质是广告。它追求低成本和高效回报。

② 伪装形式。它是新闻资讯、管理思想，企业文化，技术、技巧文档，评论、包含文字元素的游戏等一切文字资源，使受众“眼软”（只有眼光驻留了，徘徊了，才有机会）。

③ 宗旨是制造信任。它使受众“心软”（只有相信你了，才会付诸行动）。

④ 关键要求是把产品卖点说得明白透彻。它使受众“脑软”（有了印象，还要了解清楚，否则脑子还是硬邦邦的）。

⑤ 着力点是兴趣和利益。它使受众“嘴软”（拿人家的手软，吃人家的嘴软）。

⑥ 重要特性是的口碑传播性。它使受众“耳软”（朋友推荐的，更愿意倾听）。

5.3.9 问答营销

问答营销就是在搜索引擎提供的问答营销平台上，发布问答，对自己的宣传内容进行营销，目的在于提升自己的目标关键字排名。在此基础上，达到宣传目标企业产品，推广目标企业品牌，使得目标企业的相关网站能够在用户输入相关关键字时，第一时间出现在搜索引擎的首页，获得很好的排名。

1. 问答类营销的特点

① 互动性。

② 针对性。

③ 广泛性。

④ 媒介性。

⑤ 可控制性。

2. 问答类营销的优势

① 人气较旺、话题新颖、争议性强、具有时代感。

② 可以快速找到准客户。

③ 可以和潜在客户有很强的互动性。
④ 这个平台是一个可以令信息迅速扩张的平台。
⑤ 可以全方位的展示产品或者公司信息。
⑥ 可以和客户零距离的接触。
⑦ 增加有效外链。
⑧ 能获得不错的流量。
⑨ 起到口碑宣传的作用。
⑩ 某些关键字还能在搜索引擎中获得好的排名。

5.3.10　口碑营销

企业在调查市场需求的情况下，为消费者提供需要的产品和服务，同时制订一些的口碑推广计划，让消费者自动传播公司产品和服务的良好评价，从而让人们通过口碑了解产品、树立品牌、加强市场认知度，最终达到企业销售产品和提供服务的目的。

1. 口碑营销的优势

① 宣传费用低。
② 可信任度高。
③ 针对性准确。
④ 具有团体性。
⑤ 提升企业形象。
⑥ 发掘潜在消费者成功率高。
⑦ 影响消费者决策。
⑧ 缔结品牌忠诚度。
⑨ 更加具有亲和力。
⑩ 避开对手锋芒。

2. 口碑营销的方法

① 把产品信息快速传递给消费者。
② 要重视培养自己的忠诚客户。
③ 重视客户体验。
④ 注意与客户的沟通。
⑤ 注重给客户带来的实际帮助。
⑥ 尊重客户。

5.3.11　网络视频营销

网络视频营销指的是通过数码技术将产品营销现场实时视频图像信号和企业形象视频信号传输至 Internet 上。企业将各种视频短片以各种形式放到互联网上，达到一定宣传目的的营销手段。

网络视频广告的形式类似于电视视频短片，平台却在互联网上。"视频"与"互联网"的结合，让这种创新营销形式具备了两者的优点。

1. 视频营销发展趋势

① 品牌视频化。现在很多广告主将品牌广告通过视频展现出来，这个趋势现在非常明显。很多广告客户都希望通过视频营销方式，把自己品牌展现出来。

② 视频网络化。这个发展已经成为一种趋势了。

③ 广告内容化。大家看电视的时候，一发现广告，手里拿摇控器就调台了，因为大家知道这是广告。如果我们发现一个广告成为一个电视节目或电视节目的一个重要组成元素的时候，或者成为一个剧情纽带的时候，大家就愿意去看了。它的一种主要方式是植入式广告。

2. 网络视频营销策略

① 网民自创策略。

② 病毒营销策略。

③ 事件营销策略。

④ 整合传播策略。

5.3.12 论坛营销

论坛营销就是企业利用论坛这种网络交流的平台，通过文字、图片、视频等方式发布企业的产品和服务的信息，从而让目标客户更加深刻地了解企业的产品和服务，最终达到企业宣传企业的品牌、加深市场认知度的网络营销活动。

1. 论坛营销的特点

① 利用论坛的超高人气，可以有效为企业提供营销传播服务。而由于论坛话题的开放性，几乎企业所有的营销诉求都可以通过论坛传播得到有效的实现。

② 专业的论坛帖子策划、撰写、发放、监测、汇报流程，在论坛空间提供高效传播，包括各种置顶帖、普通帖、连环帖、论战帖、多图帖、视频帖等。

③ 论坛活动具有强大的聚众能力，利用论坛作为平台举办各类踩楼、灌水、贴图、视频等活动，调动网友与品牌之间的互动。

④ 事件炒作。通过炮制网民感兴趣的活动，将客户的品牌、产品、活动内容植入进传播内容，并展开持续的传播效应，引发新闻事件，导致传播的连锁反应。

⑤ 运用搜索引擎内容编辑技术，不仅使内容能在论坛上有好的表现，在主流搜索引擎上也能够快速寻找到发布的帖子。

⑥ 适用于商业企业的论坛营销分析，对长期网络投资项目组合应用，精确的预估未来企业投资回报率以及资本价值。

2. 论坛营销的技巧

① 首先分析要传播的目标用户群体的习惯与活动范围。

② 精心策划符合网友喜好的论坛营销事件或活动。

③ 积累论坛相关人脉资源，会对开展论坛营销提供很大支持。

④ 做好统计分析，以了解论坛营销的成功与失败之处，加以改进。

5.3.13　分类信息营销

分类信息网，是互联网近年来新兴起的网站类型。如同在网上打小广告，涉及日常生活的方方面面信息资讯。如 58 同城网（58）、赶集网（ganji）、列表网（liebiao）、手递手（hand2hand）、快点 8（qd8）、酿蜜网（beeslive）、百姓网（baixing）、好天龙（haotianlong）、金牌门店网（3p3d）等。

分类信息又被称为分类广告。我们日常在电视、报刊上所看到的广告，往往是不管你愿意不愿意，它都会强加给你。我们称这类广告为被动广告，因为人们是被动的接收它们。也有一些时候，人们去专门查晚报上的招聘信息、租房信息、旅游信息，这些信息就是我们所指的分类信息。它也是一种广告形式，我们称为主动广告，因为人们往往是主动去寻找它们。

1. 分类信息营销的特点

① 广告和信息是没有明显界限的。广告在客户看来是广告，但对于需要的人它也是信息。我们在实践中逐渐把这个边界模糊掉。网站的广告越多，你的客户的网站越好用，客户跟用户就会越来越多。

② 客户要求立竿见影的效果。分类信息的广告客户如送水、搬家等客户对广告的评价是，接到了多少电话，会实现多少业务。简单地讲就是他花了 100 块钱，会有多少的电话打给他。我们做得最艰苦的一点就是一定要保证用户的广告效果。

③ 为了保证效果，需要把广告做得非常精准。一方面，我们把用户按地区做了不同分类，不同地区的用户会跳到不同的分站；另一方面，用户会很容易找到相应的目录，比如找搬家公司、或者租房等。所以在地域和分类方面都要做到精准。

④ 不讲究品牌，客户要求非常直接。对于很多个人客户来说，分类信息网站就是提供这样的服务。

2. 分类信息营销的优势

（1）传播范围最广

分类信息网的网络广告的传播不受时间和空间的限制，它通过国际互联网络把广告信息 24 小时不间断地传播到世界各地。只要具备上网条件，任何人、在任何地点都可以阅读。这种效果是传统媒体无法达到的。

（2）交互性强

交互性是互联网络媒体的最大的优势，它不同于传统媒体的信息单向传播，而是信息互动传播，用户可以获取他们认为有用的信息，厂商也可以随时得到宝贵的用户反馈信息。

（3）分类信息网的针对性强

根据分析结果显示：网络广告的受众是年轻、有活力、受教育程度高、购买力强的群体，网络广告可以帮您直接命中最有可能的潜在用户。

（4）分类信息网的受众数量可准确统计

利用传统媒体做广告，很难准确地知道有多少人接受到广告信息，而在 Internet 上可通过权威公正的访客流量统计系统精确统计出每个广告被多少个用户看过以及这些用户查阅的时间分布和地域分布，从而有助于客商正确评估广告效果，审定广告投放策略，使您在激烈的商战中把握先机。

（5）实时、灵活、成本低

在传统媒体上做广告发布后很难更改，即使可改动往往也需付出很大的经济代价。而在分类信息网站上做广告能按照需要及时变更广告内容。这样，经营决策的变化也能及时实施和推广。

（6）强烈的感官性

网络广告的载体基本上是多媒体、超文本格式文件，图、文、声、像并茂。对某感兴趣的产品受众可以了解更为详细的信息，使消费者能亲身体验产品、服务与品牌。这种以图、文、声、像的形式，传送多感官的信息，让顾客如身临其境般感受商品或服务，并能在网上预订、交易与结算，将大大增强网络广告的实效。

5.3.14 网络广告

网络广告就是在网络上做的广告。利用网站上的广告横幅、文本链接、多媒体的方法，在互联网刊登或发布广告，通过网络传递到互联网用户的一种高科技广告运作方式。与传统的 4 大传播媒体（报纸、杂志、电视、广播）广告及近来备受垂青的户外广告相比，网络广告具有得天独厚的优势，是实施现代营销媒体战略的重要一部分。Internet 是一个全新的广告媒体，速度最快效果很理想，是中小企业扩展壮大的很好途径，对于广泛开展国际业务的公司更是如此。

网络广告的主要形式有如下几种。

（1）网幅广告

网幅广告（包含 Banner、Button、通栏、竖边、巨幅等）是以 GIF、JPG、Flash 等格式建立的图像文件，定位在网页中大多用来表现广告内容，同时还可使用 Java 等语言使其产生交互性，用 Shockwave 等插件工具增强表现力。

（2）文本链接广告

文本链接广告是以一排文字作为一个广告，点击可以进入相应的广告页面。这是一种对浏览者干扰最少，但却较为有效果的网络广告形式。有时候，最简单的广告形式效果却最好。

（3）电子邮件广告

电子邮件广告具有针对性强（除非你肆意滥发）、费用低廉的特点，且广告内容不受限制。特别是针对性强的特点，它可以针对具体某一个人发送特定的广告，为其他网上广告方式所不及。

（4）赞助

赞助式广告多种多样，比传统的网络广告给予广告主更多的选择。

（5）与内容相结合的广告

广告与内容的结合可以说是赞助式广告的一种，从表面上看起来它们更像网页上的内容而并非广告。在传统的印刷媒体上，这类广告都会有明显的标示，指出这是广告，而在网页上通常没有清楚的界限。

（6）插播式广告

插播式广告（弹出式广告）是指访客在请求登录网页时强制插入一个广告页面或弹出广告窗口。它们有点类似电视广告，都是打断正常节目的播放，强迫观看。插播式广告有各种尺寸，有全屏的也有小窗口的，而且互动的程度也不同，从静态的到全部动态的都有。浏览者可以通过关闭窗口不看广告（电视广告是无法做到的），但是它们的出现没有任何征兆，而且肯定会被浏览者看到。

（7）Rich Media

Rich Media 一般指使用浏览器插件或其他脚本语言、Java 语言等编写的具有复杂视觉效果和交互功能的网络广告。这些效果的使用是否有效，一方面取决于站点的服务器端设置，另一方面取决于访问者浏览器是否能查看。一般来说，Rich Media 能表现更多、更精彩的广告内容。

（8）其他新型广告

其他新型广告包括视频广告、路演广告、巨幅连播广告、翻页广告、祝贺广告、论坛版块广告等。

（9）EDM 直投

EDM 直投是指通过 EDMSOFT、EDMSYS 向目标客户，定向投放对方感兴趣或者是需要的广告及促销内容以及派发礼品、调查问卷，并及时获得目标客户的反馈信息。

（10）定向广告

定向广告是指按照人口统计特征，针对指定年龄、性别、浏览习惯等的受众，投放广告为客户找到精确的受众群。

本章小结

本章主要介绍了网络营销的基本概念，网络营销的常用策略以及网络营销的手段。通过本章的学习，了解网络营销的术语，掌握网络营销的常用策略，能够运用网络营销的手段解决实际问题。

综合习题 5

一、填空题

（1）传统的营销强调 4P 组合，现代营销管理则追求__________。

（2）网络营销产品分__________和__________两种类型。

（3）事件营销的 4 个关键要素是__________、__________、__________和__________。

二、选择题

（1）(　　) 是指能够提供给消费者基本效用或益处的产品。

A. 形式产品　B. 核心产品　C. 潜在产品　D. 期望产品

（2）原来经营低档产品企业改为增加经营高档产品，这种网络营销策略属于（　　）。

A. 向上延伸策略　B. 向下延伸策略　C. 缩减策略　D. 双向延伸策略

（3）企业给出产品一个底价及加价幅度，吸引消费者竞价购买，在规定的时间期限内，商品出售给加价最高的顾客，这种促销方式是（　　）。

A. 拍卖促销　B. 折价促销　C. 联合促销　D. 捆绑销售促销

（4）(　　) 是指采用电子邮件的方式对企业的内部人员，包括企业的股东、经营者、管理者和企业员工进行的营销行为。

A. 企业内部邮件列表营销　B. 企业外部邮件列表营销

C. 企业内部电子邮件营销　D. 企业外部电子邮件营销

（5）(　　) 即通过企业与消费者的沟通满足消费者需要的价值为取向，确定企业统一的促销策略，协调使用各种不同的传播手段，发挥不同传播工具的优势，从而使企业的促销宣传实现低成本策略化与高强冲击力，形成促销高潮。

A. 电子邮件营销　B. 博客营销　C. 搜索引擎营销　D. 整合营销

（6）病毒性营销是利用（　　）进行促销。

A. 生产企业　B. 原材料供应商　C. 消费者　D. 销售企业工作人员

（7）(　　) 是为了向用户表达企业信息所采用的网站栏目设置、网页布局、网站导航、URL 层次结构等信息的表现形式等。

A. 网站结构　B. 网页布局　C. 网站内容　D. 企业 Logo

三、简答题

（1）什么是网络营销？

（2）网络营销有什么优势？

（3）网络营销有哪些职能？

（4）简述网络营销的发展趋势。

（5）简述网络营销策划的实施步骤。

（6）网络营销有哪些策略？

（7）网络促销策略的主要方法有哪些？

（8）搜索引擎营销的特点有哪些？

第6章 电子商务物流

学习目标

- 掌握电子商务物流的概念。
- 掌握电子商务物流的技术。
- 掌握电子商务物流配送。
- 掌握物流外包。

案例导入

案例 6-1　经营中的尴尬局面

王老板经营着一家超市，超市的货源主要通过网上订购。这天某饮料公司的一位送货员来给超市送货，以下是他和超市王老板之间的对话。

送货员："王老板，我来给您送货。"

王老板："你们公司送货怎么这么慢呢？我在你们公司网站上订的货应该在昨天就送到，可现在你才送来！你看，我的客户都跑掉了！"

送货员："对不起，我们公司那边出了点问题。"

王老板："怎么你们送来的货与我的订单内容不一样啊？"

送货员："是吗？"

王老板："这个产品不对，我要的是 150 毫升的饮料，你送的是 500 毫升的；这个产品也不对，我要 30 瓶，你们只拿了 20 瓶！真是乱七八糟的！像你们这样送货，客户全都得跑光。时间不对、产品也不对！我要退货，真是受不了你们，我不会再和你们打交道了！"

案例分析

通过这个案例，发现公司物流方面出现了问题，从中我们可以看到物流与人们日常生活息息相关，可以说，订单处理与履行能力的高低，越来越成为制约企业电子商务发展的关键因素。

案例思考题

（1）饮料公司经营中存在什么问题？

（2）为什么说物流是电子商务中不可缺少的组成部分？

6.1 电子商务物流的概念

6.1.1 现代物流的基本概念

1. 物流概念的产生、演变与发展

20世纪初，西方开始出现大量过剩、需求严重不足的经济危机，企业因此提出了销售和物流的问题。1915年，美国市场学者阿奇·萧（Arch W.shaw）在《市场流通中的若干问题》一书中提出了物流的概念，叫做“Physical Distribution”。书中指出：“物流是创造不同需求的一个问题”，并提到“物资经过时间或空间的转移，会产生附加价值”。行业团体最早给物流下定义的是美国市场营销协会（AMA），它于1935年提出：“物流是销售活动中所伴随的物质资料从产地到消费地的种种企业活动，包括服务过程。”此时的物流指的是销售过程中的物流，包括运输、仓储、包装等活动，使用的是“Physical Distribution”（简称PD）一词，即实体配送。这一概念强调与产品销售有关的输出物流，没有包括输入物流环节（即物料供应）。

1941～1945年第二次世界大战期间，美国在对军火等进行战时供应时，首先采取了后勤管理（Logistics Management）这一名词，对军火的运输、补给、屯驻等进行全面管理。从此，后勤学逐渐形成了单独的学科体系，并不断发展为后勤工程（Logistics Engineering）、后勤管理（Logistics Management）和后勤分配（Logistics Distribution）。后勤管理的方法后来被引入到商业部门，被人称为商业后勤（Business Logistics），定义为“包括原材料的流通、产品分配、运输、销售与库存控制、储存、用户服务等业务活动”，其领域包括原材料物流、生产物流和销售物流。

从20世纪50年代中期开始到80年代中期，Physical Distribution概念继续在美国得到发展和完善，并从美国走向世界，形成了比较统一的物流概念，也成为世界公认的物流概念。1964年，日本也开始使用物流这一概念。1965年，日本在政府文件中正式采用“物的流通”这个术语，简称为“物流”。

物流概念是通过两条途径从国外传入我国的，一条是20世纪80年代初随着“市场营销理论”的引入而从欧美传入，因为欧美的所有的市场营销教科书都毫无例外地介绍了Physical Distribution。另一条途径是从欧美传入日本，日本人将Physical Distribution翻译为“物流”，同一时期，我国从日本直接引入“物流”这一概念。1989年4月，第八届国际物流会议在北京召开，“物流”一词开始在我国普遍使用。

伴随西方经济进入大量生产、大量销售的时期，如何降低流通成本的问题开始突出。学者们开始认识到PD表达的领域较为狭窄，而Logistics的概念更宽广、连贯和整体。

从20世纪80年代中期以来，物流的概念相应做了改变，放弃使用Physical Distribution，转而使用Logistics。Logistics与Physical Distribution的不同在于Logistics已突破了商品流通的范围，把物流活动扩大到生产领域。物流已不仅仅从产品出厂开始，而是包括了从原材料采购、加工生产到产品销售、售后服务，直到废旧物品回收等整个物理性的流通过程。

供应物流，包括原材料等一切生产资料的采购、进货、运输、仓储、库存管理和用料管理；生产物流，包括生产计划与控制，厂内运输（搬运），在制品仓储与管理等活动；销售物流，包括产成品的库存管理，仓储发货运输，订货处理与顾客服务等活动；回收、废弃物流，包括废旧物资、边角余料等的回收利用，各种废弃物的处理。

这一概念无论在内涵还是外延上对以前的物流概念都有了很大的发展。我国在引进物流概念的过程中，为了将 Physical Distribution 与 Logistics 区分开来，将前者称为“传统物流”，而将后者称为“现代物流”。

2. 现代物流的定义

目前各国对物流的定义表述不完全一样。1998 年，美国物流管理协会（简称 CLM）对物流的最新定义是：“物流是供应链流程的一部分，是为了满足需求而对货物、服务以及相关信息从原产地到消费地的高效率、高效益的正向和反向流动及储存进行计划、实施和控制的过程。”

日本工业标准给出的定义是：“物流是将实物从供应者向需要者的物理性移动，是创造时间性、场所性价值的经济活动，一般包括输送、保管、装卸以及与其有关的情报等各种活动。”

联合国物流委员会对物流作出的界定则是：“物流是为了满足消费者需要而进行的从起点到终点的原材料、中间过程库存、最终产品和相关信息有效流动和储存的计划、实现和控制管理过程。”

我国国家技术监督局于 2001 年 8 月 1 日颁布实施的国家标准《物流术语》将物流定义为：“物品从供应地向接收地的实体流动过程。根据实际需要，将运输、储存、装卸、搬运、包装、流通加工、配送、信息处理等基本功能实施有机结合。”本书采纳我国国家标准对物流的定义。

6.1.2 物流功能要素

物流的功能要素指的是物流系统所具有的基本要素，一般包括运输、储存、包装、搬运、流通加工、信息等。这些基本要素有效地组合、连接在一起，相互平衡，形成密切相关的一个系统，能合理、有效地实现物流系统的总目标。

1. 运输

运输一般分为输送和配送。关于它们的区分，有许多不同的观点。一般认为，所有物品的移动都是运输。输送是指利用交通工具一次向单一目的地长距离地运送大量货物的移动；而配送是指利用交通工具一次向多个目的地短距离地运送少量货物的移动。

运输有 5 种基本的运输方式，在企业运输中涉及 4 种，它们分别是铁路运输、公路运输、水运运输和航空运输。选择何种运输方式，对提高连锁企业的物流效率具有十分重要的意义。在选择运输方式时，必须综合考虑，要权衡运输系统所要求的运输服务和运输成本。连锁企业可以使用单一的运输方式，也可以将几种不同的运输方式组合起来使用。

企业的运输部门担负的责任重大，具体作业包括选择合适的运输公司、与运输公司就运输费率进行谈判、运出货物后对货物进行跟踪、当发生问题时向运输服务商进行索赔等。

2. 储存

储存是物流的主要功能要素之一。在物流中，运输承担了改变商品空间状态的重任，物流的另一重任改变商品的时间状态是由储存来承担的。库存是与储存既有密切关系又有区别的一个概念，它是储存的静态形式。库存主要分为基本库存和安全库存。

基本库存是补给过程中产生的库存。在订货之前，库存处于最高水平，日常的需求不断地"抽取"存货，直至该储存水平降至为零。实际中，在库存没有降低到零之前，就要开始启动订货程序，于是，在发生缺货之前，就会完成商品的储备。补给订货的量就是订货量。在订货过程必须保持的库存量就是基本库存。

为了防止不确定因素对连锁物流的影响，如运输延误，到货商品的品种、规格、质量不符合要求，销售势头好使库存周转加快以及紧急需要等，都需要企业另外储备一部分库存，这就是安全库存。

3. 包装

（1）包装的功能

一般而言，物流中的包装主要有 3 种功能：保护商品、提高物流效率和传递信息。

商品在一定的环境中移动并储存，所以包装必须能够保护商品避免在移动和储存过程中发生货损。保护的程度由运输条件、商品价值来决定。商品价值越高，包装的成本越高。国际运输，包装成本可相应高些；国内运输或短途运输，包装成本可低些。但目前在包装方面经常出现过度包装的现象，所以有必要从连锁物流环境和储存环境两方面来考虑包装的主要目的。

包装受损常起因于运输、搬运等物流环境，所以为了防止商品破损变形，商品的包装必须能承受在装卸、运输、保管等过程中的各种冲击、震动、颠簸、压缩、摩擦等外力的作用，形成对外力的防护，而且具有一定的强度。在搬运装卸作业中，由于操作不慎包装跌落，造成冲击；仓库储存堆码，使最底层货物承受强大的压力；运输和其他物流环节的冲击震动，都要求包装有足够的强度。

致使商品受损的原因还可能是储存的外界环境。在储存中首先要防止商品发生化学变化。为防止屋子受潮、发霉、变质、生锈等化学变化，商品包装必须在一定程度上起到阻隔水分、潮气、光线以及空气中各种有害气体的作用，避免外界不良因素的影响。其次还要防止有害生物对商品的影响。鼠、虫及其他有害生物对物资有很大的破坏性。包装封闭不严，会给细菌、虫类造成侵入之机，导致变质、腐烂，特别是对食品危害性更大。鼠、白蚁等生物会直接吞蚀纸张、木材等商品。

（2）包装材料

包装材料与包装功能存在着不可分割的联系。包装材料从传统材料发展到今天的新型材料，都是为了更好地发挥包装的功能。包装材料的变化主要是向轻材质转换，因为包装本身的重量也作为货物的重量一起加算运费的。

常用的包装材料有纸、塑料、木材、金属、玻璃等，从各个国家包装材料生产总值比较看，使用最广泛的是纸及各种纸制品，其次是木材，塑料材料的使用量正在以很快的速度增长。

（3）包装模数

包装模数是关于包装基础尺寸的标准化及系列尺寸选定的一种规定。4 种标准尺寸如图 6-1 所示，这 4 种尺寸具有兼容性，可制成标准件。

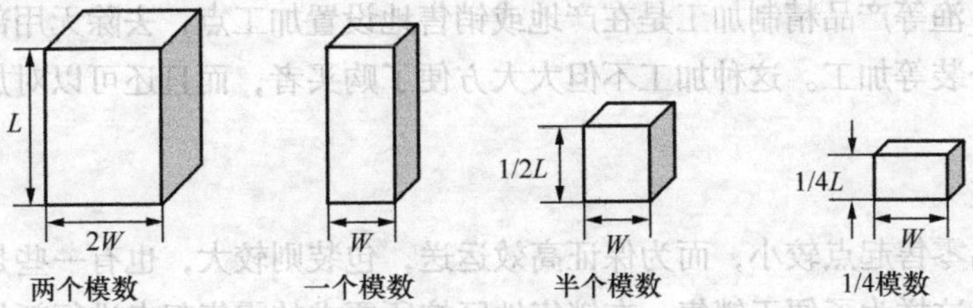

图 6-1　4 种模数

包装模数标准确定之后，各种进入流通领域的商品便需要按模数所规定的尺寸进行包装，按模数包装之后，各种包装货物可以按一定规定随意组合，这就有利于小包装的集合，有利于集装箱及托盘的装箱、装盘。包装模数如能和仓库设施、运输设施尺寸模数统一化，也有利于运输和保管，这就不但能实现包装领域的合理化，而且能实现全物流系统的合理化。因此，包装模数问题是物流现代化的基础问题。

（4）包装标准化

物流系统效率化的关键在于单元货载系统化。单元货载系统也称为单元载荷制，是把货物归整成一个单位的单件进行运输。其核心是自始至终采用托盘运输，即从发货到最终的装卸，全部使用托盘运输方式。为此，在物流过程中所有的设施、装置、机械都要引进物流标准化的概念。

物流标准是指为实现标准化，提高物流效率，将物流系统各要素的基准尺寸系统化。其基础就是以单位载荷制为基础的托盘化。

4. 搬运

有人把搬运描述成“任何形式的物质的移动艺术和科学”。如果能正确规划搬运系统，可以减少成本、减少劳动力、增加安全性、提高生产率、减少浪费、提高容积的使用率以及提高服务水平。

搬运系统分为人工搬运系统、机械搬运系统和自动搬运系统。现有的配送中心的实际结构决定了使用何种搬运系统。如果企业打算建一个新的配送中心，最好是根据商品的流程来选用合适的搬运系统与设备。

5. 流通加工

流通加工是物流中具有一定特殊意义的物流形式，它不是每一个物流系统必需的功能。

生产是通过改变物的形式和性质创造产品的价值和使用价值，而流通则是保持物资的原有形式和性质，完成商品所有权的转移和空间形式的位移。物流的包装、储存、运输、装卸等功能，并不去改变物流的对象。但是为了提高物流速度和物资的利用率，在商品进入流通领域后，还需要按用户的要求进行一定的加工活动。即在物品从生产者向消费者流动的过程中，为了促进销售、维护产品质量、实现物流的高效率所采取的使物品发生物理和化学变化的功能，这就是流通加工。企业中的流通加工作业主要有以下类型。

（1）分选加工

农副产品规格、质量离散情况较大，为获得一定规格的产品，采取人工或机械分选的方式加工称为分选加工。这种加工广泛用于果类、瓜类、谷物、棉毛原料等。

（2）精制加工

农、牧、副、渔等产品精制加工是在产地或销售地设置加工点，去除无用部分，甚至可以进行切分、洗净、分装等加工。这种加工不但大大方便了购买者，而且还可以对加工的淘汰物进行综合利用。

（3）分装加工

许多生鲜食品零售起点较小，而为保证高效运送，包装则较大，也有一些是采用集装运输方式运达销售地区。这样为了便于销售，在销售地区按所要求的零售起点进行新的包装，即大包装改小、散装改小包装、运输包装改销售包装。这种方式称为分装加工。

6. 信息

信息系统中信息的质量极其重要。关于信息的质量有两个主要的要求：获得必需的信息和拥有精确的信息。

企业物流经理面对一个主要的问题是获得必需的信息以作决策。但是很多经理常常不能获得必需的信息，有下几个原因：

① 一些物流经理不能决定他们到底需要什么信息。

② 人们在给物流经理提供信息时，往往提供他们认为物流经理可能会需要的信息或是那些便于提供的信息。现在这个困难可通过物流经理与信息提供者的有效沟通来解决。

③ 一些物流经理需要的信息无法获得或隐藏在信息系统的其他功能块中，难以提取。

正如获得必需的信息是重要的，确保信息是精确的同样重要。没有精确的信息，特别是财务数据，物流经理就不能够作出精确的决策。财务管理的功能之一就是进行成本管理。例如，费用分配给营销、财务等部门，而物流费用隐藏在这些领域之中，所以拥有精确信息是非常重要的。

与物流信息密切相关的是物流信息系统，其定义是：管理人员利用一定设备、根据一定的程序对信息进行收集、分类、分析、评估，并把精确信息及时地提供给决策人员，以便他们作出高质量的物流决策。

物流信息系统的目的是不但要收集尽可能多的信息，提供给物流经理使他作出更多的有效的决策，还要与企业中销售、财务等其他部门的信息系统共享信息，然后，将有关综合信息传至企业最高领导处，协助他们形成战略计划。

6.1.3 物流管理的发展概况

物流管理的发展经历了储运时代、配送时代、综合物流时代和供应链时代4个发展阶段。目前，物流经理已经广泛地采用供应链的系统分析、价值链分析、效益互换分析等技术来进行管理。

我国的物流管理起步较晚，但进步很快，各个阶段不是很明显，所以下面以美国的物流管理为例说明物流管理的发展概况。

1. 储运时代

在这个时期中，物流的各个活动按不同的功能、不同的场所互不联系地分别进行，商品主要是根据销售部门和采购部门的要求进行保管和运输。随着经济的发展、需求的扩大，市场竞争日益激烈，为了确保收益，许多企业把目光投向了物流费用，物流成本意识开始出现，但在这个时期只有保管和发货部门在努力降低成本。

2. 配送时代

在 20 世纪 60 年代到 20 世纪 70 年代期间，世界上许多企业都把注意力放在“实物配送”方面。这些企业系统地管理一系列的物流活动，如运输、仓储、配送、库存控制、包装、搬运等，以确保高效地递送商品。

20 世纪 60 年代到 20 世纪 70 年代是一个充满挑战与变化的时代，有许多因素促使企业不得不采取更加有效的方法来管理配送，主要的因素如下。

（1）顾客购买需求的变化

过去，许多的顾客采购商品时只注重品牌，现在他还要看商品的大小、形状、颜色等，因此，顾客需求向着多品种、小批量、高频率的方向发展。这样的变化使企业不得不维护更多的库存，增加运输成本，而且预测需求也变得越来越困难。解决的方法只能是增加市场份额，识别不同群体的顾客需求，满足他们的需求，但这样做必然会增加企业的成本，尤其是配送成本，这就需要企业以新的方法来进行管理。

（2）成本的增加

在 20 世纪 60 年代到 70 年代，美国政府在运输市场中限制竞争，影响到企业的运输成本，因此，承运人通过提高运费与其他的运作收费来解决成本增加的问题。

（3）高价值的产品

美国由于内外因素的变化，许多企业都趋向于生产高价值的产品。这样就使得企业的库存成本、包装、运输等成本相应增加，从而导致更高的配送成本。

企业通过总成本分析，意识到在运输与库存之间的效益互换关系，所以将这两项原本分离的物流功能，都归并在配送经理的管辖范围之内。这样就可以通过系统的方法分析物流功能要素之间的效益互换关系，减少配送的总成本。例如，通过高运输成本的航空运输方式来递送商品，可以减少库存与仓库，与之相关的包装、搬运成本也降低了，同时顾客服务水平提高了，经过计算，虽然增加了运输成本，但最后的总成本还是降低了。

3. 综合物流时代

在 20 世纪 70 年代到 80 年代，企业发现通过综合规划采购运输与配送运输可以进一步节省成本，于是将采购运输与配送运输都由运输经理管理。20 世纪 80 年代后，由于管制放松，可以与承运人谈判运费率，达到一定的运输批量，就会有优惠的运费和更好的服务，于是许多企业将整个过程，从商品采购到商品在配送中心的物流活动直至将商品送至顾客手中，看作一个完整的系统，这样就会提高运作效率，当然也可以节省更多的成本。

4. 供应链时代

在 20 世纪 80 年代后期到 90 年代，由于种种因素的影响，使企业对物流的关注扩充到整个物流过程，包括所有涉及的企业，从原材料供应商到最终顾客，以保证最终顾客能在准确的时间、准确的地点，收到准确的商品。

6.1.4 电子商务物流管理概念

1. 电子商务物流管理

现代物流管理和传统物流管理相比，无论是在深度还是广度上都有差别。物流管理是指为了以最低的物流成本达到用户所满意的服务水平，对物流活动进行的计划、组织、领导与控制。

20世纪末，电子商务的出现和发展使得物流企业的外界市场环境发生了很大变化，使得物流活动在管理方法、技术应用、信息处理等方面也产生了新的变革。

首先，产品的多品种、小批量以及多样化决定了配送的复杂化。其次，制造业和营销业中的即时管理法、快速反应战略、连续补充战略等技术的应用，引进了以时间为基本条件的物流服务，要求人们做到在库存、运输和生产、销售之间进行严格协调与控制，以使存货量能够降低到最低限度，改变了传统的依赖于安全库存的物流战略。最后，计算机技术和信息技术的发展，有力地推动了现代物流的发展。

物流管理高度依赖于对大量的数据、信息的分析处理。计算机技术和网络技术的发展和商用化，为物流系统提供了一个分析问题、处理事务、进行评估和决策的支持处理功能。传真机、条形码技术、EDI技术以及卫星通信技术等信息技术在物流作业中的广泛采用，大大提高了物流服务的水平和物流过程的透明度。物流活动的种种变革最终催生了物流管理的新发展——电子商务物流管理。

电子商务物流管理是指在社会再生产过程中，根据物质实体流动的规律，运用管理的基本原理和科学方法，对电子商务物流活动进行计划、组织、领导和控制的过程。其目的是促使各项物流活动实现最佳协调和配合，以降低物流成本、提高物流效率和经济效益。

2. 电子商务物流和物流业电子商务

电子商务的物流是指在实现电子商务特定过程的时间和空间范围内，由所需位移的商品、包装设备、装卸搬运机械、运输工具、仓储设施、人员和通信设施等若干相互制约的动态要素所构成的具有特定功能的有机整体。

物流业的电子商务是指利用互联网和EDI等现代信息传递和处理工具，以物流过程的信息流管理为起点，进行低成本网络营销，同时大规模集成物流中的所有供应链环节，向客户提供物流全过程的信息跟踪服务，从而在大幅度降低物流成本的同时，使物流业做到真正意义上的及时响应，使企业零库存成为可能。

6.1.5 电子商务下物流的特点

1. 物流信息化

传统的物流活动在其运作过程中，都是以商流为中心，从属于商流活动，因而物流的运动方式是紧紧伴随着商流来运动的。而在电子商务的环境下，物流的运作时以信息为中心的，信息决定了物流的运动方向和运作方式。通过网络上的信息传递，可以有效地实现对物流的实时控制，实现物流的合理化。物流信息化体现在物流信息的商品化、物流信息收集数据库化和代码化、物流信息处理的电子化和计算机化、物流信息传递的标准化和实时化、物流信息存储的数字化等。信息化是一切物流活动的基础，没有物流的信息化，任何先进的技术设备都不可能应用于物流领域。

2. 物流网络化

物流网络化包括物流配送系统的计算机通信网络化和组织的网络化。电子商务可使整体物流实现网络的实时控制。在传统的物流活动中，虽然也有依据计算机对物流实时控制的，但这种控制都是以单个运作方式来进行的，所实施的计算机管理信息系统，大都是以企业自身为中心来管理物流的。而网络具有全球化的特点，可使物流在全球范围内实施整体的实时控制。

3. 物流自动化

物流自动化的基础是信息化，核心是机电一体化，外在表现是无人化。利用使物流自动化的设施，如条码、语音、射频自动识别系统、自动分拣系统、自动存取系统、自动导向车、货车自动跟踪系统等设备和技术能够扩大物流作业能力、提高劳动生产效率、减少物流作业差错。

4. 物流智能化

物流智能化是物流自动化、信息化的一种高层次应用。物流作业过程中大量的运筹和决策，如库存水平的确定、运输（搬运）路径的选择、自动导向车的运行轨迹和作业控制、自动分拣机的运行、物流配送中心经营管理的决策支持等问题都需要借助于大量的知识才能解决。在物流自动化的进程中，物流智能化是不可回避的技术难题。好在专家系统、机器人等相关技术在国际上已经有比较成熟的研究成果。为了提高物流现代化的水平，物流的智能化已成为电子商务下物流发展的一个新趋势。

5. 物流柔性化

所谓物流的柔性化就是根据“多品种、小批量、多批次、短周期”的消费需求，灵活组织和实施物流作业，以适合生产、流通与消费的需求，真正实现“以顾客为中心”的理念。因此，在电子商务的环境下就要求企业在组织物流过程中，兼顾本企业、物流企业以及全社会的整体系统的组织和管理。物流企业应相互联合起来，相互协同实现物流高效化、合理化、系统化的前提下，相互竞争。

6.2 电子商务环境下的物流技术

物流技术主要包括物流硬技术和软技术。物流硬技术是指在组织物流过程中所需的各种材料、机械和设施等；物流软技术是指组织高效率的物流所需的计划、管理、评价等方面的技术和管理方法。从物流环节来考察，物流技术包括运输、保管、装卸和包装等技术。

6.2.1 条形码（Bar Code）技术及其应用

1. 条形码技术

条形码技术（Bar Code）是在计算机的应用实践中产生和发展起来的一种自动识别技术。它是为实现对信息的自动扫描而设计的，是实现快速、准确而可靠地采集数据的有效手段。条形码技术的应用解决了数据录入和数据采集的“瓶颈”问题，为物流管理提供了有利的技术支持。条形码技术在现代物流系统中非常重要，大量、快速采集信息的技术，能适应物流大量化和高速化的要求，大幅度提高物流效率。条形码技术包括条形码的编码技术、条形符号设计技术、快速识别技术和计算机管理技术，是实现计算机管理和电子数据交换必不可少的开端技术。

条形码简称条码，由一组黑白相间、粗细不同的条状符号组成。条码隐含这数字信息、字母信息、标志信息、符号信息，主要用以表现商品的名称、产地、价格、种类等，是全世界通用的商品代码的表示方法。由于是一组黑白相间的条纹，而黑色条纹对光的反射率低，白色的空对光的反射率高，再加上条与空的宽度不同，就能使扫描光线产生不同的反射接收效果，在光电转化设备上转换成不同的电脉冲，形成了可以传输的电子信息。由于光的运动速度极快，所以，它可以准确无误地对运动中的条码予以识别。

目前，国际上广泛使用的条码种类有EAN、UPC码、Code39码、ITF25码和Codebar码等。EAN和UPC码是商品条码，每一个这种条码在世界范围内具有唯一性，超市的商品中最常见的就是这两种码。Code39h码可表示数字和字母，在管理领域应用最广。ITF25码在物流管理中应用较多。Codebar码主要用于医疗卫生、图书情报、物资等领域的自动识别。

2. 条形码技术的应用

（1）销售信息系统（POS系统）

在商品上贴上条码就能快速、准确地利用计算机进行销售和配送管理。其过程为：对销售商品进行结算时，通过光电扫描读取并将信息输入计算机，然后输进收款机，收款后开出数据。同时，通过计算机处理，掌握进、销、存的数据。

（2）库存系统

在库存物资上应用条码技术，尤其是规格包装、集装、托盘货物上，入库时自动扫描并输入计算机，由计算机处理后形成库存的信息，并输出入库区位、货架、货位的指令，出库程序则和POS系统条码应用一样。

（3）分货拣选系统

在配送方式和仓库出货时，采用分货、拣选方式，需要快速处理大量的货物，利用条码技术便可自动进行分货拣选，并实现有关的管理。

6.2.2 无线射频识别（RFID）技术及其应用

1. 无线射频识别技术

无线射频识别技术（Radio Frequency Identification，RFID），即射频识别，俗称电子标签。RFID的主要核心部件是一个电子标签，直径不到2毫米，通过相距几厘米到几米距离内传感器发射的无线电波，可以读取电子标签内储存的信息，识别电子标签代表的物品、人和器具的身份。

最基本的RFID系统由3部分组成：标签（Tag）、阅读器（Reader）和天线（Antenna）。标签由耦合元件及芯片组成，每个标签具有唯一的电子编码，附着在物体上标识目标对象；阅读器读取（有时还可以写入）标签信息的设备，可设计为手持式或固定式；天线在标签和读取器间传递射频信号。

射频技术的基本原理是电磁理论。标签进入磁场后，解读器发出射频信号，标签凭借感应电流所获得的能量发出储存在芯片中的产品信息（无源标签或被动标签），或者标签主动发送某一频率的信号（有源标签或主动标签）。解读器读取信息并解码后，送至中央信息系统进行有关数据处理。

RFID 系统的优点是不局限视线范围，识别距离比光学系统远，射频识别卡具有读写能力，可携带大量数据、难以伪造和智能化等特点。

2. RFID 技术的应用

（1）零售环节

RFID 系统可以改进零售商的库存管理，实现适时补货，有效跟踪运输与库存，提高效率，减少出错。同时，标签能对某些时效性强的商品的有效期进行监控；商店还能利用 RFID 系统在付款台实现自动扫描和计费，从而取代人工收款。

（2）存储环节

在仓库里，射频技术最广泛的应用是存取货物与库存盘点，它能用来实现自动化的存货和取货等操作。在整个仓库管理中，将供应链计划系统制订的收货计划、取货计划、装运计划等与射频识别技术相结合，能高效地完成各种业务操作，如制定堆放区域、上架取货和补货等。这样增强了作业的准确性和快捷性，提高了服务质量，降低了成本，节省了劳动力和库存空间，同时减少了整个物流中由于商品误置、送错、偷窃、损害和库存出货错误等造成的损耗。RFID 的另一个好处在于库存盘点时节省人力。RFID 的设计就是要让商品登记制动化，盘点时不需要人工检查或者扫描条码，增加了准确性，并且减少了损耗。RFID 解决方案可以提供有关库存情况的准确信息，管理人员可由此快速识别并改进低效率运作情况，从而实现快速供货，并最大限度地降低储存成本。

（3）运输环节

在运输管理中，在运输的货物和车辆上贴上 RFID 标签，运输线路的一些检查点安装上 RFID 接收转发装置。接收装置收到 RIFD 标签信息后，连同接收地的位置信息上传至通信卫星，再由卫星传送给运输调度中心，送入数据库中，如图 6-2 所示。

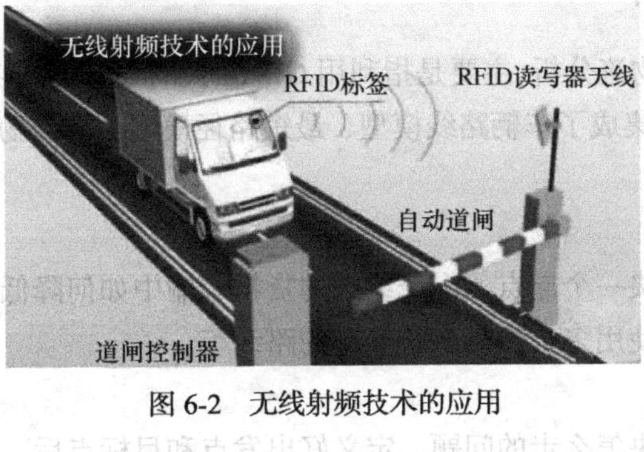

图 6-2 无线射频技术的应用

（4）配送/分销环节

在配送环节中，采用射频技术能大大加快配送的速度，提高拣选与分发过程的效率与准确率，并能减少人工、降低配送成本。如果到达中央配送中心的所有商品都贴有 RFID 标签，在进入中央配送中心时，托盘通过一个阅读器，读取托盘内所有货箱上的标签内容。系统将这些信息与发货信息进行核对，以检测出可能的错误，然后将 RFID 标签更新为最新的商品存放地点和状态。这样就确保了精确的库存控制，甚至可以确切了解目前有多少货箱处于转运途中、转运的始发地和目的地以及其到达的精确时间等信息。

6.2.3　地理信息系统（GIS）技术及其应用

1. 地理信息系统技术

地理信息系统（Geographical Information System，GIS）技术是多种学科交叉的产物，它以地理空间数据为基础，采用地理模型分析方法，适时的提供多种空间的和动态的地理信息，是一种为地理研究和地理决策服务的计算机技术系统，如图 6-3 所示。其基本功能是将表格型数据（无论它来自数据库、电子表格文件或直接在程序中输入）转换为地理图形显示，然后对显示结果浏览、操作和分析。其显示范围可以从洲际地图到非常详细的街区地图，显示对象包括人口、销售情况、运输路线以及其他内容。

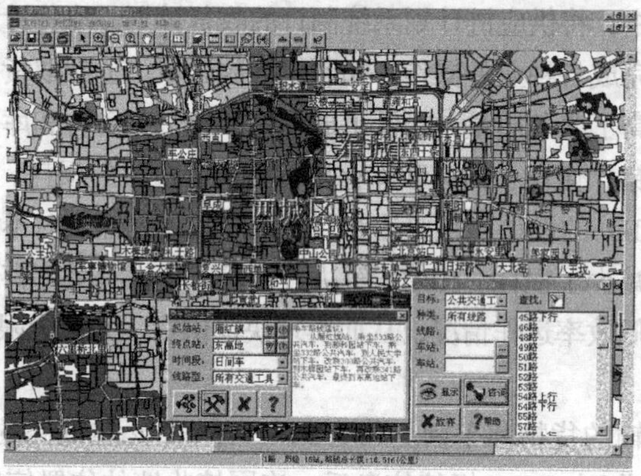

图 6-3　地理信息系统

2. GIS 技术的应用

GIS 技术主要应用于物流分析，主要是指利用 GIS 强大的地理数据功能来完善物流分析技术。完整的 GIS 物流分析软件集成了车辆路线模型、最短路径模型、网络物流模型、分配集合模型和设施定位模型等。

（1）车辆路线模型

车辆路线模型用于解决一个起点、多个终点的货物运输中如何降低物流作业费用，并保证服务质量的问题，包括决定使用多少辆车、每辆车的路线等。

（2）最短路径模型

最短路径模型用于解决怎么走的问题。定义好出发点和目标点后，软件会计算出从出发点到目标点的最短路径怎么走。

（3）网络物流模型

网络物流模型用于解决寻求最有效的分配货物路径问题，也就是物流网点布局问题。如将货物从 N 个仓库运往 M 个商店，每个商店都有固定的需求量，因此，需要确定由哪个仓库提货送给哪个商店时所耗的运输代价最小。

（4）分配集合模型

可以根据各个要素的相似点把同一层的所有或部分要素分为几个组，用以解决确定服务范围和销售市场范围等问题。如某一公司要设立多个分销点，要求这些分销点要覆盖某一地区，而且要使每个分销点的顾客数目大致相等。

（5）设施定位模型

设施定位模型用于确定一个或多个设施的位置。在物流系统中，仓库和运输线路共同组成了物流网络，仓库处于网络的节点上，节点决定着路线，如何根据供求的实际需要并结合经济效益等原则，在既定区域内设立多少个仓库，每个仓库的位置，每个仓库的规模以及仓库之间的物流关系等问题，运用此模型均能很容易地得到解决。

6.2.4　全球定位系统（GPS）技术及其应用

1. 全球定位系统技术

全球定位系统（Global Positioning System，GPS）技术是一种先进的导航技术，它由发射装置和接收装置构成。发射装置由若干颗位于地球卫星静止轨道、不同方位的导航卫星构成，不断向地球表面发射无线波信号。接收装置通常装在移动的目标（如车辆、船、飞机）上，接收装置接收不同方位的导航卫星的定位信号，就可以计算出它当前的经纬度坐标，然后将其坐标信息记录下来或发回监控中心。地面监控中心利用 GPS 技术可以实时监控车辆等移动目标的位置，根据道路交通状况向移动目标发出实时调度令，全球定位系统（GPS）工作示意图如图 6-4 所示。GPS 具有高精度、全天候、高效率、多功能、操作简便、应用广泛等特点。GPS 系统由空间卫星系统、地面监控系统、用户接收系统 3 大子系统构成。

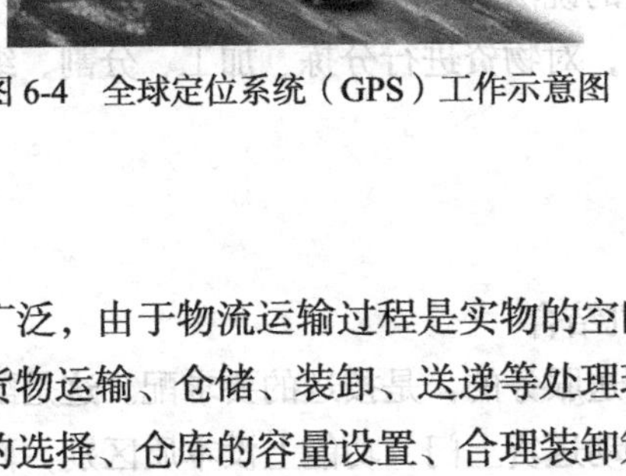

图 6-4　全球定位系统（GPS）工作示意图

2. GPS 技术的应用

目前，GPS 的应用已十分广泛，由于物流运输过程是实物的空间位置的转移过程，所以在物流运输过程中，对可能涉及的货物运输、仓储、装卸、送递等处理环节，对各个环节设计的问题如运输线路的选择、仓库位置的选择、仓库的容量设置、合理装卸策略、运输车辆的调度和投递路线的选择都可以通过运用 GPS 的导航功能、车辆跟踪功能、信息查询等功能进行有效地管理和决策分析。这无疑有助于配送企业有效地利用现有资源、降低消耗、提高效率。在物流方面的应用主要如下。

（1）实时监控

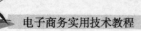

在任意时刻通过发出指令查询运输工具所在的地理位置（经度、维度、速度等信息）并在电子地图上直观地显示出来。

（2）双星通信

GPS 的用户可使用 GSM 的语音功能，与驾驶员进行通话或使用该系统安装在运输工具上的移动设备的汉字液晶显示终端进行汉字消息收发对话。驾驶员通过按下相应的服务、动作键，将该信息反馈到网络 GPS，质量监督员可在网络 GPS 工作站的显示屏上确认其工作的正确性，了解并控制整个运输作业的准确性（发车时间、到货时间、卸货时间、返回时间等）。

（3）动态调度

调度人员能在任意时刻通过调度中心发出文字调度指令，并得到确认信息。同时，可进行运输工具待命计划管理，操作人员通过在途信息的反馈，运输工具未返回车队前即做好待命计划，可提前下达运输任务，减少等待时间，加快运输工具周转速度。另外，还可进行运能管理，将运输工具的运能信息、维修记录信息、车辆运行状况登记处、司机人员信息、运输工具的在途信息等多种信息提供调度部门决策，以尽量减少空车时间和空车距离，充分利用运输工具的运能。

（4）数据存储、分析

实行路线规划及路线优化，事先规划车辆的运行路线、运行区域，何时应该到达什么地方等，并将该信息记录在数据库，以备以后查询、分析使用。

6.3 电子商务下的物流配送管理

配送是一种特殊的物流活动，它是企业物流管理中重要的增值方面。配送管理是按用户要求，编制最佳的配送作业计划，运用合理的拣货方法，选择最优化的配送线路，以合理的方式送交客户，实现商品最终配置的经济活动。

6.3.1 配送的概念及特点

1. 配送的概念

关于配送的概念没有统一的说法，本书应用国家《物流术语》中对配送的定义："在经济合理区域范围内，根据客户的需求，对物资进行分拣、加工、分割、组配、包装等作业，并按时送达指定地点的物流活动。"

2. 配送的特点

（1）"配"与"送"是有机结合

配送的目的是送，配是为送服务的，是按送的要求配。这是配送与一般送货的区别。一般送货只是将客户自行取货改为主动送货上门，功能上没本质区别，而配送是既要实现送货服务，更强调在送货时满足客户多方面的要求，做到与客户的生产和销售"无缝连接"，把配送变成客户内部生产经营的一部分。

（2）配送以客户需求为出发点

根据客户的要求进行配货和送货，客户的要求包括配送品种、数量、送达时间、地点、安全要求、经济性、方便等多个方面。既使是组织内部配送，也应把需要配送的部门当做客户，根据他们的要求配送。

（3）配送在经济合理范围内进行

经济合理就是既要满足客户的需要，又要考虑配送活动的经济效益。一般来说，配送的物资批量小、批次多，如果进行远距离运输，则相对费用就高，而且造成运力浪费，因此，配送不宜在大范围内进行。

6.3.2　电子商务下的配送模式和分类

1. 电子商务下的配送模式

（1）从事电子商务的企业自建配送中心，自己经营配送业务

这种配送模式是一种附属型、自我服务性质的配送模式。在这种模式下，由于企业对配送业务直接进行管理和运作，配送业务围绕着企业销售而展开，能最大限度地满足企业销售服务的要求，因而其服务质量较高。

（2）将配送中心业务外包给专业物流公司

这种模式是指从事电子商务的企业以签订合同的方式将配送业务委托给专业物流公司去办理，向专业物流公司支付配送服务费。专业物流公司是以向客户提供运输、储存、配送等物流服务为核心业务的专业公司。从事电子商务的企业将不是自己核心业务的配送业务外包给专门从事此项业务的专业公司去做，毕竟能节省大量的投资和管理费用，集中精力搞好自己的主营业务，而且可以享受较完善的物流服务。

（3）与专业物流公司进行合并，采取单项业务外包的配送模式

有些开展电子商务的企业自身拥有一定的物流设施设备并建有一些物流网络，可以满足本企业部分物流业务需要，但因各种原因又不愿扩大自身物流设施规模，这样的企业就可以与专业物流公司进行合作，将自身不擅长的业务或作业环节外包给专业物流公司，自己承担能够胜任的业务。这既可以合理地利用企业的自由资源，又能降低配送成本，提高服务质量。

（4）与其他企业合建配送中心，共同经营配送业务

这种模式是指电子商务企业与其他企业共同出资建立配送中心，通过对这个配送中心的运作管理，完成企业所需要的配送任务。在这里，其他企业主要包括两类：一是其他业种的企业，如运输、仓储企业，这种合作可以利用其先进的设施设备和多功能的服务，取得经济效益；其二是其他从事电子商务的企业，主要指一些规模不大或资金有限的中小型企业，由于不具备自建配送中心能力，但又不想对企业配送业务进行控制和管理，便选择与其他同行共同建设和经营配送中心的途径。这种模式最大特点是企业间的优势互补，可以开展共同配送。企业采用这一模式与第一种模式相比，在相当大的程度上节省大量资金。

2. 配送分类

① 按配送组织者分类。按配送组织者把配送分为配送中心配送、仓库配送、生产企业配送和

商店配送。

② 按配送组织形式分类。按配送组织形式把配送分为独立配送、集团配送和共同配送。

③ 按配送商品的类型分类。按配送商品的类型把配送分为单品种、大批量配送，多品种、小批量配送和成套配套配送。

④ 按配送的时间和数量分类。按配送的时间和数量把配送分为定时配送、定量配送、定时定量配送、定时定路线配送和即时配送。

6.3.3 配送作业流程与配送线路优化

1. 配送作业流程及要素

① 进货。在配送的基本作业流程中，进货作业包括领取物资，从货车上把物资卸下，开箱检查其数量、质量，然后将有关信息书面化等工作。进货作业中的主要环节有编码、分类、验收检查和入库信息处理。

② 订单处理。所谓订单处理就是从接到客户订单开始到着手准备拣货之前的作业阶段，通常包括订单资料的确认、存货查询、单据处理等内容。

③ 拣货。拣货作业是配送的中心环节。拣货方式一般有按订单拣取（又名摘果法）和批量拣取法（又名播种法）。

④ 补货。补货是为了确保拣货区有货可拣，将物资从仓库保管区搬运到拣货区的工作。补货的时机一般有批次补货、定时补货、随机补货 3 种。

⑤ 配货。配货作业是指把拣取分类完成的物资经过配货检查过后，装入容器和做好标示，在运到配货准备区，待装车后发送。

⑥ 分货。分货作业就是报拣货后的物资，按客户或配送路线进行分类的工作。

⑦ 送货。送货作业是利用配送车把客户订购的物资从配送中心送到客户手中的过程。送货通常是一种短距离、小批量、高频率的运输形式。它以服务为目标，以尽可能满足客户需求为宗旨。

2. 配送线路优化——节约里程法

配送路线是指各送货车辆向各个客户送货时要经过的路线。配送路线合理与否对配送速度、成本、效益影响很大，采用科学的、合理的方法来优化配送路线，是配送管理中非常重要的工作。解决配送路线优化这一问题，最有代表性的方法就是节约里程法，又称为 VSP（Vehicle Scheduling Program）网络图法，也可称为车辆安排程序方法。

节约里程法的基本假设是，配送的是同一种货物；各客户的坐标及需求量均为已知；配送中心有足够的运输能力。

例如：设 P 为配送中心，A 和 B 为收货点，相互之间的路程距离为 a、b、c，如图 6-5 所示。

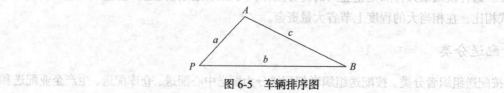

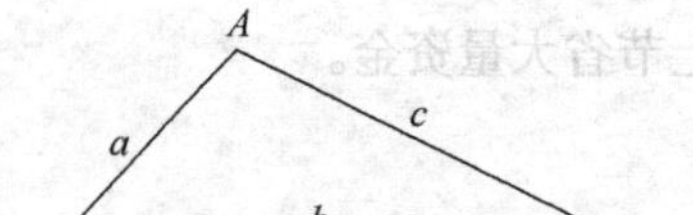

图 6-5 车辆排序图

若使用两辆货车分别向 A、B 两地往返送货，其行驶总里程为 $2a+2b$。

但若使用一辆货车由 $P \to A \to B \to P$，单线巡回送货，其行驶总里程为 $a+b+c$。

两者相比较，后一方案可节省运输距离（$2a+2b$）-（$a+b+c$）$=a+b-c>0$。该节省距离即为收货点 AB 间的“节约里程”，一般节约里程公式为：（$PA+PB-AB$）。

6.4　物流业务外包

业务外包就是将企业的资源集中在核心竞争力上，而将那些不属于核心的或企业不擅长的业务外包出去，利用他人的资源，包括利用他人的技术、知识、时间和资金，以获取更大的投资回报和竞争优势。

6.4.1　第三方物流发展的环境条件与动因

1. 企业竞争环境的变化

进入 20 世纪 90 年代以来，由于科学技术不断进步和经济的不断发展、全球信息网络和全球化市场形成及技术变革的加速，围绕新产品的市场竞争也日趋激烈。技术进步和需求多样化使得产品寿命周期不断缩短，企业面临着缩短交货期、提高产品质量、降低成本和改进服务的压力。所有这些都要求企业要对不断变化的市场做出快速反应，源源不断地开发出满足用户需求的、定制的“个性化产品”去占领市场以赢得竞争的主动权。每个企业都有机会去占领更大的市场（由于信息技术的发展，打破了时间和空间对经济活动的限制），但也有可能因竞争失利而被市场所淘汰，企业面对的将是日益激烈、甚至是残酷的市场竞争。

2. 企业关注核心竞争力的提升

核心竞争力可以定义为企业借以在市场竞争中取得并扩大优势的决定性的力量。企业要想在严峻的市场竞争环境下生存发展，必须提高资源配置的效率，以赢得竞争的优势，而要提高资源配置的效率，必须让企业的竞争优势来源于比竞争对手更低的成本、更快的速度。由于任何企业所拥有的资源都是有限的，它不可能在所有的业务领域都获得竞争优势，因而必须将有限的资源集中在核心业务上。

3. 企业自营物流存在的弊端

在生产力水平不高，企业以“纵向一体化”思维为主导时，企业对物流服务的需求是以自我提供的方式实现的，“自给自足”是企业早期物流活动的重要特征。

当企业面临的竞争环境日益残酷、多变时，企业以“横向一体化”思维认识到任何一个企业都不可能在所有业务上成为世界上最杰出的。只有在全球范围内与供应商和销售商建立最佳合作伙伴关系，才能共同增强竞争实力。封闭与垄断，独占与专利，单干与保守，竭力实现对他人的控制，被开放、资源信息的共享，协调、联合和共建所替代，当企业认为自己企业物流不是最好的，而且不是企业核心竞争优势时，对企业自营物流的认识也发生了变化。特别是当企业自营物流面临下列问题时，自然对企业物流采取“对外委托”方式，即将一部分或全部物流活动委托给外部的专业物流企业来完成。

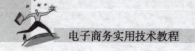

企业从事物流活动需要投入大量的资金用来建设物流设施、购买物流设备，这对于缺乏资金的企业，特别是中小企业来说是个沉重负担。企业自己从事物流活动，会因生产规模过小或生产的季节性等原因降低物流效率；大量的物流投资带有事实上的风险；企业的物流手段有限，无法承担诸如集装箱运输、铁路运输以及国际间运输等活动；无法满足物流系统的高度化需求等。

6.4.2 第三方物流（3PL）

1. 第三方物流（Third Party Logistics）的概念

第三方物流分为广义的第三方物流和狭义的第三方物流。

广义的第三方物流是借用了广义的“第三方”思想，以商品交易为参照来定义第三方物流的。这种定义的含义是商品买卖双方之外的第三方提供的物流服务就是第三方物流。按照这种理解，无论是买方承担的物流还是卖方承担的物流都不是第三方物流，除此之外的任何一方都是第三方物流。那么，在中国，那些为交易双方提供物流服务的仓储运输企业都是第三方物流企业。那些由进行交易的企业投资的物流企业由于在法律上与投资人是不同法人，其提供的物流服务也可以认为是第三方物流。因此，这种第三方物流的定义过于广泛。

这里讨论的是狭义的第三方物流，即第三方物流是以物流服务或者物流交易为参照来定义的。第三方物流可以理解为物流的实际需求方或称收货人（假定为第一方）和物流的实际供给方或称发货人（假定为第二方）之外的第三方部分，或全部利用第三方的资源通过合约向第一方提供的物流服务。基于这种理解，全部利用自身资源提供物流服务的物流不是第三方物流，也就是说，判断是否为第三方物流，或者说第三方物流的界定条件，就是分析物流企业在提供物流服务时是否利用了外部资源或者外包。

另一种理解是在对外委托的 3 种情况中：一是货主企业自己从事物流系统设计以及库存管理，物流信息管理等管理性工作，而将货物运输、保管等具体的物流作业活动委托给外部的物流企业；二是由物流企业将其开发设计的物流系统提供给货主企业并承担物流作业活动；第三种是由专业企业站在货主企业的角度，代替其从事物流系统的设计，并对系统运营承担责任。只有最后一种对外委托形态才是真正意义上的“第三方物流”，即由货主企业以外的专业企业代替其进行物流系统设计并对系统的运营承担责任。

我国《物流术语》国家标准将第三方物流定义为“由供方与需求以外的物流企业提供物流服务的业务模式。”第三方物流又称为“契约物流”或“代理物流”。

2. 第三方物流的益处

（1）集中主业

企业能够实现资源优化配置，将有限的人力、财务集中于核心业务，进行重点研究，发展基本技术，努力开发出新产品参与世界竞争。

（2）节省费用，减少资本积压

专业的第三方物流提供者利用规模生产的专业优势和成本优势，通过提高各环节能力的利用率节省费用，使企业能从分离费用结构中获益。根据对工业用车的调查结果，企业解散自有车队而代之以公共运输服务的主要原因就是为了减少固定费用，这不仅可以节省购买车辆的投资，还节省了车间仓库、发货设施、包装器械以及员工相关的开支。

（3）减少库存

企业不能承担原料和库存的无限拉长，尤其是高价值的部件要及时送往装配点以保证库存的最小量。第三方物流提供者借助精心策划的物流计划和适时运送手段，改善了企业的现金流量，实现成本优势。

（4）提升企业形象

第三方物流提供者与顾客，不是竞争对手，而是战略伙伴，他们为顾客着想，他们通过遍布全球的运送网络和服务提供者（分承包方）大大缩短了交货期，帮助顾客改进服务，树立自己的品牌形象。第三方物流提供者通过“量体裁衣”式的设计，制订出以顾客为导向、低成本高效率的物流方案，为企业在竞争中取胜创造了有利条件。

3. 物流外包业务的发展

物流业务外包的主要目的是通过物流业务外包来获得高水平的服务和实现高质量的物流运作，同时减少成本，避免在物流设施建设中投入大量资金。互联网和电子商务的出现为物流业务外包提供了更好的业务交流和沟通的手段。当企业利用网上商店作为新的销售渠道时，需要投入大量的人力、物力去管理，既要为客户提供“24×365”的服务，又要兼顾信息技术支持，当然还必不可少地设计后台物流的一系列服务。当面临如此纷繁复杂的问题时，企业考虑的更多的是应当依靠自身力量来提供这项服务还是应当借助外包力量来完成。

以上种种原因，极大地推动了第三方物流的向前发展，使第三方物流服务成为 21 世纪国际物流发展的主流。

6.4.3　国内外物流外包业务

1. 第三方物流在国外蓬勃发展

第三方物流在国外的物流市场上已占据了相当可观的分量。欧洲目前使用第三方物流服务的比例约为 76%，美国约为 58%，日本约为 80%；同时，欧洲有 24%、美国有 33%的非第三方物流服务用户已积极考虑使用第三方物流；欧洲 62%、美国 72%的第三方物流服务用户认为他们有可能在未来几年内再增加对第三方物流服务的需求。美国 IDC 公司进行的一项研究表明：全球物流业务外包将平均每年增长 17%。在美国，通过第三方物流进行业务的重组，物流成本从 1980 年占 GDP 的 17.2%下降到了 1997 年的 10.5%，再到 2004 年的 7.5%。实践证明，第三方物流服务的营运成本和效率，远远优于企业自营物流。它可以帮助企业精干主业，减少库存，降低成本，提高核心业务的竞争力。

2. 我国第三方物流发展现状

我国目前提供第三方物流服务的企业主要是一些原来的国有大型仓储运输企业和中外合资、独资企业等。它们的营业范围都在不同程度上涉及全国配送、国际物流、多式联运等服务，并在不同程度上进行了综合物流代理运作模式的探索与实践；另一方面，我国越来越多的企业也开始将物流业务外包出去。

经过这几年的发展，我国的 3PL 取得了长足的进步。物流企业的规模可以通过多种指标来衡量，最简单的就是通过物流企业的人员数目来比较。我国 3PL 企业平均员工数量由 2000 年的 248 人上升到 2008 年的 395 人，平均企业规模扩大了 147 人。对 3PL 的认可程度集中体现在 3PL 的使用比例上。将物流服务全部委托给 3PL 的工业企业比例由 2000 年的 16%上升到 2008 年的 37%，上升了 21 个百分比。我国 3PL 企业的数量正逐年增长。进入我国的著名外资 3PL 有 UPS、Fedex 等。第三方物流的需求相当可观，市场前景相当广阔。

本章小结

本章主要介绍了电子商务物流的概念、特点及技术；电子商务物流配送以及物流业务外包等知识。通过本章的学习，掌握电子商务物流的概念，掌握电子商务物流的技术，掌握电子商务物流配送以及掌握物流外包。

综合习题 6

一、填空题

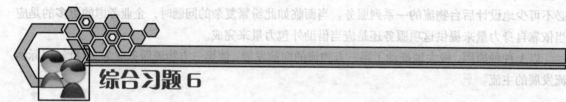

（1）电子商务中的任何一笔交易，都包含着几种基本的“流”，即信息流、______、______、______。

（2）物流配送的模式主要有______、______和______3 种类型。

（3）电子商务下的物流具备信息化、______、______、______和______5 个特点。

（4）GPS 的中文意思是______。

（5）地理信息系统的英文缩写是______。

二、选择题

（1）电子商务过程的终结是（　　）。

A. 物流　　B. 配送

C. 运输　　D. 搬运

（2）FedEx 公司参与电子商务的主要身份是（　　）。

A. 第三方物流企业　　B. 销售企业

C. 制造企业　　D. 网站经营者

（3）VAN 的中文含义是（　　）。

A. 互联网　　B. 增值网　　C. 内部网　　D. 外部网

（4）在生产物流装备的主要组成部分中属于生产物流的基本单元是（　　）。

A. 物流容器　　B. 叉车和拖车　　C. 连续运输设备　　D. 包装线

三、思考题

（1）电子商务下的物流具有什么特点？

（2）电子商务物流业的发展趋势是什么？

（3）电子物流的服务包含哪些内容？

（4）试述新型物流配送中心所具备的条件。

（5）物流业务外包的内容是什么？

（6）3PL 与 4PL 的区别是什么？

第7章 电子商务与供应链管理

学习目标

- 掌握供应链和供应链管理的概念。
- 掌握供应链管理的方法。
- 掌握电子商务的供应链管理。

案例导入

案例 7–1　本田公司与其供应商的合作伙伴关系

位于美国俄亥俄州的本田美国公司，强调与供应商之间的长期战略合作伙伴关系。本田公司总成本的大约 80%都是用在供应商的采购上，这在全球范围内都是最高的。因为它选择离制造厂近的供应源，所以与供应商能建立更加紧密的合作关系，能更好地保证供货。制造厂库存的平均周转周期不到 3 小时。1982 年，27 个美国供应商为本田美国公司提供价值 1 400 万美元的零部件，而到了 1990 年，有 175 个美国的供应商为它提供超过 22 亿美元的零部件。大多数供应商与它的总装厂距离不超过 150 里。在美国俄亥俄州生产的汽车的零部件本地率达到 90%，只有少数的零部件来自日本。强有力的本地化供应商的支持是本田公司成功的原因之一。

本田公司也在以下几个方面提供支持帮助，使供应商成为世界一流的供应商。

① 2 名员工协助供应商改善员工管理。

② 40 名工程师在采购部门协助供应商提高生产率和质量。

③ 质量控制部门配备 120 名工程师解决进厂产品和供应商的质量问题。

④ 在塑造技术、焊接、模铸等领域为供应商提供技术支持。

⑤ 成立特殊小组帮助供应商解决特定的难题。

⑥ 直接与供应商上层沟通，确保供应商的高质量。

⑦ 定期检查供应商的运作情况，包括财务和商业计划等。

⑧ 外派高层领导人到供应商所在地工作，以加深本田公司与供应商相互之间的了解及沟通。

案例分析

在美国俄亥俄州生产的汽车是本田公司在美国的销量最好、品牌忠诚度最高的汽车。事实上，它在美国生产的汽车已经部分返销日本。本田公司与供应商之间的合作关系无疑是它成功的关键因素之一。

案例思考题

（1）如何理解本案例中的供应链？

（2）你认为本田公司进行了怎样的供应链管理？

7.1 供应与供应链管理概述

电子商务环境下的供应链管理模式要求突破传统的采购、生产、分销和服务的范畴和障碍，把企业内部以及供应链节点企业之间的各种业务看作一个整体功能过程，通过有效协调供应链中的物流、信息流、资金流，将企业内部的供应链与企业外部的供应链有机地集成起来管理，形成集成化供应链管理体系，以适应新竞争环境下市场对企业生产管理提出的高质量、高柔性和低成本的要求。

7.1.1 供应链管理产生的背景

1. 横向一体化管理的需要

多少年来，企业出于管理和控制上的目的，对为其提供原材料、半成品或零部件的其他企业，一直采取投资自建、投资控股或兼并的“纵向一体化（Vertical Integration）”管理模式，因为这样可以加强核心企业对原材料供应、产品制造、分销和销售全过程的控制，增强竞争力。这种管理控制模式在过去相对稳定的计划经济市场环境下是有效的，但是在市场一体化趋势日益加强的今天，“纵向一体化”管理模式已逐渐显示出其不适应当今市场的种种弊端：无法快速响应市场机会、过重的投资负担、过长的建设周期、效率低下的管理机制等。这种情况下，充分利用企业外部资源来发展自身就成为必然，于是出现了“横向一体化（Horizontal Integration）”的思想。“供应链管理”就是一个典型的代表。

2. 企业实施电子商务的需要

现在的大部分电子商务企业所实现的还只是企业经营方式的部分改变，在保留并发展原有业务模式的基础上，通过建立企业的 Web 站点，扩大企业的宣传范围，通过互联网向用户推荐产品并提供咨询服务，建立电子表格的订单输入系统并接受用户的反馈。在企业内部则引入 ERP 处理流程，合理化分配并调度企业现有资源，制订采购、生产、制造、检验、供货、运输的计划，辅助财务、统计的管理、与企业的合作伙伴、原料供应商及销售商之间仍通过传统的电话、传真等方式联系。目前的这种应用模式，虽然在很大程度上提高了企业的市场竞争力和运作效率，但仍没有达到完整的电子商务企业的要求。

企业通过实施电子商务，B2B 作为未来的电子商务企业将不再局限于 Web 站点和 ERP 的运用，而是在企业同客户的接触方式上，企业内部的人员、生产、管理和统计分析以及企业与合作伙伴、供应商、服务商的关系处理上，全部采用电子化的方式，通过互联网来完成企业的大部分使命。客户可以通过网络直接与企业接触，了解企业的产品和市场信息，并通过交互式访问来选择自己需要的产品和服务。在企业内部，则不仅实现 ERP 的自动生产管理计划，而且充分应用了内部职工的自助服务程序。在企业外部，与企业的合作伙伴、供应商、服务商也通过电子化渠道建立了更好的联系方式，及时沟通信息、降低成本、互助发展。这样，通过实施供应链管理，一个真正的、完整的电子商务企业才可以成功地建立起来。

7.1.2 供应链与供应链管理

1. 供应链的定义

供应链（Supply Chain）是用过程观对企业活动的一种描述，即企业从最初获取原材料到转换成最终产品、直至交付给最终用户的整个生产、销售过程是由若干“供”—“需”环节作有序链接的。供应链包括了在企业内、外制造产品和提供用户服务的增值链中的全部功能。

内部供应链指企业内部产品生产和流通过程中所涉及的采购部门、生产部门、仓储部门、销售部门等组成的供需网络。外部供应链指企业外部的，与企业相关的产品生产和流通过程中涉及的原材料供应商、生产厂商、储运商、零售商以及最终消费者组成的供需网络。因此，供应链涉及两个以上通过物流、信息流和资金流关联在一起的法律上独立的组织。由于目前的企业往往是多产品的，供应链实际上是以自身企业为核心的全部增值过程的网络。

美国供应链协会对供应链的概念解释：供应链囊括了涉及生产与交付最终产品和服务的一切努力，从供应商的供应商到客户的客户。供应链管理包括管理供应与需求，原材料、备品备件的采购、制造与装配，仓储及库存查询，订单的录入与管理，渠道分销及最终交付用户。

简言之，“供应链”是指围绕核心企业，通过对信息流、物流、资金流的一体化控制，从采购原材料开始，到制成中间产品以及最终产品，最后由销售网络把产品送到消费者手中，最终将供应商、制造商、分销商、零售商，直到最终用户连成一个整体的功能网链结构模式。供应链的结构如图 7-1 所示。

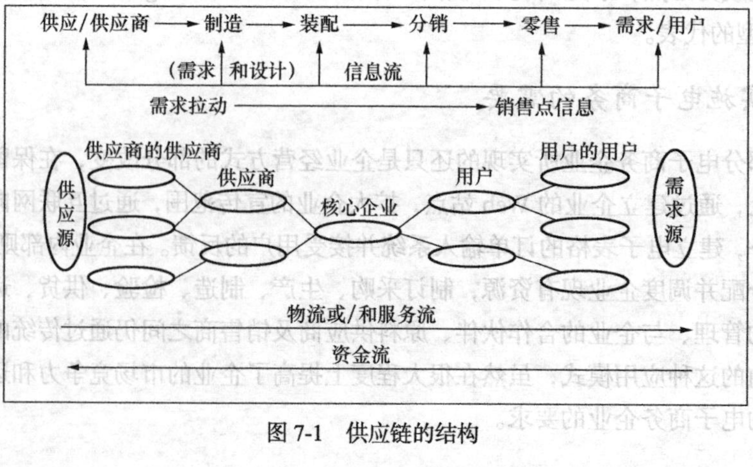

图 7-1 供应链的结构

供应链的概念可以从 4 个方面来理解。

① 供应链是一种网状结构，核心企业，供应商，制造商，分销商，零售商和最终用户是相互连接的节点。

② 供应链是一个动态系统，客户需求和供应商的生产能力会随时间变化，而且供应商之间的关系也会随时间而发生演变。

③ 供应链上流动的是信息流、资金流和物流。其中，最重要的是对物流的控制。

④ 供应链并不是诸多节点的简单叠加，而是各单元的有效集成。从最初的物料到最后的产品，直至资金收益，这是一个增值的过程。

2. 供应链的基本结构模型

美国供应链委员会（Supply Chain Council）提出了供应链运行的参考模型（Supply Chain Operations Reference-model，SCOR）。它包括 4 个基本的供应链过程（Basic Supply Chain Processes）：计划（Plan）、资源（Source）、制造（Make）、配送（Deliver）。

（1）分类模型

我们站在核心企业的角度，以物流为线索来分析供应链的简单分类模型。

① 链状模型，如图 7-2 所示。这是一种比较简单的直线式拓扑结构。物流沿箭头方向流动，信息流和资金流沿箭头逆向流动。通常状态下，它们都呈单链状。

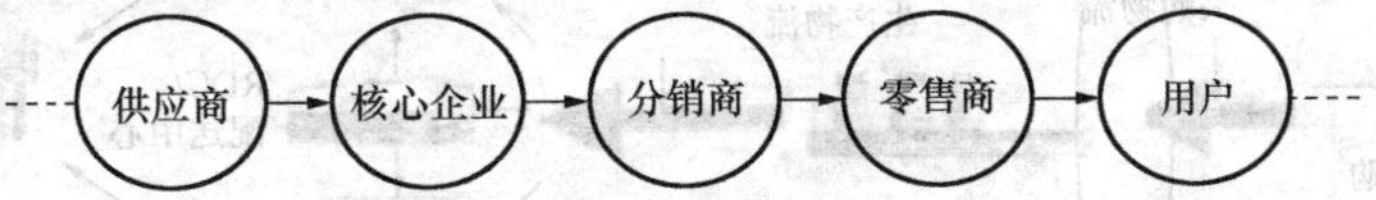

图 7-2　供应链链状模型

② 网链状模型，如图 7-3 所示。这种情况比链状模型复杂一些。物流、信息流和资金流呈多源单链状，具备了链状和网状的一些特点。

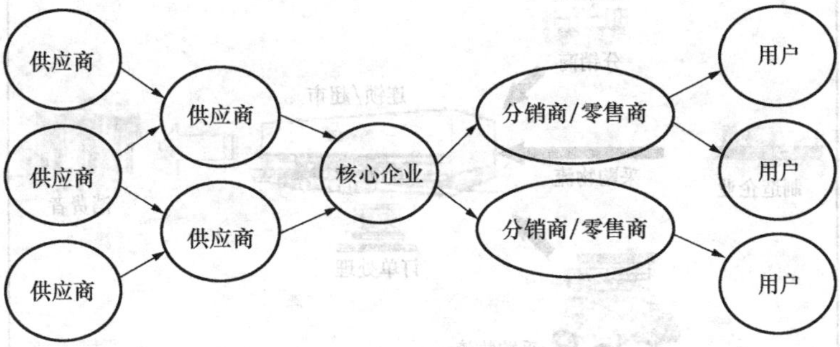

图 7-3　供应链网链状模型

③ 网状模型，如图 7-4 所示。以核心企业为中心来看，核心企业与供应商、核心企业与分销商之间均呈一对多的关系。诸多核心企业、供应商、分销商组合起来，关系交叉，构成了网状拓扑，这更能说明现实世界的复杂情况。

（2）按规模和范围分类

供应链按规模和范围可以分为企业内部供应链、产业供应链或动态联盟供应链、全球网络供应链。

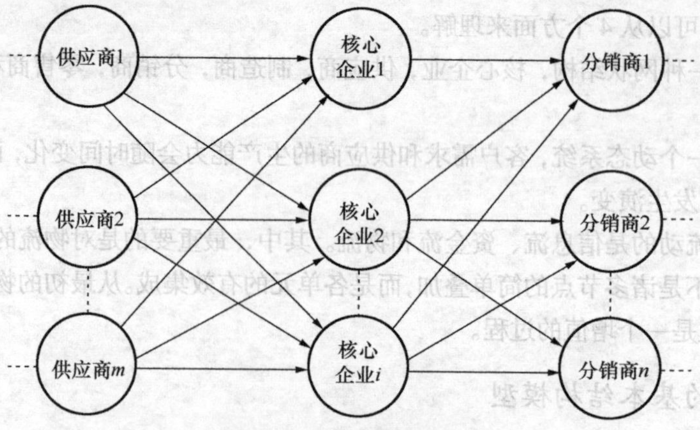

图 7-4　供应链网状模型

（3）按企业环节分类

供应链按企业环节可以分为以下 3 种模式：以制造企业为主导的供应链，如图 7-5 所示；以零售企业（连锁超市）为主导的供应链，如图 7-6 所示；以 3PL（集成物流供应商）为主导的物流服务供应链，如图 7-7 所示。

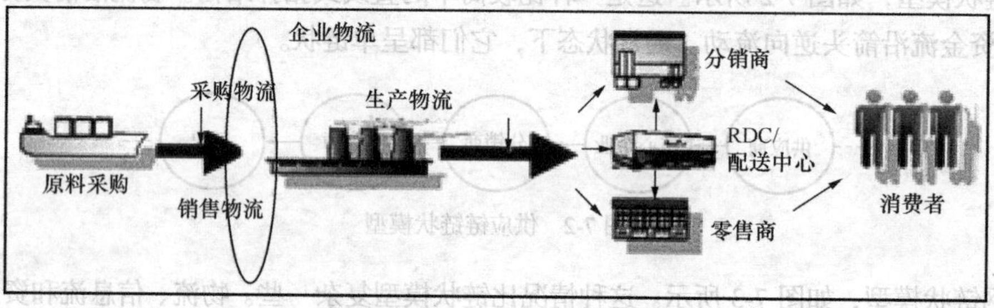

图 7-5　以制造企业为主导的供应链模式

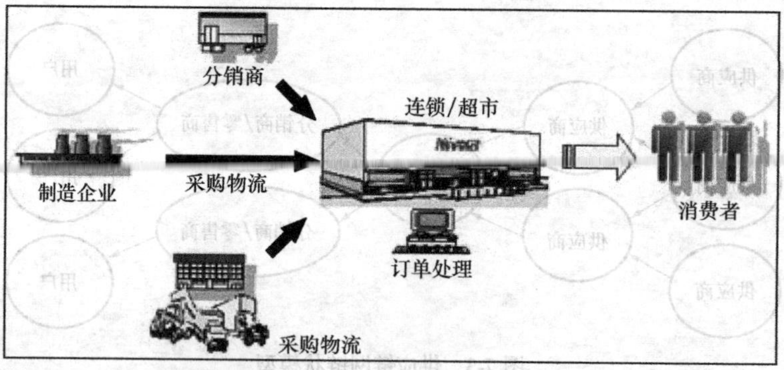

图 7-6　以零售企业（连锁超市）为主导的供应链模式

3. 供应链管理的概念

在传统的管理模式当中，企业出于对制造资源的占有要求和对生产过程直接控制的需要，常采用的策略是或扩大自身规模，或参股到供应商企业，将其为提供原材料、半成品或零部件的企业成为自身企业的一种所属关系，以改变资源占有的格局，即“纵向一体化”管理模式。在 20 世纪 40 年代至 20 世纪 60 年代，企业处于相对稳定的市场环境中，这时的“纵向一体化”模式是有效的。

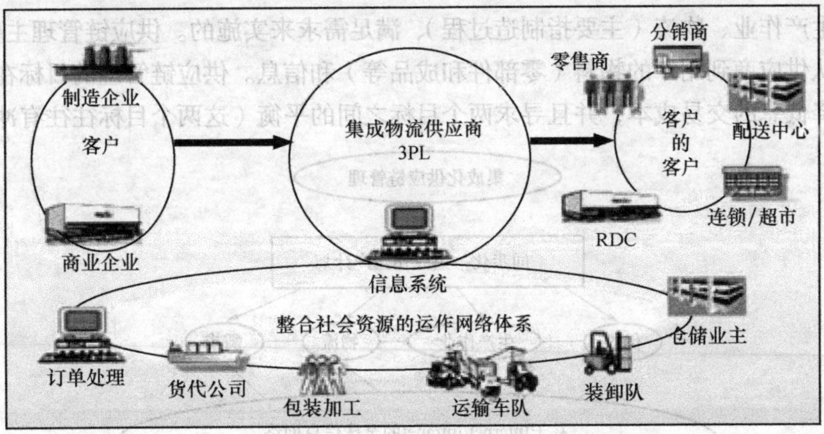

图 7-7　以 3PL（集成物流供应商）为主导的物流服务供应链模式

但是在 20 世纪 90 年代科技迅速发展、世界竞争日益激烈、顾客需求不断变化的形势下，“纵向一体化”模式则暴露出种种缺陷。从 20 世纪 80 年代后期开始，国际上越来越多的企业放弃了这种经营模式，随之是“横向一体化”思想的兴起，即利用企业外部资源快速响应市场需求，本企业只抓最核心的东西：产品方向和市场。至于生产，只抓关键零部件的制造，甚至全部委托其他企业加工。例如，福特汽车公司的 Festiva 车就是由美国人设计，由日本的马自达生产发动机，由韩国的制造厂生产其他零件和装配，最后再在美国市场上销售。

“横向一体化”形成了一条从供应商到制造商再到分销商的贯穿所有企业的“链”。由于相邻节点企业表现出一种需求与供应的关系，当把所有相邻企业依次连接起来，便形成了供应链（Supply Chain）。这条链上的节点企业必须达到同步、协调运行，才有可能使链上所有企业都能受益。于是便产生了供应链管理（Supply Chain Management，SCM）这一新的经营与运作模式。

管理学家伊文斯（Evens）认为：“供应链管理是通过前馈的信息流和反馈的物料流及信息流，将供应商、制造商、分销商、零售商，直到最终用户连成一个整体的管理模式”。简言之，供应链管理就是供应链组织的一体化，是由生产直至配送过程的一体化。

菲利浦（Phillip）认为：“供应链管理不是供应商管理的别称，而是一种新的管理策略，它把不同企业集成起来以增加整个供应链的效率，注重企业之间的合作”。

过去，供应链管理的重点在管理库存，通过库存调节生产能力，满足客户不断变化的需求。现在的供应链管理则注重于供应链效率的提高和经营成本的降低。供应链上的各个企业则是不可分割的整体，各节点企业根据核心竞争力进行职能分工，分别负责采购、生产、分销和销售的不同流程。

4. 供应链管理的主要领域

面对供应链这么一个复杂的系统，要想取得良好的绩效，就必须找到有效的协调管理方法，供应链管理思想就是在这种环境下提出的。供应链管理是一种集成的管理思想和方法，它执行供应链中从供应商到最终用户的物流的计划和控制等职能。供应链管理主要涉及供应（Supply）、生产计划（Schedule Plan）、物流（Logistics）和需求（Demand）4 个领域。如图 7-8 所示，供应链管理是以同步化、集成化生产计划为指导，以各种技术为支持，尤其以 Internet/Intranet 为依托，围绕供应、生产作业、物流（主要指制造过程）、满足需求来实施的。供应链管理主要包括计划、合作、控制从供应商到用户的物料（零部件和成品等）和信息。供应链管理的目标在于提高用户服务水平和降低总的交易成本，并且寻求两个目标之间的平衡（这两个目标往往有冲突）。

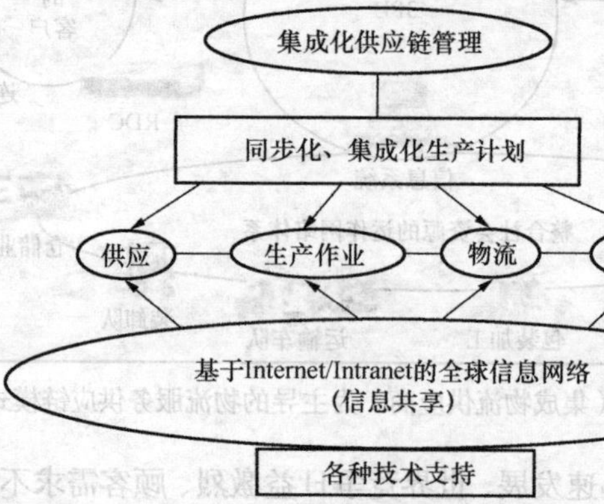

图 7-8　供应链管理设计的领域

在以上 4 个领域的基础上，我们可以将供应链管理细分为职能领域和辅助领域。职能领域主要包括产品工程、产品技术保证、采购、生产控制、库存控制、仓储管理、分销管理；而辅助领域主要包括客户服务、制造、设计工程、会计核算、人力资源、市场营销等。

由此可见，供应链管理关心的并不仅仅是物料实体在供应链中的流动，供应链管理注重总的物流成本（从原材料到最终产成品的费用）与用户服务水平之间的关系，为此要把供应链各个职能部门有机地结合在一起，从而最大限度地发挥出供应链整体的力量，达到供应链企业群体获益的目的。

5. 供应链管理的目标与措施

供应链管理是提升整条供应链的竞争能力及快速响应用户的能力，而不是进行供应链系统内的无序的竞争。

（1）供应链管理的目标

① 持续不断地提高企业在市场上的领先地位。

② 不断对供应链中的资源及各种活动进行集成。

③ 根据市场需求的扩大，不断地满足顾客价值。

④ 根据市场的不断变化，缩短从产品的生产到消费者手中的时间。

⑤ 根据市场的不确定性，缩短供应与需求的距离。

⑥ 根据物流在整个供应链中的重要性，企业要消除各种损耗，从而降低整个物流成本和物流费用，使物、货在供应链中的库存下降。

⑦ 提高整个供应链中所有活动的运作效率，降低供应链的总成本。

（2）企业从供应链的角度应采取的措施

① 企业内部应进行作业流程的优化，以效率为导向实施组织的变革与流程再造（BPR），改变过去传统的科层制组织架构，进一步降低本公司内部部门与部门之间的沟通成本，做到流程最优化，沟通成本最小化。

② 公司物资作系统性分类，按照战略性物资、瓶颈性物资、重要性物资、一般性物资，重新

核定供应商价值，对战略性物资供应商、瓶颈性物资供应商应以合作与双赢为导向充分照顾供需双方的核心利益；对重要型物资供应商及一般性物资供应商应严格贯彻成本控制导向。

③ 在整个供应链系统内，与核心供应商做到最大程度的信息共享与平行开发机制，避免长期以来与供应商之间的信息不对称现象，降低后续的监督成本，改事后弥补为事前控制。

7.2 供应链管理方法

7.2.1 供应链管理方法概述

供应链管理是在供应链基础上发展起来的一种系统化、集成化、敏捷化的先进管理模式，是对供应链中的物流、信息流、资金流、增值流、业务流以及贸易伙伴关系等进行计划、组织、协调和控制一体化的管理过程。目前，供应链管理已成为国内外商业领域最核心的问题之一。

1. 供应链管理的新特性

供应链管理实行的是一种集成的管理思想和方法，它执行供应链中从供应商到最终用户的物流计划、组织、协调和控制一体化等职能的管理过程。实行供应链管理可以使供应链中的各成员企业之间的业务关系得到强化，变过去企业与外部组织之间的相互独立关系为紧密合作关系，形成新的命运共同体。供应链管理可以显著提高物流的效率，降低物流成本，大幅度提高企业的劳动生产率。

（1）供应链管理与传统的企业间关系管理的明显区别

① 整体性。供应链管理把供应链上诸节点看作一个整体，涵盖了整个生产经营的职能过程，克服了以往较为松散无序的弱连接。各节点企业的资源和能力集成化，产生“1 + 1>2”的效果。

② 仓储与物流战略地位。抓住了成本积压的关键：有形物质的不合理配置，用信息存储代替物料存储。

③ 信息流上行，生产按需组织。企业组织结构扁平化，贴近市场，通过市场终端收集的信息直接反馈到决策和设计生产部门，按需求快速组织资源生产，从而实现大批量下的个性化生产。

④ 目标明确。供应链管理的目标是降低总成本，提高服务水平，克服短期的市场行为。

（2）供应链管理与传统管理模式的区别

传统的供应与物流管理存在库存太大、反应太慢、处理需求单一等缺陷，供应链管理与传统管理模式的区别主要体现在以下几个方面。

① 供应链管理把供应链中所有节点企业看作一个整体，涵盖采购、制造、分销、零售等职能领域过程。

② 供应链管理强调和依赖于战略管理。

③ 供应链管理最关键的是需要采用集成的思想和方法。

④ 供应链管理具有更高的目标，通过管理库存和合作关系去达到高水平的服务，而不是仅仅完成一定的市场目标。

2. 供应链管理的内容和实现技术

一个企业的管理无非集中于商流（买卖的流通）、物资流（物资实物的流通）、信息流（信息、知识的流通）、资金流（货币的流通）4 个方面（或 4 个流程）。企业供应链管理即是运用供应链管理的指导思想对上述 4 流所进行的规划、组织和控制活动，即对生产过程中的物流、管理过程中的信息流以及决策协调过程中的商流、资金流进行控制和协调。

供应链管理主要涉及供应、生产计划、物流、需求，跨越了战略层、战术层和作业层的许多活动。它不仅仅是共享库存信息和通过电子数据交换传递信息，供应链管理支持将各个企业的市场营销、产品设计、生产物流计划和在各个企业中存在的其他活动集成起来，形成一个密切联系且增值的供应链，其目的是对快速变化的全球市场做出反应。因而供应链管理的主要内容可以归纳为以下几点。

① 供应链网络结构设计（即供应链物理布局的设计），具体包括链伙伴选择、物流系统设计。

② 集成化供应链管理流程设计与重组。

各节点企业内部集成化供应链管理流程设计与重组，主要包括 3 大核心作业流程的设计与重组：客户需求管理流程，如市场需求预测、营销计划管理、客户关系管理；客户订单完成管理流程，如生产计划、生产作业管理、新品研发计划管理、物料采购计划、品质管理、运输与配送计划、作业管理、资金管理；客户服务管理流程，如产品售前、售中、售后管理；客户退货管理。

外部集成化供应链管理流程设计与重组：供应链核心主导企业的客户订单完成管理流程与其原材料供应商、产成品销售商、物流服务提供商（物流外包商）等合作伙伴管理流程之间的无缝对接。

供应链交互信息管理：市场需求预测信息、库存信息、销售信息、新品研发信息、销售计划与生产计划信息等的交互共享，供应链各节点企业间的协同预测、计划与补给的库存管理技术等。

③ 供应链管理机制的建设：合作协商机制、信用机制、绩效评价与利益分配机制、激励与约束机制、监督预警与风险防范机制等。

表 7-1 所示为供应链管理的主要内容和常见的主要实现技术。

表 7–1 供应链管理的主要内容和实现技术

供应链网络结构设计	集成化供应链管理流程设计与重组		供应链管理机制建设
	内部集成化流程设计与重组	外部集成化流程设计业重组以及供应链交互信息管理	
供应链伙伴选择： 合作对策与委托代理理论 各种决策评价方法： DEA 法、模糊综合评价法、作业成本分析法（ABC 分析法）等 物理系统设计：网络结果决策支持系统 仿真模型与最优化技术 启发式算法	BPR（业务流程再造）理论 SCOR（供应链参考运作模型） TOC 管理（瓶颈管理、约束管理）理论 JIT、精益制造、零库存管理理论 MRP Ⅱ、ERP、DRP 管理信息系统 CAD、CAP、CIM 信息系统	SCOR（供应链参考运作模型） BPR（业务流程再造）理论 TOC 管理（瓶颈管理、约束管理）理论 CRM、SRM、SCM 管理信息系统 QR（快速响应）、ECR（有效顾客反应）技术 EDI（电子数据交换）技术 VMI（供应管理库存）技术 JMI（联合库存管理）技术 CPFR（协同规划、预测与补给）技术敏捷制造技术	合作信用机制 协商机制 绩效评价与利益分配机制 激励与约束机制 监督与预警机制 风险防范机制

7.2.2 供应链管理的主要方法

1. 快速反应（QR）

（1）快速反应产生的背景

20 世纪 60 年代和 20 世纪 70 年代，美国的杂货行业面临着国外进口商品的激烈竞争。20 世纪 80 年代早期，美国国产的鞋、玩具以及家用电器的市场占有率下降到 20%，而国外进口的服装占据了美国市场的 40%。面对与国外商品的激烈竞争，纺织与服装行业在 20 世纪 70 年代和 20 世纪 80 年代采取的主要策略是在寻找法律保护的同时，加大现代化设备的投资。尽管上述措施取得了巨大的成功，但服装行业进口商品的渗透却在继续增加。一些行业的先驱认识到，保护主义措施无法保护美国服装制造业的领先地位，必须寻找其他方法。

1984 年，美国服装、纺织以及化纤行业的先驱们成立了一个用国货为荣委员会。该委员会的任务是为购买美国生产的纺织品和服装的消费者提供更大的利益。1985 年，该委员会开始做广告，提高了美国消费者对本国生产服装的信誉度。该委员会也拿出一部分经费，研究如何长期保持美国的纺织品与服装行业的竞争力。1985～1986 年，Kurt Salmon 协会进行了供应链分析。结果发现，尽管系统的各个部分具有高运作效率，但整个系统的效率却十分低。于是，纤维、纺织、服装以及零售业开始寻找那些在供应链上导致高成本的原因。结果发现，供应链的长度是影响其高效运作的主要因素。例如：整个服装业供应链，从原材料到消费者购买，时间为 66 周，其中 11 周在制造车间，40 周在仓库或转运，15 周在商店。整个服装业供应链系统的总损失每年可达 25 亿美元，其中 2/3 的损失来自于零售商或制造商对服装的降价处理以及在零售时的缺货。消费者离开商店而不购买的主要原因是找不到合适的尺寸和颜色的商品。

这项研究导致了快速反应策略的应用和发展。快速反应是零售商及其供应商密切合作的策略，零售商和供应商通过共享 POS 系统信息联合预测未来需求，发现新产品营销机会等，对消费者的需求做出快速的反应。在补货中应用 QR 可以将交货前置时间降低 75%。

（2）快速反应的定义

快速反应（Quick Response，QR）是美国纺织服装业发展起来的一种供应链管理方法。它是美国零售商、服装制造商以及纺织品供应商开发的整体业务概念。目的是减少从原材料到销售点的时间和整个供应链上的库存，最大限度地提高供应链管理的运作效率。

QR 要求零售商和供应商一起工作，通过共享 POS 信息来预测商品的未来补货需求，不断地预测未来发展趋势以探索新产品的机会，以便对消费者的需求能更快地做出反应。在运作方面，双方利用 EDI 来加速信息流，并通过共同组织活动来使得前置时间和费用最小。

QR 的着重点是对消费者需求做出快速反应。QR 的具体策略有待上架商品准备服务、自动物料搬运等。实施 QR 可分为 3 个阶段。

第一阶段：对所有的商品单元条形码化，即对商品消费单元用 EAN/UPC 条形码标识，对商品贸易单元用 ITF-14 条形码标识，而对物流单元则用 UCC/EAN-128 条形码标识。利用 EDI 传输订购单报文和发票报文。

第二阶段：在对第一阶段的基础上增加与内部业务处理有关的策略。如自动补库与商品即时出售等，并采用 EDI 传输更多的报文，如发货通知报文、收货通知报文等。

第三阶段：与贸易伙伴密切合作，采用更高级的 QR 策略，以对客户的需求做出快速反应。一般来说，企业内部业务的优化相对来说较为容易，但在贸易伙伴间进行合作时，往往会遇到诸多障碍。在 QR 实施的第三阶段，每个企业必须把自己当成集成供应链系统的一个组成部分，以保证整个供应链的整体效益。例如，Varity Fair 与 Federated Stores，是北美地区的先导零售商，在与他们的贸易伙伴采用联合补库系统后，他们的采购人员和财务经理就可以省出更多的时间来进行选货、订货和评估新产品。

（3）实施 QR 的成功条件

① 改变传统的经营方式、经营意识和组织结构。

② 开发和应用现代信息处理技术。

③ 与供应链各方建立战略伙伴关系。

④ 改变传统的对企业商业信息保密的做法。

⑤ 缩短生产周期和降低商品库存。

2. 有效客户反应（ECR）

（1）有效客户反应产生的背景

20 世纪 60 年代和 20 世纪 70 年代，美国日用杂货业的竞争主要是在生产厂商之间展开。竞争的重心是品牌、商品、经销渠道和大量的广告和促销，在零售商和生产厂家的交易关系中生产厂家占据支配地位。进入 20 世纪 80 年代，特别是到了 20 世纪 90 年代以后，在零售商和生产厂家的交易关系中，零售商占据主导地位，竞争的重心转向流通中心、自有品牌、供应链效率和 POS 系统。同时在供应链内部，零售商和生产厂家之间为取得供应链主导权的控制，为商家品牌和厂家品牌占据零售店铺货架空间的份额展开着激烈的竞争，这种竞争使得在供应链的各个环节间的成本不断转移，导致供应链整体的成本上升，而且容易牺牲力量较弱一方的利益。

从零售商角度来看，随着新的零售业态如仓储商店、折扣店的大量涌现，使得他们能以相当低的价格销售商品，从而使日用杂货业的竞争更趋激烈。从生产厂家角度来看，由于日用杂货商品的技术含量不高，大量无实质性差别的新商品被投入市场，使生产厂家之间的竞争趋同化。生产厂家为了获得销售渠道，通常采用直接或间接的降价方式作为向零售商促销的主要手段，这种方式往往会大量牺牲厂家自身的利益。所以，如果生产商能与供应链中的零售商结成更为紧密的联盟，将不仅有利于零售业的发展，同时也符合生产厂家自身的利益。从消费者角度来看，过度竞争往往会使企业在竞争时忽视消费者的需求。

在上述背景下，美国食品市场营销协会联合多家企业与流通咨询企业一起组成研究小组，对食品业的供应链进行调查、总结和分析，于 1993 年 1 月提出了改进该行业供应链管理的详细报告。在该报告中系统地提出有效客户反应的概念体系。

（2）有效客户反应的定义

有效客户反应 （Efficient Consumer Response，ECR），是在食品杂货分销系统中，分销商和供应商为消除系统中不必要的成本和费用，给客户带来更大效益而进行密切合作的一种供应链管理方法。

ECR 的最终目标是建立一个具有高效反应能力和以客户需求为基础的系统，是零售商及供应商以业务伙伴方式合作，提高整个食品杂货业供应链的效率，而不是单个环节的效率，从而大大降低整个系统的成本、库存和物资储备，同时为客户提供更好的服务。

（3）实施 ECR 的要素

实施 ECR 包括高效产品引进、高效商店品种、高效促销以及高效补货 4 大要素。

① 高效产品引进。通过采集和分享供应链伙伴间时效性强的更加准确的购买数据，提高新产品销售的成功率。

② 高效商店品种。通过有效的利用店铺的空间和店内布局，来最大限度地提高商品的获利能力。

③ 高效促销。通过简化分销商和供应商的贸易关系，使贸易和促销的系统效率最高，如消费者公告（优惠券、货架上标明促销）。

④ 高效补货。从生产线到收款台，通过 EDI、以需求为导向的自动连续补货和计算机辅助订货等技术手段，使补货系统的时间和成本最优化，从而降低商品的售价。

（4）ECR 的实施方法

要实施有效客户反应，首先应联合整个供应链所涉及的供应商、分销商以及零售商，改善供应链中的业务流程，使其最合理有效；然后，再以较低的成本，使这些业务流程自动化，以进一步降低供应链的成本和时间。具体地说，实施 ECR 需要将条形码、扫描技术、POS 系统和 EDI 集成起来，在供应链之间建立一个无纸系统，以确保产品能不间断地由供应商流向最终客户。同时，信息流能够在开放的供应链中循环流动。这样，才能满足客户对产品和信息的需求，即给客户提供最优质的产品和适时准确的信息。

3. 电子订货系统（EOS）

（1）电子订货系统的定义

电子订货系统（Electronic Ordering System，EOS），是指将批发、零售商场所发生的订货数据输入计算机，通过计算机通信网络连接的方式将资料传送至总公司、批发业、商品供货商或制造商处。因此，EOS 能处理从新商品资料的说明直到会计结算等所有商品交易过程中的作业，可以说 EOS 涵盖了整个商流。EOS 内涵了许多先进的管理手段，因此在国际上使用非常广泛，并且越来越受到商业界的青睐。EOS 系统不是单个的零售店与批发商组成的系统，而是许多零售店和批发商组成的大系统的整体运作方式。

（2）EOS 工作步骤

① EOS 系统基本上是在零售店的终端利用条形码阅读器获取准备采购的商品条形码，并在终端上输入订货材料。

② 利用电话线通过调制解调器传到批发商的计算机中。

③ 批发商开出提货传票，并根据传票，同时开出拣货车，实施拣货，然后依据送货传票进行商品发货。

④ 送货传票上的资料便成为零售商的应付账款资料及批发商的应收账款资料，并输到应收账款的系统中去。

⑤ 零售商对送到的货物进行检验后，便可以陈列与销售了。

4. 企业资源计划（ERP）

（1）企业资源计划（ERP）产生的背景

ERP 起源于 20 世纪 60 年代库存控制系统，加入主生产计划模块后于 20 世纪 70 年代形成物料需求计划（MRP），20 世纪 80 年代加入生产和分销等模块出现了制造资源规划（MRPⅡ），其后 MRPⅡ又逐渐渗透到财务、人力资源和项目管理等领域，出现了企业资源计划。ERP 正式命名是在 1990 年，由美国著名的计算机技术咨询和评估集团 Gartner Group InC. 提出。

（2）企业资源计划（ERP）的定义

企业资源计划（Enterprise Resource Planning，ERP），是指建立在信息技术基础上，以系统化的管理思想，为企业决策层和员工提供决策运行手段的管理平台。ERP 系统集信息技术与先进的管理思想于一身，成为现代企业的运行模式，反映时代对企业合理调配资源，最大化地创造社会财富的要求，成为企业在信息时代生存、发展的基石。它是整合了企业管理理念、业务流程、基础数据、人力物力、计算机硬件和软件于一体的企业资源管理系统。ERP 贯穿于企业供应链和价值链中，涵盖了企业运营的各个层面，并不断发展和完善。

供应链管理的出现促进了 ERP 的发展。ERP 涵盖供应链上的各个环节包括：订单、采购、库存、计划、制造、质量控制、运输、分销、服务、维护、财务、人事等。ERP 结构如图 7-9 所示。

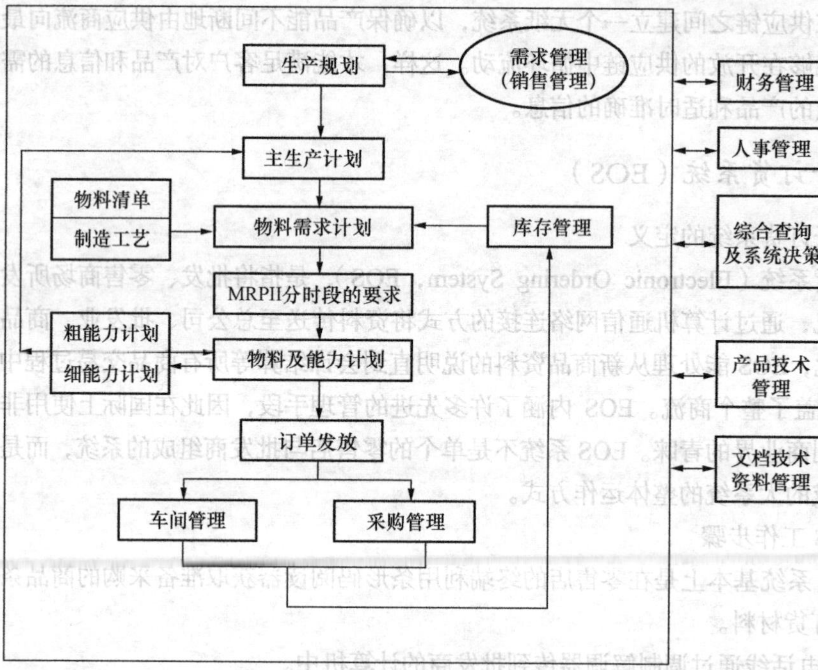

图 7-9　ERP 结构图

ERP 的核心管理思想就是实现对整个供应链的有效管理，主要体现在以下 3 方面：①体现对整个供应链资源进行管理的思想；②体现精益生产、同步工程和敏捷制造的思想；③体现事先计划与事中控制的思想。

ERP 系统的特点之一是改变了原有的企业内部信息孤岛状况，实现了企业运作和信息的集成与优化，如图 7-10 所示。

对管理层而言，有效的 ERP 系统可以提供大量的数据和信息，从而避免决策的主观性和盲目性，如图 7-11 所示。

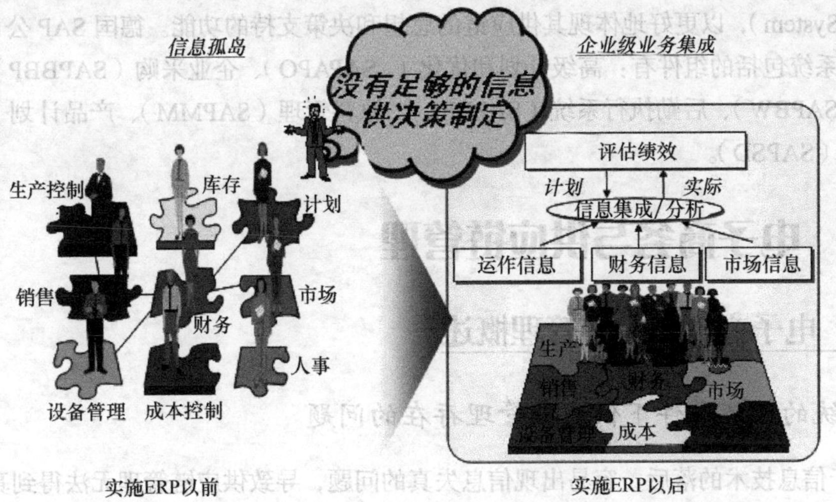

图 7-10　实施 ERP 前后信息孤岛状况

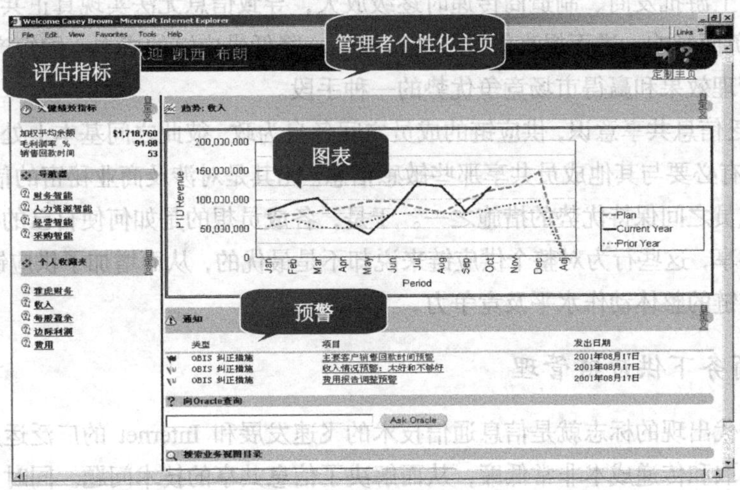

图 7-11　管理者个性化主页

5. 供应链应用软件

供应链管理，就是利用管理的计划、组织、指挥、协调、控制和激励职能，对产品生产和流通过程中各个环节所涉及的物流、信息流、资金流、价值流以及业务流进行合理调控。使供应链上的各个主体形成极具竞争力的战略联盟，并使供应链运行的总成本最小或收益最大。

供应链管理软件是按照过程观进行供应链组织间的计划、安排进度表和供应链计划的执行与控制，着重于整个供应链和供应网络的优化以及贯穿于整个供应链计划的实现。好的 SCM 软件供应商提供的套件包括从订单输入到产品交付等并行于制造业务流程的全部业务过程，其中包括预测、供应链和生产计划、需求和分销管理、运输计划以及各种形式的业务职能。

一般 SCM 软件都由需求计划、生产计划和排序、分销计划、运输计划、企业或供应链分析 5 个主要的模块组成。国际著名的 ERP 公司，如 i2、Oracle、SAP、Baan 等，都提供了供应链的专业化解决方案。在 Oracle 公司，其供应链的解决方案中还加入了先进的商业智能化系统（Business

Intelligence System），以更好地体现其供应链的思想和决策支持的功能。德国 SAP 公司的 mySAP 供应链管理系统包括的组件有：高级计划和优化（ SAPAPO）、企业采购（SAPBBP）、商贸信息数据仓库（SAPBW）、后勤执行系统（SAPLES）、原料管理（SAPMM）、产品计划（SAPPP）、销售和配送（SAPSD）。

7.3 电子商务与供应链管理

7.3.1 电子商务供应链管理概述

1. 传统的经济条件下供应链管理存在的问题

① 由于信息技术的落后，容易出现信息失真的问题，导致供应链管理无法得到真正的实施，从而产生所谓的“牛鞭效应”，即消费者对某产品的实际需求与预测需求量之间存在一定的偏差，并通过订货量向上游批发商、制造商传递时逐级放大，导致信息无法实现真正共享。因此，弱化“牛鞭效应”的负面影响，进而提高供应链的敏捷性、降低供应链的成本、缩短产品的供货时间，是提高供应链管理效果和赢得市场竞争优势的一种手段。

② 由于缺乏信息共享意识，供应链的成员之间各自为政，彼此之间基本上处于一种利益冲突的关系，认为没有必要与其他成员共享那些敏感信息。尤其是对涉及商业秘密的信息一般不外泄，并以此作为各成员之间保持优势的措施之一。于是，各成员想的是如何使自己的行为最优化，但由于信息不能共享，这些行为对整个供应链来说却不是最优的，从而增加了供应链的“内耗”，极大地影响了供应链的整体动作水平及竞争力。

2. 电子商务下供应链管理

电子商务时代出现的标志就是信息通信技术的飞速发展和 Internet 的广泛运用。先进的信息技术使得信息获取和传递成本非常低廉，从而解决了信息共享的技术问题。同时，为提高整个供应链的竞争优势，企业在供应链的范围内也将增加信息共享的意识。电子商务客观上要求对物流实施供应链管理，而电子商务也为实施物流的供应链管理提供了条件。

从通信的角度看，通过先进的电子商务技术（如 XML、OBI 等）和网络平台，可以灵活地建立起多种组织间的电子连接，如组织间的系统（Inter-Organization Systems，IOS）、企业网站、企业外部网、电子化市场（Electronic Market）等，从而改善商务伙伴间的通信方式，将供应链上企业的各个业务环节连接在一起，使业务和信息实现集成和共享，使一些先进的供应链管理方法变得切实可行。

3. 电子商务与供应链管理的关系

供应链管理主要由信息流管理、资金流管理和物流管理 3 部分组成。而电子商务的出现和广泛使用可以在很大程度上改善供应链管理中信息流和资金流管理两部分，使信息和资金都能迅速、准确地在供应链各节点之间传递。

电子商务环境下的供应链管理是利用以 Internet 为核心的信息技术进行商务活动和企业资源管理的方式。它的核心是高效率地管理企业的所有信息，帮助企业创建一个畅通于客户的信息流。

并通过高效率的管理、增值和就用，帮助企业准确地定位市场、拓展市场、提供个性化的服务，不断提高客户的忠诚度。

电子商务为供应链管理开辟了一个崭新的世界，全面采用电脑和网络支持企业及其客户之间的交易活动，包括产品销售、服务、支付等；电子商务帮助企业拓展市场，拉近企业与客户之间的距离；电子商务促进企业合作，建立企业与客户之间的业务流程的无缝集成。最终达到生产、采购、库存、销售以及财务和人力资源管理的全面集成，令物流、信息流、资金流发挥最大效果，把理想的供应链运作变为现实。

电子商务环境下的供应链管理模式要求突破传统的采购、生产、分销和服务的范畴和障碍，把企业内部以及供应链节点企业之间的各种业务看作一个整体功能过程，通过有效协调供应链中的信息流、物流、资金流，将企业内部的供应链与企业外部的供应链有机地集成起来管理，形成集成化供应链管理体系，以适应新竞争环境下市场对企业生产管理提出的高质量、高柔性和低成本的要求。基于电子商务的核心企业与供应商、终端客户、银行、储运中心之间借助 Internet 进行信息的快速交换，同时供应链中的各个节点间也能进行信息的互通。

通过电子商务的应用，能有效地将供应链上各个业务环节孤岛连接起来，使业务和信息实现集成和共享。在交易的同时，电子商务只有进一步做好物流管理，大量缩减供应链中物流所需的时间，使物流管理符合信息流和资金流管理的要求，才能真正建立起一个强大的、快速反应的供应链管理体系。

4. 电子商务供应链与传统供应链的区别

（1）商品物流和承运的类型不同

在传统的供应链形式下，物流是对不同地理位置的顾客进行基于传统形式的大批量运作或批量式的空间移动，将货物用卡车运抵码头或车站，然后依靠供应链的最后一环将货物交付到最终消费者。在电子供应链状况下情况则不同，借助于各种信息技术和互联网，物流运作或管理的单元不是大件货物而是每个顾客所需的单件商品，虽然其运输也是以集运的形式进行，但是客户在任一给定时间都可以沿着供应链追踪货物的下落。

（2）顾客的类型不同

在传统的供应链形式下，企业服务的对象是既定的，供应链服务提供商能够明确掌握顾客的类型以及其所要求的服务和产品。但是，随着电子商务的到来，供应链运作正发生着根本性的变化。典型的电子商务，顾客是一个未知的实体，他们根据自己的愿望、季节需求、价格以及便利性，以个人形式进行产品订购。

（3）供应链运作的模式不同

传统的供应链是一种典型的推式经营，制造商将产品生产出来之后，为了克服商品转移空间和时间上的障碍，而利用物流将商品送达到市场或顾客。而电子供应链则不同，由于商品生产、分销以及仓储、配送等活动都是根据顾客的订单进行，物流不仅为商流提供了有力的保障，而且因为其活动本身就构成了客户服务的组成部分，因而它同时也创造了价值。

（4）库存、订单流不同

在传统的供应链运作下，库存和订单流是单向的。但是在电子供应链条件下，由于客户可以定制订单和库存，因此，其流程是双向互动的。作为制造商、分销商可以随时根据顾客的需要及时调整库存和订单，以使供应链运作实现绩效最大化。

（5）物流的目的地不同

传统的供应链不能及时掌握商品流动过程中的信息，尤其是分散化顾客的信息，个性化服务能力不足。但是电子供应链完全是根据个性化顾客的要求来组织商品的流动，这种物流不仅要通过集运来实现运输成本的最低化，同时也需要借助差异化的配送来实现高服务。

5. 电子商务供应链管理信息系统

利用以 Internet 等为特征的新兴技术为依托，在满足核心企业本身的活动能力的基础上，将供应链内原来没有联系或联系不紧密的各企业及具有共同商业利益的合作伙伴进行信息系统的横向一体化整合，组成为具有特定功能、紧密联系的新系统，建立快速感知与响应需求的柔性供应链，并实现彼此间的信息共享、工作协同、商务协作和即时生产供应的协同化的网络信息系统。

7.3.2 基于电子商务的供应链管理

1. 基于电子商务的供应链管理特点

新型电子商务供应链必须“以顾客需求为中心”。采用“拉动式”的经营方式，以消费需求刺激、促进和拉动商品供给。它主要表现出以下特点：周转环节少、供应链条短、灵活性强、交易成本低。

新型电子商务供应链的目标是实现供销一体化，如图 7-12 所示。通过电子商务供应链技术，使得商品的生产商、零售商通过互联网联系在一起，建立起最大范围的供应链。通过这个供应链可以达到生产企业了解产品销售信息，并按照这个信息组织对产品生产和对零售商的供货。零售商通过供应链管理，既可以取消库存占有的费用，也可以因此而降低商品销售成本，从而达到增加利润的目的。

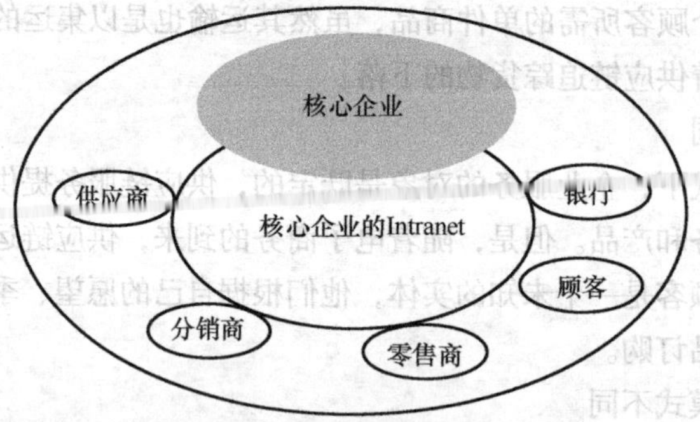

图 7-12 电子供应链管理的主要内容

电子商务环境下的供应链管理创新应在以下方面进行：

① 消除供应链上不必要的环节，剔除分销商/零售商，在线采购。

② 实施网上销售以降低成本。

③ 培养大量网络企业，提供交易平台，加强信息的交流。

④ 推动企业供应链向全球网络化方向发展。

⑤ 促进供应链中信息流的改善，信息传递更为快速、可靠、信息处理自动化。

⑥ 加强贸易伙伴的协调合作关系以增进信任，消除信息不对称。

2. 基于电子商务的供应链管理技术

在电子商务环境下，供应链管理在物流技术的使用上得到了飞速地提高。物流技术主要包括物流硬技术和软技术。硬技术是指在组织物流过程中所需要的各种材料、机械和设施等；软技术是指组织高效率的物流所需要的计划、管理、评价等方面的技术和管理方法。物流技术水平的高低是影响物流效率高低的一个重要因素，要建立一个适应于电子商务运作的高效率的物流系统，加快提高物流的技术水平。

以现代通信技术为例，通信技术从原始的口头通信和书面通信发展成有线通信，直到现代的无线电通信和卫星通信，每一次都具有变革性意义。这些变革不仅催生出电话、电报、寻呼机、对讲机、手机等日常产品，对全人类的社会生活方式产生了深刻的影响，也极大地改进了企业的生产效率。

在供应链管理中应用变革性的通信技术具有特殊的意义，因为物料需要在供应链各节点企业间进行搬运，它们始终处于分散的运动状态。各个节点企业需要随时了解物料所处的地理位置和物理状态，否则就难以做到供应链协调。现代通信技术解决了供应链各节点企业实时追踪了解物料运输状态的问题。

网络信息技术的出现，正好切中了供应链管理的要害，即最大程度地解决了供应链各节点企业间的信息共享问题。

电子商务带来了企业供应链的变革以及合作、预测与供给模式，模式如 MRP、MRP Ⅱ、ERP、SCM、CRM 几个阶段，它们的区别如下。

物料需求计划 MRP（Material Requirement Planning）是被设计并用于制造业库存管理信息处理的系统，它解决了如何实现制造业库存管理目标——在正确的时间按正确的数量得到所需的物料这一难题。

制造资源计划 MRP Ⅱ（Manufacturing Resource Planning）是以生产计划为中心，把与物料管理有关的产、供、销、财各个环节的活动有机地联系起来，形成一个整体，进行协调，使它们在生产经营管理中发挥最大的作用。其最终的目标是使生产保持连续均衡，最大限度地降低库存与资金的消耗，减少浪费，提高经济效益。

从 MRP 发展到 MRP Ⅱ，是对生产经营管理过程的本质认识不断深入的结果，体现了先进的计算机技术与管理思想的不断融合，因此 MRP 发展为 MRP Ⅱ 是一个必然的过程。

企业资源计划 ERP（Enterprise Resource Planning）是从制造资源计划 MRP Ⅱ 发展而来的新一代集成化企业资源管理系统，它扩展了 MRP Ⅱ 功能。ERP 对 MRP Ⅱ 的扩展朝 3 个方向延伸：横向的扩展——功能范围的增加，从供应链上游的供应商管理到下游的客户关系管理；纵向的扩展——从低层的数据处理（手工自动化）到高层管理决策支持（职能化管理）；行业的扩展——从传统的以制造业为主到面向所有的行业。

总之，MRP→MRPII→ERP 是一脉相承的发展过程，是对制造业的信息化管理的一个不断深化的过程。ERP 的管理思想逐步推及到其他行业以及行业的上下游供应链。

供应链管理（Supply chain management，SCM）是一种集成的管理思想和方法，它执行供应链中从供应商到最终用户的物流的计划和控制等职能。从单一的企业角度来看，是指企业通过改善上、下游供应链关系，整合和优化供应链中的信息流、物流、资金流，以获得企业的竞争优势。

根据 ERP 原理，定义如下：供应链管理（Supply chain management，SCM）是围绕核心企业，主要通过信息手段，对供应的各个环节中的各种物料、资金、信息等资源进行计划、调度、调配、控制与利用，形成用户、零售商、分销商、制造商、采购供应商的全部供应过程的功能整体。

客户关系管理（Customer Relationship Management，CRM）是一个不断加强与顾客交流，不断了解顾客需求，并不断对产品及服务进行改进和提高以满足顾客的需求的连续的过程。其内含是企业利用信息技术（IT）和互联网技术实现对客户的整合营销，是以客户为核心的企业营销的技术实现和管理实现。客户关系管理注重的是与客户的交流，企业的经营是以客户为中心，而不是传统的以产品或以市场为中心。为方便与客户的沟通，客户关系管理可以为客户提供多种交流的渠道。

SCM 与 CRM 是在 ERP 管理思想的基础上扩展和发展出来的，是对 ERP 的补充。ERP、SCM、CRM 构成了企业管理信息化的 3 个支柱。

3. 电子商务环境下我国企业供应链管理面临的主要问题

供应链管理作为一种新的管理库存模式在我国还处于探索阶段，而电子商务环境所要求的基础设施、技术条件、人文条件等也还很不成熟，在两者的结合上企业仍有很长一段路要走。当务之急应处理和解决好以下几个问题。

（1）企业观念问题

供应链管理对企业最基本的要求是核心业务和信息效率。这并不是仅仅依靠企业电子商务的实行就可以解决的，更重要的是企业从观念上进行根本改变。许多年来，我国企业为了更好地实施内部管理与控制，一直采用“纵向一体化”的管理模式。随着信息的飞速发展和经济全球化市场的形成，传统的管理模式受到了严重冲击。尽管企业也在努力地朝“横向一体化”的新型思维方式转变，但总体而言，大多数企业还未形成独具特色的强竞争力的核心业务，传统的管理思维方式仍占据主要地位。

（2）管理信息化的技术要求问题

在供应链管理模式中，信息共享是企业间实现协调运作的关键，而应用信息技术改进整个供应链的信息精度、及时性和流动速度是提高供应链绩效的必要措施。因此，企业管理战略的一个重要内容就是制定供应链运作的信息支持平台，如集成条形码、数据库、电子订货系统、射频识别、电子数据交换、全球定位系统等信息交换技术和网络技术为一体，构建企业供应链信息集成系统。

（3）贸易伙伴之间的协作问题

电子商务为供应链管理提供了一个可以更好发挥的环境，而我国企业欠缺的正是如何协调贸易伙伴间的协作以达到供应链整体利益的最大化。贸易伙伴之间不愿意共享信息，这与我国的企业所处的文化氛围有关。传统观点认为任何协议都会分出一个胜者和一个负者，但博弈论的研究结果说明非零和博弈比这种零和博弈更能使企业获得收益。除此之外，缺乏一个良好的供应链绩效评估系统也是贸易伙伴之间协作的障碍。没有合理的绩效分配，各企业自然不愿牺牲自己的利益去换取整个供应链的最大利益。因此，良好的供应链协调战略势在必行。

（4）供应链中各环节成员的利益分配问题

随着电子商务的发展，组织之间的信息流和资金流更加频繁，组织之间的相互联系也由单一渠道转变为多渠道，合作程度日益加深，组织之间不断融合，组织边界越来越模糊，最终整个价值链重新整合，形成一个虚拟的大企业。由此产生了企业间的“利益分配问题”。

本章小结

本章主要介绍了供应链与供应链管理的定义，供应链管理的主要方法以及电子商务的供应链管理。通过本章的学习，掌握供应链与供应链管理的定义，掌握快速反应、有效客户反应、电子订货系统以及 ERP 等供应链管理的方法。

综合习题 7

一、填空题

（1）供应链管理主要涉及________、________、________和________4 个领域。

（2）QR 的中文意思是________。

（3）ECR 即________。

（4）实施 ECR 的 4 大要素是________、________、________以及________。

（5）EOS 即________________。

（6）ERP 即________________。

二、选择题

（1）以下关于物流与供应链的论述，正确的是（　　）。

A. 物流是供应链概念的扩展

B. 供应链仅仅是物流概念的扩展

C. 供应链是相关企业业务、资源的集成和一体化

D. 物流与供应链是一回事

（2）供应链管理主要涉及 4 个领域：供应、生产计划、物流、需求。在这 4 个领域的基础上，我们可以将供应链管理细分为（　　）和辅助领域。

A. 职能领域　　B. 服务领域

C. 物流领域　　D. 管理领域

（3）快速反应的英文简写为（　　）。

A. EOS　　B. ERP

C. QR　　D. ECR

（4）有效客户反应的英文简写为（　　）。

A. EOS　　B. ERP　　C. QR　　D. ECR

（5）电子订货系统的英文简写为（　　）。

A. EOS　　B. ERP　　C. QR　　D. ECR

（6）企业资源计划的英文简写为（　　）。

A. EOS　　B. ERP　　C. QR　　D. ECR

（7）供应链管理的英文简写为（　　）。

A. SST　　B. SCM　　C. SC　　D. CIMS

（8）MRP 的中文表述为（　　）。

A. 主生产计划　　B. 制造资源计划

C. 物料需求计划　　D. 企业资源计划

（9）ERP 的中文表述为（　　）。

A. 主生产计划　　B. 制造资源计划

C. 物料需求计划　　D. 企业资源计划

三、思考题

（1）为什么说 ERP 是 SCM 的基础？

（2）供应链管理与传统的企业管理之间的区别是什么？

（3）试述供应链管理与物流管理的关系。

（4）什么是快速反应？

（5）什么是有效客户反应？

（6）试述快速反应和有效客户反应之间的区别。

（7）现代信息处理技术是如何支持供应链管理的？

第8章 移动电子商务

学习目标

- 了解移动电子商务的发展历程。
- 理解移动电子商务与传统商务的区别。
- 掌握移动电子商务的业务类型。
- 了解移动电子商务的技术支撑。
- 了解移动支付的发展。

案例导入

案例 8-1　移动支付引领新增长银行第三方支付利益博弈不停

近日，四大国有商业银行均调低了快捷支付限额。从四大行调低快捷支付限额的表态来看，"收紧"主要是为了保证支付安全，降低风险。带有物理介质的网银支付、直接网银支付和快捷支付，在支付风险上依次递增。

对于下调限额，此次中工农建这四大行难得的"统一了步调"，也均解释称是出于保障客户资金安全。

中国银行业协会此前发布的《2013 年度中国银行业服务改进情况报告》显示，2013 年中国银行业移动支付业务共计 16.74 亿笔，同比增长 212.86%；移动支付金额 9.64 万亿元，同比增长 317.56%。

工行在降低快捷支付限额、减少支付宝接口的同时，正大力推广该行的快捷支付产品——工银 e 支付。工银 e 支付这一产品在 2011 年就已问世，但当时的单笔支付限额只有 500 元。而升级之后的工银 e 支付可完成 3 000 元以内的网上购物、转账、缴费等业务。据工行介绍，"工银 e 支付"客户无需 U 盾、电子密码器等介质，即可在 PC 端或手机端完成付款。目前，所有与工行直接开通网络支付或者通过主要第三方平台开通网络支付的商户，都支持个人客户使用“工银 e 支付”完成订单交易。在工行“融 e 购”电商平台中的所有商家购物或 12306 网站购买火车票等均可使用。

案例分析

互联网开发相关人士认为，在安全方面，“快捷支付”的支付机构与银行服务器有专线传输支付指令、无网页跳转，杜绝了交易过程中的钓鱼风险。

之前快捷支付能给商业银行带来一定收益，但在互联网货币基金们诞生后，具备理财和转账功能的快捷支付账户真正对银行业务形成了挑战。由此观之，针对快捷支付的种种“隔空喊话”，仍是银行与第三方支付间的利益博弈。

“每一笔快捷支付业务，银行都要收取一定手续费，但是手续费的标准每家都不一样，要看当初谈的结果。”实际上，移动支付已经成为国内互联网与金融行业增长最快的几个细分市场之一。

各商业银行通过与支付宝合作快捷支付业务，每年收益不菲，此次四大行“合力出招”，仍旧是看中了未来移动支付广阔的市场前景。

在银行与第三方支付在快捷支付博弈升级的背后，移动支付、快捷支付的比例正在上升，已经成为用户的一种习惯。

工银 e 支付与支付宝的快捷支付非常相似，只不过，快捷支付的支付密码短信来自支付宝，而工银 e 支付的验证码短信来自工行。

案例思考题

（1）你在日常生活和网上购物通常采用哪些支付方式？

（2）这些支付方式有何不同，各有哪些特点？

（3）你认为此次四大行调低快捷支付限额的实质是什么？

（4）你如何看待快捷支付手段和互联网金融？

8.1 移动电子商务概述

移动电子商务（M-Commerce）是由电子商务（E-Commerce）的概念衍生出来，电子商务以 PC 机为主要界面，是“有线的电子商务”；而移动电子商务，则是通过手机、PDA（个人数字助理）这些可以装在口袋里的终端与我们谋面，无论何时、何地都可以开始。

8.1.1 移动电子商务发展历程

随着移动通信技术和计算机的发展，移动电子商务的发展已经经历了 3 代。

第一代移动商务系统是以短信为基础的访问技术，这种技术存在着许多严重的缺陷，其中最严重的问题是实时性较差，查询请求不会立即得到回答。此外，由于短信信息长度的限制也使得一些查询无法得到一个完整的答案。这些令用户无法忍受的严重问题也导致了一些早期使用基于短信的移动商务系统的部门纷纷要求升级和改造现有的系统。

第二代移动商务系统采用基于 WAP 技术的方式，手机主要通过浏览器的方式来访问 WAP 网页，以实现信息的查询，部分地解决了第一代移动访问技术的问题。第二代的移动访问技术的缺陷主要表现在 WAP 网页访问的交互能力极差，因此极大地限制了移动电子商务系统的灵活性和方便性。此外，WAP 网页访问的安全问题对于安全性要求极为严格的政务系统来说也是一个严重的问题。这些问题也使得第二代技术难以满足用户的要求。

第三代的移动商务系统采用了基于 SOA 架构的 Web Service、智能移动终端和移动 VPN 技术相结合的访问和处理技术，使得系统的安全性和交互能力有了极大的提高。第三代移动商务系统同时融合了 3G 移动技术、智能移动终端、VPN、数据库同步、身份认证及 Web Service 等多种移动通信、信息处理和计算机网络的最新前沿技术，以专网和无线通信技术为依托，为电子商务人员提供了一种安全、快速的现代化移动商务办公机制。

8.1.2　移动电子商务的特点

1. 开放性、包容性更大

移动电子商务因为接入方式无线化，使得任何人都更容易进入网络世界，从而使网络范围延伸更广阔、更开放；同时，使网络虚拟功能更带有现实性，因而更具有包容性。

2. 无处不在、随时随地

移动电子商务的最大特点是“自由”和“个性化”。传统电子商务已经使人们感受到了网络所带来的便利和快乐，但它的局限在于它必须有线接入，而移动电子商务则可以弥补传统电子商务的这种缺憾，可以让人们随时随地结账、订票或者购物，感受独特的商务体验。

3. 潜在用户规模大

目前，我国的移动电话用户已接近 4 亿，是全球之最。显然，从电脑和移动电话的普及程度来看，移动电话远远超过了电脑。而从消费用户群体来看，手机用户中基本包含了消费能力强的中高端用户，而传统的上网用户中以缺乏支付能力的年轻人为主。由此不难看出，以移动电话为载体的移动电子商务不论在用户规模上，还是在用户消费能力上，都优于传统的电子商务。

4. 能较好确认用户身份

对传统的电子商务而言，用户的消费信用问题一直是影响其发展的一大问题，而移动电子商务在这方面显然拥有一定的优势。这是因为手机号码具有唯一性，手机 SIM 卡片上存储的用户信息可以确定一个用户的身份，而随着未来手机实名制的推行，这种身份确认将越来越容易。对于移动商务而言，这就有了信用认证的基础。

5. 定制化服务

由于移动电话具有比 PC 机更高的可连通性与可定位性，因此移动商务的生产者可以更好地发挥主动性，为不同顾客提供定制化的服务。例如，开展依赖于包含大量活跃客户和潜在客户信息的数据库的个性化短信息服务活动，以及利用无线服务提供商提供的人口统计信息和基于移动用户当前位置的信息，商家可以通过具有个性化的短信息服务活动进行更有针对性的广告宣传，从而满足客户的需求。

6. 易于推广使用

移动通信所具有的灵活、便捷的特点，决定了移动电子商务更适合大众化的个人消费领域，比如自动支付系统，包括自动售货机、停车场计时器等；半自动支付系统，包括商店的收银柜机、出租车计费器等；日常费用收缴系统，包括水、电、煤气等费用的收缴等；移动互联网接入支付系统，包括登录商家的 WAP 站点购物等。

7. 更易于技术创新

移动电子商务领域因涉及 IT、无线通信、无线接入、软件等技术，并且商务方式更具多元化、复杂化，因而在此领域内很容易产生新的技术。随着我国 3G 网络的兴起与应用，这些新兴技术将转化成更好的产品或服务。所以移动电子商务领域将是下一个技术创新的高产地。

8.1.3 移动电子商务提供的服务

1. 银行业务

移动电子商务使用户能随时随地在网上安全地进行个人财务管理，进一步完善因特网银行体系。用户可以使用其移动终端核查其账户、支付账单、进行转账以及接收付款通知等。

2. 交易

移动电子商务具有即时性，因此非常适用于股票等交易应用。移动设备可用于接收实时财务新闻和信息，也可确认订单并安全地在线管理股票交易。

3. 订票

通过因特网预订机票、车票或入场券已经发展成为一项主要业务，其规模还在继续扩大。因特网有助于方便核查票证的有无，并进行购票和确认。移动电子商务使用户能在票价优惠或航班取消时立即得到通知，也可支付票费或在旅行途中临时更改航班或车次。借助移动设备，用户可以浏览电影剪辑、阅读评论，然后订购邻近电影院的电影票。

4. 购物

借助移动电子商务，用户能够通过其移动通信设备进行网上购物。即兴购物会是一大增长点，如订购鲜花、礼物、食品或快餐等。传统购物也可通过移动电子商务得到改进。例如，用户可以使用“无线电子钱包”等具有安全支付功能的移动设备，在商店里或自动售货机上进行购物。

5. 娱乐

移动电子商务将带来一系列娱乐服务。用户不仅可以从他们的移动设备上收听音乐，还可以订购、下载或支付特定的曲目，并且可以在网上与朋友们玩交互式游戏，还可以游戏付费，并进行快速、安全的博彩和游戏。

6. 无线医疗（Wireless Medical）

医疗产业的显著特点是每一秒钟对病人都非常关键，在这一行业十分适合于移动电子商务的开展。在紧急情况下，救护车可以作为进行治疗的场所，而借助无线技术，救护车可以在移动的情况下同医疗中心和病人家属建立快速、动态、实时的数据交换，这对每一秒钟都很宝贵的紧急情况来说至关重要。在无线医疗的商业模式中，病人、医生、保险公司都可以获益，也会愿意为这项服务付费。这种服务是在时间紧迫的情形下，向专业医疗人员提供关键的医疗信息。

7. 移动应用服务提供商（MASP）

一些行业需要经常派遣工程师或工人到现场作业。在这些行业中，移动 MASP 将会有巨大的应用空间。MASP 结合定位服务技术、短信息服务、WAP 技术以及 Call Center 技术，为用户提供及时的服务，提高用户的工作效率。

8.2 移动电子商务的主要技术

8.2.1 移动通信技术

1. 移动通信概述

移动通信（Mobile communication）是移动体之间的通信，或移动体与固定体之间的通信。移动体可以是人，也可以是汽车、火车、轮船、收音机等在移动状态中的物体。移动通信系统由空间系统和地面系统两部分组成。

移动通信系统从 20 世纪 80 年代诞生以来，到 2020 年将大体经过 5 代的发展历程，目前将从第 3 代过渡到第 4 代（4G）。到 4G，除蜂窝电话系统外，宽带无线接入系统、毫米波 LAN、智能传输系统（ITS）和同温层平台（HAPS）系统将投入使用。未来移动通信系统最明显的趋势是要求高数据速率、高机动性和无缝隙漫游。实现这些要求在技术上将面临更大的挑战。此外，系统性能（如蜂窝规模和传输速率）在很大程度上将取决于频率的高低。考虑到这些技术问题，有的系统将侧重提供高数据速率，有的系统将侧重增强机动性或扩大覆盖范围。

从用户角度看，可以使用的接入技术包括：蜂窝移动无线系统，如 3G；无绳系统，如 DECT；近距离通信系统，如蓝牙和 DECT 数据系统；无线局域网（WLAN）系统；固定无线接入或无线本地环系统；卫星系统；广播系统，如 DAB 和 DVB-T；ADSL 和 Cable Modem。

使用模拟识别信号的移动通信，称为模拟移动通信。为了解决容量增加，提高通信质量和增加服务功能，目前大都使用数字识别信号，即数字移动通信。在制式上则有时分多址（TDMA）和码分多址（CDMA）两种。前者在全世界有欧洲的 GSM 系统（全球移动通信系统）、北美的双模制式标准 IS-54 和日本的 JDC 标准。对于码分多址，则有美国 Qualcomnn 公司研制的 IS-95 标准的系统。

2. 移动通信技术的特点

① 移动性。要保持物体在移动状态中的通信，因而它必须是无线通信，或无线通信与有线通

信的结合。

② 电波传播条件复杂。因移动体可能在各种环境中运动，电磁波在传播时会产生反射、折射、绕射、多普勒效应等现象，产生多径干扰、信号传播延迟和展宽等效应。

③ 噪声和干扰严重。在城市环境中的汽车火花噪声、各种工业噪声，移动用户之间的互调干扰、邻道干扰、同频干扰等。

④ 系统和网络结构复杂。它是一个多用户通信系统和网络，必须使用户之间互不干扰，能协调一致地工作。此外，移动通信系统还应与市话网、卫星通信网、数据网等互连，整个网络结构是很复杂的。

⑤ 要求频带利用率高、设备性能好。

3. 移动通信的种类

移动通信的种类繁多。按使用要求和工作场合不同可以分为以下几种。

（1）集群移动通信

集群移动通信，也称大区制移动通信。它的特点是只有一个基站，天线高度为几十米至百余米，覆盖半径为30km，发射机功率可高达200W。用户数约为几十至几百，可以是车载台，也可是以手持台。它们可以与基站通信，也可通过基站与其他移动台及市话用户通信，基站与市站有线网连接。

（2）蜂窝移动通信

蜂窝移动通信，也称小区制移动通信。它的特点是把整个大范围的服务区划分成许多小区，每个小区设置一个基站，负责本小区各个移动台的联络与控制，各个基站通过移动交换中心相互联系，并与市话局连接。利用超短波电波传播距离有限的特点，离开一定距离的小区可以重复使用频率，使频率资源可以充分利用。每个小区的用户在1 000以上，全部覆盖区最终的容量可达100万用户。

（3）卫星移动通信

利用卫星转发信号也可实现移动通信，对于车载移动通信可采用赤道固定卫星，而对手持终端，采用中低轨道的多颗星座卫星较为有利。

（4）无绳电话

对于室内外慢速移动的手持终端的通信，则采用小功率、通信距离近的、轻便的无绳电话机。它们可以经过通信点与市话用户进行单向或双向的通信。

8.2.2 无线 Internet 技术

1. HSCSD

HSCSD（高速线路交换数据）是为无线用户提供38.3Kbit/s速率传输的无线数据传输方式，它的速度比GSM通信标准的标准数据速率快4倍，可以和使用固定电话调制解调器的用户相比。当前，GSM网络单个信道在每个时隙只能支持1个用户，而HSCSD通过允许1个用户在同一时间同时访问多个信道来大幅改进数据访问速率。但美中不足的是，这会导致用户成本的增加。假设1个标准的数据传输速率是14 400bit/s，使用具有4个时隙的HSCSD将使数据访问速率达到

57.6 Kbit/s。目前，支持 HSCSD 的手机有 NOKIA 的 6210 和 6250。

2. GPRS

GPRS（多时隙通用分组无线业务）是一种很容易与 IP 接口的分组交换业务，其速率可达 9.6～14.4Kbit/s，甚至能达到 115Kbit/s，并且能够传送话音和数据。该技术是当前提高 Internet 接入速度的热门技术，而且还有可能被应用在广域网中。GPRS 又被认为是 GSM 第 2 阶段增强（GSM Phase2 +）接入技术。GPRS 虽是 GSM 上的分组数据传输标准，但也可和 IS-136 标准结合使用。随着 Internet 的发展和蜂窝移动通信的普及，GSM 的发展有目共睹，因而 GPRS 技术的前景也十分广阔。

目前，市场上还很难买到支持 GPRS 的手机，并且中国移动通信目前还不支持 GPRS。据称，中国移动通信正在开发“梦网”，可能应用的技术就是 GPRS。

3. CDPD

CDPD（蜂窝数字分组数据）采用分组数据方式，是目前公认的最佳无线公共网络数据通信规程。它是建立在 TCP/IP 基础上的一种开放系统结构，将开放式接口、高传输速度、用户单元确定、空中链路加密、空中数据加密、压缩数据纠错及重发和世界标准的 IP 寻址模式无线接入有机地结合在一起，提供同层网络的无缝连接、多协议网络服务。

8.3 移动支付

数据研究公司 IDC 的报告显示，2017 年全球移动支付的金额将突破 1 万亿美元。强大的数据意味着，今后几年全球移动支付业务将呈现持续走强趋势，而在其背后，是各方快马加鞭在该领域的跑马圈地。

8.3.1 移动支付概述

1. 移动支付概念

移动支付也称为手机支付，就是允许用户使用其移动终端（通常是手机）对所消费的商品或服务进行账务支付的一种服务方式。单位或个人通过移动设备、互联网或者近距离传感直接或间接向银行金融机构发送支付指令产生货币支付与资金转移行为，从而实现移动支付功能。移动支付将终端设备、互联网、应用提供商以及金融机构相融合，为用户提供货币支付、缴费等金融业务。移动支付所使用的移动终端可以是手机、PDA、移动 PC 等。

移动支付业务是由移动运营商、移动应用服务提供商（MASP）和金融机构共同推出的、构建在移动运营支撑系统上的一个移动数据增值业务应用。移动支付系统将为每个移动用户建立一个与其手机号码关联的支付账户，其功能相当于电子钱包，为移动用户提供了一个通过手机进行交易支付和身份认证的途径。用户通过拨打电话、发送短信或者使用 WAP 功能接入移动支付系统，移动支付系统将此次交易的要求传送给 MASP，由 MASP 确定此次交易的金额，并通过移动支付系统通知用户，在用户确认后，付费方式可通过多种途径实现，如直接转入银行、用户电话账单或者实时在专用预付账户上借记，这些都将由移动支付系统（或与用户和MASP开户银行的主机系统协作）来完成。

2. 移动支付的分类

① 按用户支付的额度，移动支付可以分为微支付和宏支付。

② 按完成支付所依托的技术条件，移动支付可以分为近场支付和远程支付。

③ 按支付账户的性质，移动支付可以分为银行卡支付、第三方支付账户支付、通信代收费账户支付。

④ 按支付的结算模式，移动支付可以分为及时支付和担保支付。

⑤ 按用户账户的存放模式，移动支付可分为在线支付和离线支付。

8.3.2 移动支付的特征

移动支付属于电子支付方式的一种，因而具有电子支付的特征，但因其与移动通信技术、无线射频技术、互联网技术相互融合，又具有自己的特征。

① 移动性。随身携带的移动性，消除了距离和地域的限制。结合了先进的移动通信技术的移动性，随时随地获取所需要的服务、应用、信息和娱乐。

② 及时性。不受时间地点的限制，信息获取更为及时，用户可随时对账户进行查询、转账或进行购物消费。

③ 定制化。基于先进的移动通信技术和简易的手机操作界面，用户可定制自己的消费方式和个性化服务，账户交易更加简单方便。

④ 集成性。以手机为载体，通过与终端读写器近距离识别进行的信息交互，运营商可以将移动通信卡、公交卡、地铁卡、银行卡等各类信息整合到以手机为平台的载体中进行集成管理，并搭建与之配套的网络体系，从而为用户提供十分方便的支付以及身份认证渠道。

8.3.3 移动支付的技术支撑

从移动通信体系结构来看，支撑移动支付的技术分为4个层面。

① 传输层：GSM、CDMA、TDMA、GPRS、蓝牙、红外、非接触芯片、RFID。

② 交互层：语音、WAP、短信、USSD、i-mode。

③ 支撑层：WPKI/WIM、SIM、操作系统。

④ 平台层：STK、J2ME、BREW、浏览器。

1. 短信

短消息服务是移动支付中经常用到的，用于触发交易支付、进行身份认证和支付确认的移动技术。在移动支付中按照信息流的流向可以分为上行和下行两种方式。用户使用短信的上行通道，发送特定信息（此信息格式由移动支付运营商提供，一般包括购买商品的编号、数量等）到指定的特服号进行支付；另外，也可以通过下行通道向客户推送一些商品或服务，如提醒充值用户进行充值，如果用户确认充值，则完成了此次的移动支付。同时，下行通道也是进行用户消费确认的渠道，来保证支付的安全，避免支付中的欺诈行为。

2. 红外线技术

2002 年，由红外线数据协会制定了一个用于移动支付的全球无线非接触支付标准：IrFM（Infared Financial Messaging，红外线金融通信）。2003 年 4 月，由 VISA 国际、OMC card、日本 ShinPan、AEON credit 和日本 NTT DoCoMo 等公司将其引入进行移动支付服务的试验，通过红外线通信把信用卡信息下载并存储在手机里，在支付时通过红外线通信将用户的信用卡信息传输到指定设备，以完成支付认证。

3. 自动语音服务（IVR）

自动语音服务技术与短信类似，用户可以通过拨打某个特服号码进行移动支付。在用户支付确认和购买商品确认流程中也使用到 IVR 技术，如在用户支付前，用户收到一个由移动支付平台外拨的自动语音电话，用户根据电话提示进行支付；支付成功后，商户也收到一个由支付平台外拨的语音电话，通知商户支付成功可以提供商品或服务。

4. GPRS/UMTS

GPRS/UMTS 均支持 IP 协议的数据通信，在此网络上可以开发类似于 Internet 的支付。

5. RFID/Bluetooth

射频识辨技术（Radio Frequency Identification，RFID）和蓝牙技术（Bluetooth）都是基于射频技术（RF）的两种通信标准，可以将 RF 技术引入非接触式移动支付服务。一般情况下，在手机中内置一个非接触式芯片和射频电路，用户账户支付信息通过某种特殊格式的编码，存放在此芯片中，以适应银行或信用卡商的认证规则。用户在支付时，只需将手机在 POS 的读卡器前一晃，用户的账户信息就会通过 RF 传输到此终端，几秒钟后就可以完成支付认证和此次交易。

6. 非接触式芯片技术

非接触式芯片技术是使用 IC 智能芯片技术与近距离无线通信技术（蓝牙技术、红外线技术等）相结合的一种新型技术，将用户信息存储在智能芯片中，通过近距离无线通信技术与其他接收处理设备进行通信，将信息按照某种格式进行加密传输。

在这些通信技术中，射频识辨技术（RFID）和红外线技术（Infared Red）与非接触芯片的结合将是未来手机作为移动支付设备的技术发展主流。

7. J2ME

随着 Java 的移动版本 J2ME 在移动领域被越来越广泛的采用，使得移动支付平台也可以引入 JAVA 作为支付平台。利用 J2ME 建立支付平台主要有以下优势。

由于 JAVA 是开放平台，众多的运营商、终端厂家以及业务平台提供商都支持这一技术。因此，移动支付用户端应用程序能很容易地被移植到其他遵循 J2ME 或 MIDP 并且符合 CLDC 规范的设备上。

8.3.4 移动支付的支付流程

其实移动支付与一般的支付行为没有太大的区别，都要涉及 4 个环节：消费者、出售者、发行方和收款方。其中，发行方和收款方都应该是金融机构。

移动支付与普通的支付不同之处在于交易资格审查处理过程。因为这些都涉及移动网络运营商以及所使用的浏览协议，例如 WAP 或 HTML、信息系统 SMS 或 USSD（Unstructured Supplementary Service Data）等。

其具体支付流程如下：①购买请求；②收费请求；③认证请求；④认证；⑤授权请求；⑥授权；⑦收费完成；⑧支付完成；⑨支付商品。

8.3.5 移动支付支撑的产业链与运作模式

1. 移动支付支撑的产业链

移动支付业务的产业链由标准的制定者、设备制造商、银行、移动运营商、移动支付服务提供商（或移动支付平台运营商）、商业机构、用户等多个环节组成。标准的制定者是指国家独立机构、国际组织和政府，它们负责标准的制定和统一，来协调各个环节的利益。

由于移动设备厂商在向运营商提供移动通信系统设备的同时，还推出了包括移动支付业务在内的数据业务平台和业务解决方案，这为运营商提供移动支付业务奠定了基础。从终端的角度来看，支持各种移动数据业务的手机不断推向市场，这为移动支付业务的不断发展创造了条件。

移动运营商的主要任务是搭建移动支付平台，为移动支付提供安全的通信渠道。它们是连接用户、金融机构和服务提供商的重要桥梁，在推动移动支付业务的发展中起着关键性的作用。目前，移动运营商能提供语音、SMS、WAP 等多种通信手段，并能为不同级别的支付业务提供不同等级的安全服务。

银行等金融机构需要为移动支付平台建立一套完整、灵活的安全体系，从而保证用户支付过程的安全通畅。显然，与移动运营商相比，银行不仅拥有以现金、信用卡及支票为基础的支付系统，还拥有个人用户、商家资源。

作为银行和运营商之间的衔接环节，第三方移动支付服务提供商（或移动支付平台运营商）在移动支付业务的发展进程中发挥着十分重要的作用。独立的第三方移动支付服务提供商具有整合移动运营商和银行等各方面资源并协调各方面关系的能力，能为手机用户提供丰富的移动支付业务，吸引用户为应用支付各种费用。

对于商家而言，在商场和零售店部署移动支付系统，在一定程度上能减少支付的中间环节，降低经营、服务和管理成本，提高支付的效率，获得更高的用户满意度。

2. 移动支付的运作模式

移动支付的运作模式主要有以下 3 类：以移动运营商为运营主体的移动支付业务、以银行为运营主体的移动支付业务和以独立的第三方为运营主体的移动支付业务。这 3 类模式各有优缺点，在移动支付业务产业价值链中，移动运营商、银行、第三方服务提供商拥有各自不同的资源优势，只有彼此合理分工、密切合作，建立科学合理的移动支付业务的运作模式，才能推动移动支付业务的健康发展，实现各个环节之间的共赢。

3. 移动支付解决方案

（1）PayPal

PayPal 是 eBay 旗下一家领先的 Internet 支付业务提供商。它在全球 55 个市场中拥有 1 亿多用户，交易额达 275 亿美元，占全球电子商务收入的 5%。PayPal 的移动支付解决方案基于短信和 IVR 技术，它从今年开始先后在美国、加拿大和英国推出了移动支付业务，其他的市场将在随后推出。

目前，PayPal 移动支付有 3 种产品：P2P 支付、“Text2Buy” 和 “Text2Give”。PayPal 移动业务的主要用户群是现有的 Internet 的用户，并提供新的功能来帮助用户使用手机来访问 PayPal。因此，可以说移动业务是现有业务的一种拓展，并且重用现有的后端支付系统和账户信息。

（2）PayBox

PayBox 是瑞典一家独立的第三方移动支付应用平台提供商，公司推出的移动支付解决方案在德国、瑞典、奥地利、西班牙和英国等几个国家成功实施。Paybox 无线支付以手机为工具，取代了传统的信用卡。使用该服务的用户，只要到服务商那里进行注册取得账号，在购买商品或需要支付某项服务费时，直接向商家提供你的手机号码即可。

PayBox 推出的移动支付解决方案是基于 SMS/MMS 和电话语音技术的，使用移动网络通道进行支付的认证、数据的传输以及支付确认。PayBox 支付平台主要用在移动商务（mCommerce）中，为消费者、商户以及合作客户提供移动支付服务。如在 2003 年 Mobilkom 购买了 Paybox 在奥地利的分公司，面向 B2C 和 B2B 方式推出了移动票务、移动购物、移动博彩等多种移动电子商务的应用。

（3）LUUP

LUUP 是由 Contopronto 公司开发的移动支付业务。这家公司的总部位于挪威的首都奥斯陆，它的员工人数只有 30 多人，但是在欧洲却拥有电子钱币的专利。LUUP 自 2002 年起开始在欧洲运营。LUUP 的主要业务方向是 P2P 支付和移动内容的购买，例如在英国它推出了购买国际电话卡的业务，在德国为所有的移动运营商（Vodafone，T-Mobile，O2 和 E-Plus）提供预付费的充值业务。

LUUP 是基于储值账户的移动支付业务，用户需要创建自己的账户并且要从银行或信用卡把钱存储在这个账户中。绝大多数的交易是通过短信或 Web 来进行的，也将推出基于 WAP 的业务。

（4）Enros

Enros 于 2001 年由 eONE 全球公司创建。eONE 的主要拥有者是世界上最大的支付处理公司——First Data Corp。Euros 是一家提供移动支付服务的公司。它的产品和服务主要是通过安全、易用的支付平台互操作支付平台，连接商户和移动运营商，为客户提供更加便捷和非现金的支付选择。目前 Enros 的客户主要是 Orange、Vodafone、T-mobile 和 Telefonica 这 4 家欧洲移动电信运营商，为 Simpay 提供移动支付中心服务解决方案。

（5）Simpay

Simpay 是 Orange、Vodafone、T-mobile 和 Telefonica 这 4 家欧洲最大的移动电信运营商在 2003 年共同建立的一个移动支付的方案和品牌。此方案和品牌由独立于 4 家创始方的合资公司——Simpay 公司运营。Simpay 旨在提供一种跨越国界的开发的移动支付广泛标准，并邀请其他运营商参与，如 Tata InfoTech（一家全球化系统、服务集成商与供应商）、Integri NV（电子交易系统的测试、模拟解决方案提供商）。由于没有金融机构的管理介入，Simpay 的支付账户由运营商提供，主要进行支付 10 欧元以下的支付交易。此系统平台的方案是选择 Enros 公司提供全面的移动支付解决方案。

（6）Mobipay

MobiPay 是一家由西班牙的两家最大的银行和 3 家最大的移动运营商共同成立的合资企业，采用共同的技术标准，提供具备了非常优秀的可靠性和可扩展性的移动支付系统。MobiPay 选择的是来自于 ACI 的 mPayment Infrastructure 解决方案。MobiPay 是以前的两个项目 Movilpago 和 Pagom 6 vil 结合的产物，其目标是为本国的处于萌芽状态的移动电话市场建立一种支付服务。

Mobipay 在多个出租车公司、快餐店、影剧院以及书店中推出，并于 2004 年年底在西班牙推出移动支付购买车票服务，用户可以使用手持设备（手机）购买有轨电车、地铁和巴士的车票，车票以确认信息的形式显示在手机上，用户凭此信息验票上车。MobiPay 的思想是银行和移动运营商合作，为移动用户提供移动支付服务。银行是移动支付的主体，移动是通道提供者。银行在现有的支付基础设施的基础上增加了交易通道的数量，而通信的费用为移动运营商们带来了新的利润。

（7）捷银

捷银是国内一家移动支付解决方案的供应商，主要业务为移动支付相关技术的咨询、各种支付应用的开发、市场营销的策划以及客户关系管理等方面的服务。在上海，捷银曾与银行、公众收费企业合作推出了代缴费业务；捷银为广州移动提供过移动支付技术平台和解决方案；捷银曾获得与江苏联通合作运营移动支付业务的机会，为江苏联通提供移动支付业务的技术平台，后参与支付平台的运营。捷银的移动支付平台主要基于移动短信服务通道，利于短信的上行、下行完成移动小额支付。

移动支付平台的开发商还有像 Nokia、Motorola、SONY 等手机厂商，他们与移动运营商合作也成功推出了一些移动支付应用平台，如 SmartCardTM、Felica 等。国内提供整体移动支付应用得很少，大多都提供局部的、非现场支付的移动支付解决方案，如华为、东软、联动优势等。目前，最先进和最便捷的移动支付应用应该是日本和韩国基于非接触式智能芯片的支付方式。

8.3.6 移动支付的发展

1. 移动支付发展概况

移动终端和移动电子商务的发展是移动支付迅速发展的重要前提。随着移动终端的普及和移动电子商务的发展，业界也纷纷看好移动支付市场的发展前景。

而移动支付市场近年来的发展速度也没有辜负业界的厚望。研究机构数据显示，2011 年，中国移动支付市场发展迅速，全年交易额规模达到 742 亿元，同比增长 67.8%；移动支付用户数同比增长 26.4%至 1.87 亿户。易观智库预计，2015 年移动支付市场将保持快速发展，移动支付交易规模将达到 7123 亿元，同比增长 85.0%。

随着移动支付行业竞争的不断加剧，大型移动支付企业并购整合与资本运作日趋频繁，国内优秀的移动支付企业愈来愈重视对行业市场的研究，特别是对世界移动支付产业发展的总体趋势、国外同类企业模式发展创新、国内企业发展环境和客户需求趋势变化的深入研究。正因为如此，一大批国内优秀的移动支付品牌迅速崛起，逐渐成为移动支付行业中的翘楚！

随着 3G 技术的兴起和发展，带来移动电子商务的兴起，使手机成为更便捷的交易终端。最近几年，中国互联网高速发展，普及率不断提高，为电子商务的高速发展打下了最坚实的基础。随着网上商务活动的不断发展壮大，需要政策法规来规范网上市场的发展。国家也在这几年不断出台政策及相关法律来规范网上市场，如《电子签名法》。电子商务发展所需要的技术及物流业在这几年都得到飞快发展，物流是电子商务得已进行的保障，没有物流业的发展，网上交易就无法进行。虽然现在物流业的发展存在诸多的问题，但市场是不断发展和完善的，并且现在政府也在出台政策解决物流业发展的诸多问题。乐富 POS 机人性化的支付平台，认真的合作态度以及更快的审批流程和下机速度，有利于 POS 代理商很好地去开展业务。而操作起来更为顺手，这其中个例的沟通体现得更为合理化，手续费的灵活更有利于业务的开展，装机速度快也更有利于商户使用。

中国拥有超过 10 亿部手机，银联则拥有超过 20 亿张卡片以及 1 000 万家签约商家，所以移动支付的市场前景可想而知。由于移动支付的发展潜力巨大，所以移动支付产业链上群雄并起，电信运营商、互联网企业、支付厂商、银行等纷纷进军手机支付领域，推动产业发展壮大。移动互联网时代是以应用为王，在手机 APP 应用日益丰富的情况下，移动支付的功能也在不断推陈出新。例如，第三方支付、银行等争相推出手机支付客户端、二维码支付、无线支付、语音支付、指纹支付等应用。此外，购物、理财、生活服务等交易类应用也在不断出现，大大丰富了移动支付的市场应用环境。

目前，移动支付涉及了电信运营商、金融机构、第三方支付企业、应用开发商、设备制造商等多方利益群体，但由于移动支付国标还没具体出台，支付标准仍存变数，标准不出台将继续抑制移动支付的健康发展。

2. 移动支付发展困境

（1）运营商和金融机构间缺乏合作

目前，国内移动支付不同商业模式并存，运营商、金融机构、移动支付第三方虽然已经在不同程度上建立起合作关系，但总的来看，主导者、合作方以及运营模式不统一；此外，不同主导方所采用的技术方案有差别，实现移动支付功能的载体及其工作频段不统一，分别工作于 13.56 MHz 和 2 GHz 频点。上述两方面的差异，提高了国内移动支付推广的成本，为国内移动支付更快的普及带来了一定的障碍。

（2）交易的安全问题没有得到很好地解决

移动支付的安全问题一直是移动支付能否快速推广的一个瓶颈。安全问题包括信息的机密性，完整性，不可抵赖性，真实性，支付模式、身份验证、支付终端（手机）的安全性，移动支付各环节的法律保障不健全（合同签订、发货、付款、违约、售后责任、退货、纳税、发票开具、支付审计）等。

（3）缺乏统一的行业标准

从国内移动支付业务的开展情况看，目前仍然缺乏统一的被广泛认可的支付安全标准。首先，应加强用于移动支付安全保障的信息安全基础和通用标准的研制，为移动支付的安全保障提供基础性技术支撑；同时，加强支撑移动支付业务应用的 RFID 标准的研制，突破 RFID 空中接口安全保障技术，加快具有自主知识产权的 RFID 空中接口协议的制定；国内移动支付产业链中各部门应加强合作，制定通用的移动支付安全保障流程、协议、安全管理等标准，保障移动支付业务系统的互联互通，促进移动支付产业的安全、快速、健康发展。只有一个相对完善的行内标准才能给用户提供一个诚信的支付环境。

3. 移动支付发展趋势

（1）替代纸币虚拟化

美国移动支付公司 Square 的出现引领了一场支付方式革命——抛却烦琐的现金交易和各种名目繁多的银行卡,你只需要一部智能手机或平板电脑即可完成付款。正如 Square 的宣传语一样，整个交易过程“无现金、无卡片、无收据”。

包括 Square 在内，GoogleWallet、PayPal 以及其他 NFC 支付技术正带领我们走向一个无纸质货币时代。

（2）银行服务移动化

Simple 又名 BankSimple，是一个专注于移动银行业务的全方位个人理财工具。通过其 iPhone 应用，用户就能完成存取款、转账等各种操作，存取票据用手机拍照保存即可。你再也不用亲自跑去银行取号排队办理业务。

通过与全美最大的无中介费 ATM 网络组织 Allpoint 合作，Simple 的所有操作都不需要任何手续费用。其 CEO JoshuaReich 称：“目前的银行系统最大的利润来自各种各样让客户迷惑不解的手续费，而非银行服务本身。Simple 的宗旨就是让客户的银行业务简单明了，每一笔钱花在哪里都一清二楚。”

（3）理财工具贴身化

Planwise 是一款免费的个人理财软件，它能让普通消费者为不同的财务目标创建不同的理财计划，并根据实际消费随时进行调整。其创始人 VincentTurner 有着十多年的金融互联网行业经验，他希望通过 Planwise 让消费者清楚掌控自己的财务状况。“个人理财应用是主流需求，却不受人们欢迎——因为它们需要登录用户的银行账号。但大多数人又需要知道自己有多少钱，并且需要有个‘顾问’告诉他哪些钱该花哪些不该花。仍在继续发展完善的个人理财工具就将成为这个顾问，并通过实时数据比如历史交易、线上/下支付等帮助人们做出更正确的财务决策。”

（4）虚拟货币国际化

比特币（Bitcoin）是一种 P2P（peertopeer，点对点）虚拟货币，类似于 Q 币，它以文件的形式储存在你的电脑里。你可以用它购买一些虚拟物品，如果对方接受，你也可以用 Bitcoin 购买现实物品。

Bitcoin 与 Q 币和现实货币最大的不同点在于，它不属于国家或任何组织和个人，任何人只需有一台联网的电脑就能参与其中；在 Bitcoin 的世界里，货币的自由度达到空前高度。而因为系统产生 Bitcoin 的速度和数量有限，许多急着使用 Bitcoin 的用户就宁愿用现实货币与其他人兑换，如此一来，Bitcoin 就开始流通，有了价值。

8.3.7 移动支付运营策略

1. 解决安全问题

安全无疑是移动支付的最大障碍。安全问题如果可以很好地得到解决，不仅消费者和合作者会增强信心，而且也会大大减少业务运营中会出现的欺诈问题，降低系统运营成本。现在的安全措施都比较简易，主要通过用户的 PIN 进行识别。但是更高级的安全问题需要从以下 4 个方面着手。

① 定身份。由支付提供方（即发行方）对用户进行鉴定，确认其是否为已授权用户。

② 保密性。保证未被授权者不能获取敏感支付数据，这些数据会给某些欺诈行为提供方便。

③ 数据完整性。这个特性可以保证支付数据在用户同意交易处理之后不会被更改。

④ 不可否认性。可以避免交易完成后交易者不承担交易后果。

2. 可用性和互操作问题

可用性也非常关键，这不仅涉及友好的用户界面，还与用户可以通过移动支付购买的货品和业务是否充足、业务可达的地理范围有关。

而互操作问题也不仅仅局限于用户终端，还包括用户在支付时直接打交道的收款机、POS 机、自动贩售机等。这些都需要制定一些行业标准，与相关行业企业达成共识。

3. 市场认知度与理解

移动支付能否成功关键还在于用户能否接受和习惯这种支付方式，以及哪些用户会最先接受。一般人都已经非常习惯于通过钱包、信用卡等方式支付，对于移动支付这种新的概念仍然需要一定的时间去认识、接受和习惯。要解决这个问题就必须要提高移动支付的市场认知度和理解程度。另外，对于与移动支付相关的其他行业的企业如银行、零售商等，也需要充分认识移动支付可能给他们带来的好处和商机，这些都与移动支付的发展密不可分。

4. 选择合适的合作者

移动支付还是个新兴的业务，能否成熟壮大要看今后几年的发展情况。但是有一点是非常明确的，那就是这绝对不是一家能够独吞的市场，而是具有自己的产业链和经营模式，需要多方共同合作经营。而移动运营商也必须和以前没有合作经验的企业如信用卡机构、零售机构、设备厂家等进行合作，因此，必须调配好各方利益关系，建立收入分成模式，选择有实力的合作者。

移动支付是移动通信向人们的日常生活进一步渗透的过程，因此，这个过程必然会有从不成熟到成熟、从不被认可到认可的过程。所以，无论是运营商还是参与其中的金融机构、零售业等行业，都应该详细分析这个新兴业务的各个环节，为可能遇到的障碍做好充分的准备。

注册为域名，构成不正当竞争。

本章小结

移动电子商务的发展十分迅速，并已成为电子商务发展的热点内容。本章简要介绍了移动电子商务的含义、移动电子商务的发展历程、移动电子商务的技术支撑及移动支付。重点要求了解移动电子商务与传统电子商务的区别、移动电子商务提供的服务、移动电子商务业务、移动电子商务的技术支撑、移动支付的支付流程、支付方式及发展趋势。

综合习题 8

一、填空题

（1）移动商务与互联网电子商务的区别在于 4 个方面的不同，分别为______、______、______和______。

（2）移动商务最广泛的服务内容是______。

（3）移动商务面临的安全威胁分为______、______、______和______。

（4）移动支付业务从交易结算的即时性来划分，分为______和______。

二、选择题

（1）无线应用协议的英文缩写是（　　）。

A. GPRS　　B. MPS　　C. WAP　　D. WPKI

（2）通用分组无线业务技术的英文缩写是（　　）。

A. GPRS　　B. MPS　　C. WAP　　D. WPKI

（3）移动定位系统的英文缩写是（　　）。

A. GPRS　　B. MPS　　C. WAP　　D. WPKI

三、思考题

（1）移动电子商务的特点是什么？

（2）移动电子商务提供的服务是什么？

（3）简述移动通信技术的种类。

（4）无线 Internet 技术有哪几种？

（5）简述移动支付的特征与种类。

（6）简述第三方支付平台的优点。

第9章

电子商务法律与法规

学习目标

- 掌握电子商务法律概念。
- 掌握电子商务法律环境。
- 掌握电子商务基本法律制度。
- 掌握与电子商务相关的法律。

案例导入

案例 9-1　电子商务带来的法律新问题

2003 年 7 月 19 日，甲公司与乙公司在网上签订电子商务服务合同 1 份。

约定：乙公司为甲公司安装其拥有自主版权的国际贸易电子商务系统软件 1 套，在安装后 1 年之内最少为甲公司提供 5 个有效国际商务渠道。乙公司对甲公司利用其软件与商情获得的成交业务，按不同情形收取费用，最高不超过 50 万元。

如果在 1 年之内，乙公司未能完成提供有效国际商务渠道的义务，则无条件退还甲公司首期付款 5 万元并支付违约金。合同签订后，乙公司在甲公司处安装了软件平台，并代甲公司操作该系统。

2004 年 10 月，甲公司以乙公司违约，未能提供有效国际商务渠道为由起诉至法院，要求解除合同，返还已付款项并支付违约金。

乙公司在举证期限内提供了海外客户对甲公司产品询盘的 4 份电子邮件（打印文件），以此证明乙公司为甲公司建立的交易平台已取得业务进展，至于最终没有能够成交，是由于甲公司提供给外商的样品不符合要求。

一审法院认为，电子邮件的资料为只读文件，除网络服务提供商外，一般外人很难更改，遂认定了电子邮件证据的效力。

甲公司不服判决并上诉。

二审法院认为，乙公司提供的电子邮件只是打印件，对乙公司将该电子邮件从计算机上提取的过程是否客观和真实无法确认，而乙公司又拒绝当庭用储存该电子邮件的计算机通过互联网现场演示，故否认了4份电子邮件的证据效力。

案例分析

本案的争议焦点在于乙公司在合同约定的1年内是否为甲公司提供了有效国际商务渠道，而确定该问题的关键在于对乙公司提供的4份电子邮件如何进行认定。这就给电子商务带来了法律新问题——电子证据问题。

电子商务作为一种新型的商务运作方式，它的成长不仅取决于计算机和网络技术的发展情况，很大程度上还取决于政府如何为电子商务的发展营造一个良好的环境。

案例思考题

（1）何为电子证据？

（2）谈谈电子商务还带来了哪些新法律问题。

9.1 电子商务法律概述

电子商务通常是买卖双方在虚拟市场上通过订立电子合同来达成的。在电子商务的具体交易中，完成交易的各方都是通过无纸化的电子票据来进行支付和结算，而信息是通过网络进行传输的。在这样的开放环境里，如不及时制定有关的法律法规，电子商务的交易安全就无法得到保障。

9.1.1 电子商务法律的基本概念

1. 电子商务法律的概念与特征

电子商务法律，是指调整以电子交易和电子服务为核心的电子商务活动所发生的各种社会关系的法律规范的统称。

电子商务活动中所发生的各种社会关系，主要表现为一般商业活动所普遍存在的共有的社会关系和电子商务所特有的社会关系两个方面，与之相对应，电子商务法律也将主要有两个部分，即由一般商法和特殊商法所组成。电子商务虽是在计算机网络环境中的商务活动，但从其本质上讲，并没有改变商务活动的基本属性，仍然属于商务活动的范畴，对由此所发生的社会关系的调整依然适用我国现有法律体系中关于一般商业活动的法律规范，尤其适用我国现有商法的规范。这是电子商务法律规范的基本方面。但是电子商务毕竟是在计算机互联网络环境中建立的在电子信息平台上的数字化商业活动，是人类社会信息化的产物。与在传统的人际环境中所建立的以纸、笔为基本形式的媒体平台上的物质化的商务相比较，在方式、方法等许多方面都存在着巨大的差别。电子商务是一种特殊的商务活动，由此所产生的那部分社会关系由其自身的特殊性所决定，并不能完全适用于一般商法。因此，面对这些特殊的信息数字化的新问题，就需要根据电子商务的特殊性建立与之相适应的电子商务法律。

2. 电子商务法律关系

（1）电子商务法律关系含义

电子商务法律关系指由各种相关的电子商务法律规范所确认的电子商务活动中的当事人之间的具有权利义务内容的经济关系。

（2）电子商务法律关系分类

① 电子交易法律关系：包括电子买卖合同关系、电子服务合同关系、互联互通合同关系。

② 电子支付法律关系：当事人一般有付款人、收款人和金融机构，可能还有认证机构，这些当事人之间的法律关系。

③ 电子认证法律关系:包括认证机构与证书持有人之间的关系及认证机构与证书依赖人之间的关系。其中，证书依赖人指由于相信认证证书的记载而相信证书持有人的身份真实，从而与之进行商务交易的人。

④ 电子商务监管法律关系:指在电子商务活动中形成的政府监管部门与其他电子商务法律关系主体之间的关系，包括工商管理部门与电子商务企业的关系、信息产业部门与网络服务商的关系、央行与电子货币发行机构的关系等。

9.1.2　电子商务新的法律需求

1. 产生电子商务法律问题的原因

电子商务的突出特征是通过 Internet 使重要的商业活动通过计算机及信道构成的网络世界完成。这种网络世界构成了一个区别于传统商业环境的新环境，被称为“虚拟”世界。在这个世界里，来自于全世界各个角落的人和企业均可以缔结交易，当事人只要打开一个网站进行搜索和点击，不需要见面和使用笔墨，瞬间即可完成寻找交易对象、缔结合同、支付等交易行为。

这种环境和手段的改变,使得在传统交易方式下形成的规则难以完成适用于新环境下的交易,因此，这就需要制定新的法律法规，创造适应电子商务运作的法制环境。

2. 电子商务带来的法律新问题

电子商务的飞速发展，带来了诸如电子合同、网络知识产权、电子支付、税收、消费者权益保护、交易安全与网络隐私权、电子证据以及电子商务中的广告等许多新的法律问题。以往的法律法规无法完全适应全球化的网络环境，都成为制约电子商务健康发展的关键问题。

电子商务带来的法律新问题涉及的法律法规非常广泛，如合同法、税法、知识产权法、银行法、票据法、海关法、广告法、消费者权益保护法、刑法以及工商行政法规等。

一方面，电子商务所具有的无界性、虚拟性等特点使传统的民事权利在网络上具有新的特点，这就要求建立新的电子商务法律机制，来保护公民在网络上的合法权益不受侵犯；另一方面，高速的技术进步，使电子商务的发展速度远远超过了法律适时调整的速度，给立法和司法者提出了新的挑战，加速政策法规的完善成为数字化时代的新任务。

可以说，电子商务法律体系建立和完善的过程，将会是法律体系全面深刻变革的过程。电子商务能否健康稳定的发展很大程度上取决于电子商务的法律法规建设。

9.2 电子商务的法律环境

由于建立在传统交易方式下的法律法规难以适应电子商务的发展，世界各国以及相关的国际组织都纷纷行动起来，试图制定适应电子商务发展的规范。

9.2.1 国际电子商务法律环境

1. 国际电子商务立法现状

（1）在国际组织方面

联合国贸易和发展会主持制定了一系列调整国际电子商务活动的法律文件，主要包括《计算机记录法律价值的报告》、《电子资金传输示范法》、《电子商务示范法》和《电子商务示范法实施指南》。2001 年 7 月 5 日，联合国国际贸易法委员会通过了《电子签名示范法》。它们是世界各国电子商务立法经验的总结，同时又指导各国的电子商务法律实施。

（2）欧美各国

1993 年 9 月，美国政府提出了建设“国家信息基础设施计划”，即轰动全世界的“信息高速公路”计划。美国犹他州于 1995 年颁布的《数字签名法》（Utah Digital Signature Act）是美国乃至全世界范围内的第一部全面确定电子商务运行规则的法律文件。1996 年下半年，美国财政部颁布了有关“全球电子商务选择税收政策”白皮书。1997 年 7 月 1 日，美国政府又提出了《全球电子商务发展纲要》。1998 年 5 月 14 日，美国参议院商业委员会以全票通过了互联网免税法案。另外，美国的全国州法统一委员会也于 1999 年 7 月通过了《统一电子交易法》，供各州在立法时采纳。俄罗斯联邦也是世界上最早制定电子商务法的国家之一。1995 年 1 月《俄罗斯联邦信息法》颁布，它调整所有电子信息的生成、存储、处理与访问活动。该法赋予通过电子签名鉴别，并经由自动信息与通信系统传输、存储的电子信息文件以法律效力，还规定电子签名的认证权必须通过许可。与该法相配套，俄罗斯联邦市场安全委员会还于 1997 年下发了《信息存储标准暂行要求》，具体规定了交易的安全标准。

1997 年 4 月，欧盟也发布了《欧盟电子商务行动法案》。德国于 1997 年 8 月制定了《信息与通信服务法》，其中包括《通信服务使用法》、《通信服务中个人的信息保护法》、《电子签名法》、《刑法典修正案》、《行政违法修正案》、《禁止对未成年人传播不道德出版物修正案》、《版权法修正案》和《价格表示法修正案》等。可以说，德国为了实施其电子商务法，已经对整个法律体系进行了调整。意大利于 1997 年制定了《意大利数字签名法》，为了实施该法，又于 1998 年和 1999 年分别颁布了总统令，并制定了《数字签名技术规范》。

（3）亚洲各国

马来西亚早在 20 世纪 90 年代中期就提出了建设“信息走廊”的计划，并于 1997 年制定了《数字签名法》，可以说这是亚洲最早的电子商务立法。1997 年，韩国也制定了内容比较全面的《电子商务基本法》，新加坡于 1998 年正式制定、颁布了《新加坡电子交易法》，又于 1999 年制定了《新加坡电子交易（认证机构）规则》和《新加坡认证机构安全方针》。

2. 国际电子商务立法的特点

① 电子商务的国际立法先于各国国内立法的制定。

② 电子商务国际立法具有边制定边完善的特点。

③ 电子商务的贸易自由化程度较高。

④ 电子商务国际立法重点在于使过去制定的法律具有适用性。

⑤ 发达国家在电子商务国际立法中居主导地位。

⑥ 工商垄断企业在电子商务技术标准和制定上起了主要作用。

3. 国际电子商务立法的主要内容

① 市场准入。

② 税收。

③ 电子商务合同的成立。

④ 安全保密。

⑤ 隐私权保护。

⑥ 知识产权。

⑦ 电子支付。

9.2.2　我国电子商务法律环境

1. 我国电子商务立法现状

（1）在法律法规的制定、修订方面

1999 年 3 月 15 日，第九届全国人民代表大会第二次会议通过了经过修订的《中华人民共和国合同法》。其中，定义合同的书面形式是指合同书、信件和数据电文（包括电报、电传、传真、电子数据交换和电子邮件）等可以有形地表现所载内容的形式，这为电子商务中订立合同的合法性提供了法律基础。

2004 年 8 月 28 日，第十届全国人民代表大会常务委员会第十一次会议通过了《中华人民共和国电子签名法》，自 2005 年 4 月 1 日起施行。

（2）在电信业方面

2000 年 9 月 25 日，国务院颁布了《中华人民共和国电信条例》。作为电子商务基础设施的电信业，从而结束了基本上无法可依的状态。

（3）在互联网服务业方面

为加强中国互联网域名系统的管理，1997 年 5 月 30 日，国务院信息化工作小组发布《中国互联网域名注册暂行管理办法》。同年 6 月 3 日又发布了《中国互联网域名注册实施细则》。对域名的申请、注册、注销、变更等事宜进行了具体规定。为规范互联网信息服务活动，促进互联网信息服务健康有序发展，国务院于 2000 年 9 月 25 日颁布了《互联网信息服务管理办法》。作为电子商务一个重要内容的信息服务从此有了相应的管理法规。

（4）在信息安全保密方面

1988 年 9 月，全国人民代表大会常务委员会通过了《中华人民共和国保守国家秘密法》。该法首次对电子信息保密做出了规范，2010 年 4 月 29 日又进一步修订通过。

为保护计算机信息系统的安全，促进计算机的应用和发展，国务院于 1994 年 2 月 18 日颁布了《计算机信息系统安全保护条例》。据此于 1997 年 12 月 30 日公安部第 33 号令发布并实施了《计算机信息网络国际联网安全保护管理办法》。从加强计算机信息网络国际联网的安全保护，维护公共秩序和社会稳定出发做出了相应规定。

2000 年 4 月 26 日，公安部又发布《计算机病毒防治管理办法》，加强了计算机病毒的预防和治理。

（5）在电子出版物方面

1997 年 12 月 30 日，国家新闻出版署第 11 号令颁布了《电子出版物管理规定》。其中给出了电子出版物的定义，并对其制作、出版、复制、进口、发行和违规惩罚等做出规定。

（6）在维护市场秩序方面

1993 年 9 月 2 日，第八届全国人民代表大会常务委员会第三次会议通过《中华人民共和国反不当竞争法》。国家工商行政管理局于 1993 年 12 月 24 日颁布了《关于禁止有奖销售活动中不正当竞争行为的若干规定》。国务院于 1998 年 4 月 18 日发布《关于禁止传销活动的通知》。2007 年 8 月 30 日，第十届全国人民代表大会常务委员会第二十九次会议通过了《中华人民共和国反垄断法》。

2. 我国电子商务立法的原则

（1）趋同性原则

我国电子商务立法应当尽量与联合国的《电子商务示范法》保持一致，这样有利于我国电子商务规范与世界接轨。

（2）指导性原则

由于电子商务的主要活动是电子交易，而商业交易的主要特征是平等自愿，因此，电子商务立法应充分体现指导性原则，明确政府在发展电子商务中的地位，即宏观规划和指导作用，减弱政府对电子商务的管制与指令。

（3）动态性原则

电子商务发展迅猛，且目前仍处在高速发展过程中，新的法律问题还将随着电子商务的发展不断出现，因而目前要建立并完善国际电子商务法律体系是不可能的，也是不切实际的，只能就目前已成熟或已经成共识的法律问题制定相应的法规，并随着电子商务发展而不断修改和完善。

（4）协调性原则

电子商务立法在解决问题的同时，还要注意与其他层面解决方案的协调，避免法出多门，避免因立法权与管理权冲突导致整个电子商务法律环境的无序。

（5）安全性原则

电子商务法是在虚拟的环境中运行。在线交易是全球性的、非面对面的交易，是以电子信息或数据电文为手段的，这里存在传统法律环境下的安全隐患，因此，电子商务法需要具有特别保障其交易安全的规范。

（6）保护消费者利益原则

电子商务的繁荣最终要依赖消费者的参与，如果在电子商务活动中消费者利益得不到保护，就不可能有持续发展的电子商务。电子商务是在虚拟环境下运行的，对网络交易的消费者权益维护除了适用传统的消费者保护法外，还要针对网上交易的特点实施特殊的保护。

3. 发展我国电子商务法律环境的策略

① 加强电子商务法制建设的领导。
② 把电子商务立法纳入国家整个法制体系建设。
③ 高度重视与国际电子商务法律的协调。
④ 重视并加大企业界在电子商务立法中的作用。

9.3 电子商务基本法律制度

9.3.1 数据电文法律制度

1. 数据电文制度产生的必然性

以适合新的电子交易形式的法律制度，即数据电文制度，来调整数据电文交易手段所引起的商事关系，是必然趋势。无论从数据电文的自身特征，还是在商事交易中所占的重要地位来讲，都有必要独立于口头、传统书面形式之外，而成为一种新的独立的法律行为的形式。《电子商务示范法》实际上就是一部关于数据电文效力的法律制度，它主要就数据电文的概念、书面功能等价标准、法律效力、发送与接收，及其归属等基本问题做出规定。其核心是对数据电文法律地位的确认。只有保障了数据电文的有效使用，各种电子商务活动才能广泛展开。

3. 数据电文的概念

数据电文（Data Massege），是一个与计算机通信相关的崭新的术语。从国际立法上看，数据电文是独立于口头、书面等传统意思表达方式之外的一种电子通信信息及其记录，是电子商务用于表达意思的电子信息的总称。《电子商务示范法》第二条规定：就本法而言，“数据电文，是指以电子手段、光学手段或类似手段生成、发送、接收或储存的信息，这些手段包括但不限于电子数据交换（EDI）、电子邮件、电报、电传或传真”。

4. 数据电文的效力

（1）数据电文效力的一般确认

《电子商务示范法》第五条，就数据电文的法律承认规定：不得仅仅以某项信息采用数据电文形式为理由，而否定其法律效力、有效性或可执行性。

（2）数据电文在合同订立上的效力

《电子商务示范法》第十一条规定：就合同的订立而言，除非当事各方另有协议，一项要约以及对要约的承诺，均可通过数据电文的手段表示。如使用了一项数据电文来订立合同，则不得仅仅以使用了数据电文为理由，而否定该合同的有效性或可执行性。

（3）当事人对数据电文的承认

《电子商务示范法》第十二条，就当事各方对数据电文的承认做出了规定：就一项数据电文的发端人和收件人之间而言，不得仅仅因采用了数据电文形式为理由，而以意旨的声明或其他陈述，来否定其法律效力、有效性和可执行性。其中基本含义是，当事人不得以单方声明的形式，排除对数据电文效力的承认，以确保数据电文法律的稳定性和预见性。

（4）数据电文的证据效力

数据电文的证据效力问题，是电子商务应用的主要障碍之一。为此，《电子商务示范法》第九条专门就数据电文的可接受性和证据价值，做出规定："①在任何法律诉讼中，证据规则的适用在任何方面均不得以下述理由否定一项数据电文作为证据的可接受性：（a）仅仅以它是一项数据电文为由；或（b）如果它是举证人按合理预期所能得到的最佳证据，以它并不是原样为由。②对于以数据电文为形式的信息，给予应有的证据力。在评估一项数据电文的证据力时，应考虑到生成、储存或传递该数据电文的办法的可靠性，保护信息完整性的办法的可靠性，用以鉴别发端人的办法，以及任何其他相关因素。"

9.3.2 电子签名及其法律制度

1. 电子签名产生的原因

现实生活中许多事务的处理都需要当事者签名，如命令、文件的签发，合同的订立，收取款项等。签名在其中至少起到了两个作用，一是表明签名人是谁，二是表明此人承认、证明，或核准了所签署的文件的内容。

计算机网络、电子支付系统和自动化交易系统的广泛应用，使得电子签名问题显得越来越突出。因为在许多应用系统中，电子签名问题不解决，交易安全无法保障，实际上就不具有应用价值。这也是电子签名问题成为电子商务中的重要的技术与法律问题的原因所在。

2. 电子签名的概念及特征

2001 年 7 月 5 日，联合国国际贸易法委员会通过了《电子签名示范法》。第二条（a）款对电子签名作了以下定义："以电子形式表现的数据，该数据在一段数据信息之中或附着于或与一段数据信息有逻辑上的联系，该数据可以用来确定签名方与数据信息的联系并且可以表明签名方对数据信息中的信息的同意。"

电子签名具有以下几个特征：第一，确认主体身份；第二，确认内容的完整性和准确性；第三，收付方验证过程是公开的。

电子签名的目的是利用技术手段对签署文件的发件人身份做出确认以及有效保障传送文件内容不被当事人篡改，不能冒名顶替传送虚假资料以及事后不能否认已发送或已收到资料等网上交易的安全性问题。

在电子签名法案中，采用这种电子签名概念的，还有美国《统一电子交易法》，澳大利亚的《电子交易法案》等。

2004 年 8 月 28 日，第十届全国人民代表大会常务委员会第十一次会议通过了《中华人民共和国电子签名法》，并于 2005 年 4 月 1 日起施行。

3. 电子签名的效力

电子签名的适用范围相当广泛。凡是以手书签名，或其衍生物可以有效使用的地方，都是电子签名可以适用的范围。但是，电子签名毕竟是手书签名在电子环境中的等价物，两者在实际应用的效果上，不免有一些差异，所以其适用范围不能完全相等。关于电子签名的适用范围，一般给予抽象的肯定。而对于其不能适用的范围，则是予以具体的否定的。换言之，在法律文件中，其范围是以概括式的规定肯定的，而其限制则是以详细列举式的规定排除的。我国《电子签名法》也在第一章“总则”中专门指出了排除使用的范围。

9.3.3 电子认证法律关系

1. 电子认证的概念

电子签名对判定公共密钥的确定性以及私人密钥持有者否认签发文件的可能性等问题是无法解决的。在电子交易过程中，需要一个具有权威公信力的第三方作为电子认证机构（CA）对公开密钥进行辨别及认证等管理职能，以防止发件人抵赖或减少因密钥丢失、被偷窃或被解密等风险。

2. 电子认证机构

一般 CA 设定的形式有两大类：第一类是直接由国家有关负责部门下属单位直接设立，或是由政府的相关部门扮演 CA 体系中最高一层的认证中心角色；第二类是由政府相关部门做出授权，规定严格的审批条件和程序签发认证证书，同时行使监督权，以确保网络交易的安全性。

CA 申请从事电子认证服务牌照时，需满足一定的审批条件。政府主管部门在审核及批发许可证时，除要审查申请人的硬件措施（如办公场所的选定）、软件条件（如公司中人员的技术专业知识），还要审查主体资格、承担损害赔偿的能力等多个方面。

3. 电子认证的效力

电子认证的效力一般通过两种途径得到保障。第一种是最直接的，通过法律授权政府机关主管部门制定相应规则，从而最终达到保障电子认证的效力具有法律上的依据和保障的目的。第二种是采取当事人之间通过协议方式来解决电子认证的效力问题，相对第一种形式，电子认证的效力相对薄弱。

目前，在全球处于领导地位的认证中心，是美国的 Verisigri 公司、加拿大的 Canada Post Corporation 等。我国较大的电子认证机构有金融认证中心、南方认证中心、北京数字认证中心等。

9.3.4 电子合同的法律制度

1. 合同的含义

我国《合同法》第二条规定：“合同是平等主体的公民、法人、其他组织之间设立、变更、终止民事权利义务关系的协议。”简单地说，合同是双方或多方当事人之间达成的对他们具有约束力的协议。被称为合同的协议之所以区别于其他协议，是因为该协议本身具有法律效力，即在订立协议的当事人之间产生法律约束力，如果一方当事人反悔，那么另一方当事人可以请求法院强制对方履行或要求承担违约责任。

2. 电子合同的产生

一个有效的合同本身并不需要将其表达为某种形式，因此，仅口头承诺或协商一致便可以成立有效的合同，无需任何记载或表达形式。但是，为了防止对方抵赖或毁约便有了书面记载合同内容，做成合同书或具备某种特殊形式的文书。但这种书面的作用主要是证据作用。

自从造纸和印刷技术发明，书面合同便成为合同的主宰形式，也成为当今有关合同法规则建立的基础。但是，人类记载、表达、交流、通信等技术是不断进步的。在人类进入电话、电报、传真时代，合同已经被电子化了，只是人们仍然把电话达成的合同归类为口头合同，电报和传真归类为书面合同，并没有将之称为电子合同。

电子合同概念的提出是计算机发明所引起的人类信息处理和传递革命的结果。计算机的发明使人类所有的信息数字化；而随后网络技术的发明使所有数字化的信息网络化，使人类通过网络可以表达意思、缔结协议。由此，数字通信技术，完全使人类摆脱了对纸面的依赖，使人们不得不将计算机处理和储存的法律文书称之为电子文书。由此也就产生了电子合同概念。

根据我国《合同法》第十条规定："当事人订立合同，有书面形式、口头形式和其他形式。法律、行政法规规定采用书面形式的，应当采用书面形式。当事人约定采用书面形式的，应当采用书面形式。"第十一条规定："书面形式是指合同书、信件和数据电文（包括电报、电传、传真、电子数据交换和电子邮件）等可以有形地表现所载内容的形式。"

3. 电子合同定义

电子合同，又称电子商务合同，仅指数字形式缔结、存储和表现合同形式，其表现形式的特殊性在于记载当事人意思表示内容的方式或手段被电子化了。

4. 电子合同的特征

电子合同的是合同的一种，具有合同的共同特征；电子合同又是特殊的合同，具有自己一些独有的特征。

① 电子合同的要约和承诺过程均是通过计算机互联网进行的。

② 有些电子合同的签订常自动完成，没有传统意义上的合同签订时当事人的协商过程。

③ 电子合同的成立不需要经过传统的签字，只要每一方采用电子密码签名即可，这种电子签名的方法成为电子合同的基本特征。

5. 电子合同的效力

对于以电子方式存在的契约的效力问题，我国的《合同法》中第十一条已有明文承认其合同效力。《合同法》第十一条规定："书面形式是指合同书、信件和数据电文等可以有形地表现所载内容的形式。"并且，在联合国国际贸易法委员会《电子商务示范法》第十一条第一款中也明确规定："对于合同的订立而言，除非当事人有其他约定，要约及对要约的承诺可以通过资料信息表达。"

6. 电子合同的要约与承诺

电子合同的订立过程同样必须有双方当事人的要约与承诺两大步骤与环节。关于要约与承诺的撤回或撤销，国内一般认为，只要符合我国《合同法》第十七条规定的"撤回要约的通知应当在要约到达受要约人之前或与要约同时到达受要约人”，第十八条规定的“撤销要约的通知应当在受要约人发出承诺通知之前到达受要约人”以及第二十七条规定的“撤回承诺的通知应当在承诺通知到达要约人之前或者与承诺同时到达要约人”，数据电文所表达的要约与承诺还是可以撤回或撤销的。

7. 电子合同生效的时间与地点

依法成立的合同，一般自其成立时生效，而合同成立的时间，根据我国《合同法》的规定有“承诺生效时”和在合同书情况下“自双方当事人签字或者盖章时”成立。

关于电子合同生效的地点，原则上按承诺人的营业地点或经常居住地来确定。按电子合同的订立地、生效地来确定受理、管辖电子合同纠纷的法院，会比按履行地来确定受理、管辖的法院更简便易行，因为一个电子合同表的交付可以在多个地域进行。

9.3.5 电子支付的法律制度

1. 在线电子支付

就目前而言，在网上 B2C 交易中，网上沟通、网下结算仍然占有较大比例；或者采用货到付款（支付现金）；或者采用邮局汇款或其他汇付方式支付货款、经营者收到货款后发货。人们对这类方式比较熟悉，也有安全感，但这类方式效率低下，使电子商务失去了快捷的特点。

完全的电子商务则通过互联网进行电子支付。电子支付早已在现实生活中存在，比如人们广泛使用的信用卡，即是一种典型的电子支付方式。电子商务中的电子支付更强调的是与商务交易一体化的网上支付。这里将电子商务环境下的电子支付称为在线电子支付。

在线电子支付，是指以计算机及网络为手段，将负载有特定信息的电子数据取代传统的支付工具用于资金流转，并具有实时支付效力的一种支付方式。在线电子支付和电子商务密不可分，是电子商务得以进行的基础条件。

2. 我国电子支付立法状况

我国金融电子化程度落后于其他国家，与此相关的立法也较落后。1995 年 5 月《票据法》出台，刚刚跟上传统支付法的步伐，在电子商务迅速发展的浪潮中，对支付电子化、网络化、无纸化提供了严峻的挑战。在这种背景下，中国人民银行于 1997 年 12 月公布了《中国金融 IC 卡卡片规范》和《中国金融 IC 卡应用规范》，1998 年 9 月又公布了与 IC 卡规范相配合的《POS 设备规范》。这 3 个标准的制定为国内金融卡跨行、跨地区通用、设备共享及与国际接轨提供了强有力的支持。1998 年年初，国家金卡工程协调领导小组根据国务院知识发出了《关于加强 IC 卡生产和应用管理有关问题的通知》，要求制定 IC 卡生产、应用的技术标准和规范。随后，《全国 IC 卡应用发展规划》、《IC 卡管理条例》、《集成电路卡注册管理办法》、《IC 卡通用技术规范》等相继出台，为各种电子支付系统的规范化和兼容性提供了契机，使得中国标准金融 IC 卡作为电子商务中的支付前端成为最安全和最直接的解决方案。1999 年 1 月 26 日，中国人民银行颁布了《银行卡业务管理办法》，对银行信用卡、借记卡等做出规范。2002 年 8 月，中国人民银行先后发布了《关于加强银行数据集中安全工作的指导意见》和《关于当前银行卡联网通用工作有关问题的通知》，对银行数据集中的安全工作和银行卡联网通用提出指导意见。

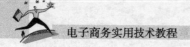

9.3.6 网上银行和电子货币的法律制度

1. 网上银行的许可和监管法律问题

网上银行可以是全新设立的网上银行，也可以是原有的商业银行利用互联网开展网上金融业务。根据《商业银行法》第二十四条，在发生调整业务范围等变更事项时，应当经中国人民银行批准。从理论上讲，现有的商业银行将传统银行业务移到互联网上开展，属于银行业务的自然延伸或者是银行运行环境或手段的改变，而不需要“业务范围”的调整。但是，网络环境是一个技术支撑的特殊环境，将资金流转搬上网络，需要一定技术保障和安全措施，因此，为了监控网上银行风险，为了统一网上支付系统的技术标准和安全标准，建议对于现有银行开展网上业务实行许可制，并由中国人民银行颁发许可证并实施必要的协调和监管，促进网上支付网关技术兼容，确保银行业务安全，减少网上银行风险。

2. 电子货币的相关法律问题

目前，国际上对电子货币的发行主体的认识，尚存在较大分歧。欧洲大陆国家接受这样的观点：电子货币的发行应该包含在现行金融机构的业务中，其发行主体应属于金融监管的对象。而在美国和英国，对电子货币的发行主体是否应加以严格监管和限制，存在两种不同的观点，占上风的观点是对电子货币的发行主体加以严格监管和限制，会损伤民间机构的技术开发和创新精神，现在就得出结论将电子货币的发行主体限定于金融机构，尚为时过早。

我国对货币发行实行严格管理制度。根据《中国人民银行法》，人民币是我国的法定货币，人民币由中国人民银行统一印制、发行，第十九条规定：“任何单位和个人不得印制、发售代币票券，以代替人民币在市场上流通。”根据这些规定，显然，只有中国人民银行或经人民银行分行批准的金融机构，才有权发行电子货币。其他金融机构在获得批准发行电子货币后，中国人民银行还有权对电子货币的运行实行严格的监督管理。

9.4 与电子商务相关的法律制度

9.4.1 电子商务中消费者权益保护

1. 网上购物消费者保护

我国法律特别重视消费者保护，1993 年 10 月 31 日，第八届全国人民代表大会常务委员会第四次会议通过了《中华人民共和国消费者权益保护法》(下称《消费者权益保护法》)，2013 年 10 月 25 日第十二届全国人民代表大会常务委员会第五次会议进行了第二次修正。这里我们依据我国最新版《消费者权益保护法》来讨论网上消费者权益保护问题。

（1）消费者的知情权

《消费者权益保护法》只规定了消费者知情权，而没有规定在缔约前经营者应当尽告知和提示义务。

《消费者权益保护法》第八条规定："消费者享有知悉其购买、使用的商品或者接受的服务的真实情况的权利。消费者有权根据商品或者服务的不同情况，要求经营者提供商品的价格、产地、生产者、用途、性能、规格、等级、主要成分、生产日期、有效期限、检验合格证明、使用方法说明书、售后服务，或者服务的内容、规格、费用等有关情况。"法律赋予消费者知情权，就是要让其明明白白地掏钱买东西。

（2）消费者退货权

《消费者权益保护法》第二十五条规定："经营者采用网络、电视、电话、邮购等方式销售商品，消费者有权自收到商品之日起七日内退货，且无需说明理由，但下列商品除外：①消费者订做的；②鲜活易腐的；③在线下载或者消费者拆封的音像制品、计算机软件等数字化商品；④交付的报纸、期刊。除前款所列商品外，其他根据商品性质并经消费者在购买时确认不宜退货的商品，不适用无理由退货。消费者退货的商品应当完好。经营者应当自收到退回商品之日起七日内返还消费者支付的商品价款。退回商品的运费由消费者承担；经营者和消费者另有约定的，按照约定。"

2. 网络服务经营者的义务和责任

（1）商品质量保障及售后服务义务

《消费者权益保护法》第二十四条规定："经营者提供的商品或者服务不符合质量要求的，消费者可以依照国家规定、当事人约定退货，或者要求经营者履行更换、修理等义务。没有国家规定和当事人约定的，消费者可以自收到商品之日起七日内退货；七日后符合法定解除合同条件的，消费者可以及时退货，不符合法定解除合同条件的，可以要求经营者履行更换、修理等义务。依照前款规定进行退货、更换、修理的，经营者应当承担运输等必要费用。"

（2）不得不当免责的义务

《消费者权益保护法》第二十六条规定："经营者在经营活动中使用格式条款的，应当以显著方式提请消费者注意商品或者服务的数量和质量、价款或者费用、履行期限和方式、安全注意事项和风险警示、售后服务、民事责任等与消费者有重大利害关系的内容，并按照消费者的要求予以说明。经营者不得以格式条款、通知、声明、店堂告示等方式，做出排除或者限制消费者权利、减轻或者免除经营者责任、加重消费者责任等对消费者不公平、不合理的规定，不得利用格式条款并借助技术手段强制交易。格式条款、通知、声明、店堂告示等含有前款所列内容的，其内容无效。"

（3）保护消费者个人数据的责任

《消费者权益保护法》第二十九条规定："经营者收集、使用消费者个人信息，应当遵循合法、正当、必要的原则，明示收集、使用信息的目的、方式和范围，并经消费者同意。经营者收集、使用消费者个人信息，应当公开其收集、使用规则，不得违反法律、法规的规定和双方的约定收集、使用信息。经营者及其工作人员对收集的消费者个人信息必须严格保密，不得泄露、出售或者非法向他人提供。经营者应当采取技术措施和其他必要措施，确保信息安全，防止消费者个人信息泄露、丢失。在发生或者可能发生信息泄露、丢失的情况时，应当立即采取补救措施。经营者未经消费者同意或者请求，或者消费者明确表示拒绝的，不得向其发送商业性信息。"

3. 消费者和经营者争议的解决方式

（1）网络管辖权

管辖权问题决定了哪一个国家的法院可以对争议案件加以审理判决，也决定了该国公民是否可以在该国法院，对外国网站提出诉讼。原则上，对于刑事案件，各国法院都会因主张国家主权而对网络犯罪案件有审判权与管辖权，但是如果是民事案件，则各国均有不同的原则。如果各国法院不断扩大管辖权，将可能使网络利用人与网站经营者面临在各国被控诉的困扰。

（2）网上民事侵权纠纷管辖权的确定

根据我国《民事诉讼法》的规定，侵权之诉管辖地主要依据侵权行为人住所地、侵权行为地和侵权结果发生地。

网上民事侵权纠纷的管辖地最易确定的首先是侵权人的所在地，其次是依据侵权结果发生地而引致的受害人所在地，两地法院均具有管辖权，以原告选择起诉的法院为有管辖权的受诉法院。

（3）争议的解决方式

《消费者权益保护法》第三十九条规定："消费者和经营者发生消费者权益争议的，可以通过下列途径解决：①与经营者协商和解；②请求消费者协会或者依法成立的其他调解组织调解；③向有关行政部门投诉；④根据与经营者达成的仲裁协议提请仲裁机构仲裁；⑤向人民法院提起诉讼。

9.4.2 网络环境下隐私权保护

1. 隐私权的概念

隐私权（Right To Privacy）是指公民依法享有的私人信息不被非法刺探、搜集和公开，私人生活不被非法侵扰的独立的人格权。

网络隐私权是指未经当事人同意而在互联网上以不正当手段获取、披露他人隐私或非法侵入他人私人领域而构成的侵权。在网络中个人隐私主要是以"个人数据"形式体现。个人数据的网上保护已成为人们普遍关注的一个焦点，许多国家已将个人数据纳入法律保护的范围。

2. 隐私权法律渊源

我国的隐私权保护来源于《宪法》、《民法通则》等法律法规。《宪法》第三十八条规定公民的人格尊严不受侵犯。第三十九条规定公民的住宅不受侵犯。第四十条规定公民的通信自由和通信秘密受法律的保护。这三条规定是我国隐私权的宪法渊源。

3. 网络环境下隐私权侵犯的范围

① 不当收集和利用了身份性信息，侵害了个人的隐私权、身份性信息的享用权。

② 利用现代信息技术不当地搜集、窥视、公开他人私事即构成对他人隐私的侵犯。

③ 个人自主、独立生活的权利或独处的权利，它主要保护个人可以独立自主地、不受干扰地生活的权利。

4. 身份性信息的收集和使用基本原则

从理论上讲，具有识别性的个人身份和特性的信息即属于身份性信息。身份性信息范围非常广泛，包括一切有关个人身份、生理的、思想的、生活习惯、社会关系等方面的信息。一般包括姓名、职业、履历、病历、婚姻、健康状况、住址、电话号码、银行账号、保险情况、特殊爱好、宗教信仰等。

经济合作与发展组织，简称经合组织（OECD），1980 年颁布了《隐私保护和身份性信息跨界流通的指南》。《指南》确立的要求成员国在保护身份性信息方面遵循收集限制原则（Collection Limitation Principle）、资料定性原则（Data Quality Principle）、目的特定化原则（Purpose Specification Principle）、使用限制原则（Use Limitation Principle）、安全原则（Security Safeguards Principle）、开放原则（Openness Principle）、个人参与原则（Individual Participation Principle）、可解释原则（Accountability Principle）这 8 项原则。

9.4.3 知识产权保护

1. 知识产权的概念

从广义上来看，知识产权可以包括一切人类智力创作的成果；而狭义或者传统的知识产权则包括工业产权与著作权。其中，工业产权中又包括专利权、商标权、商业秘密、集成电路布图设计等；著作权包括狭义的著作权与邻接权等。

2. 知识产权的特点

（1）知识产权是无形财产

知识产权的“无形”特点给知识产权保护、知识产权侵权的认定等带来了比有形财产复杂得多的问题。知识产权作为人类的智力成果是无形的，但记载知识产权的载体都可能是有形的，可以对知识产权客体本身和知识产权的载体进行区分。

（2）知识产权具有专有性

如果两个人分别有相同的发明，则只可能由其中一个人获得专利权，获得专利权的人将有权排除另一个人将自己研究出的发明许可或者转让给第三人使用。但这一特点也有例外，比如承认商业秘密属于知识产权的范畴，但相同的商业秘密可以为多人同时拥有。

（3）知识产权具有地域性

这是指知识产权只能依照一定国家的法律产生，并只在该国地域内有效。

（4）知识产权具有时间性

这是指知识产权仅在法律规定的时间内有效，超过时间期限，它们就不再属于知识产权制度保护的客体，这些知识产权就进入公共领域。当然，知识产权中的精神权利则不受时间的约束，如作者的署名权、发表权等。

3. 网络著作权的问题

（1）网络作品有没有著作权

从广义上讲，在计算机网络上发表的作品都是网络作品。网络作品同样具有作品的 3 个构成要件。第一，它具有文学性、艺术性或科学的内容，是作者人格的延伸、思想和情感的表现；第二，它具有原创性，由作者依法独立创作完成；第三，它能够以某种物质形式加以固定的表现。因此，世界各国普遍承认网络作品是受著作权保护的客体。

（2）计算机软件保护

我国于2002年1月1日起施行的《计算机软件保护条例》第十四条规定："软件著作权自软件开发完成之日起产生。自然人的软件著作权，保护期为自然人终生及其死亡后50年，截止到自然人死亡后第50年的12月31日；软件是合作开发的，截止到最后死亡的自然人死亡后第50年的12月31日。法人或者其他组织的软件著作权，保护期为50年，截止到软件首次发表后第50年的12月31日，但软件自开发完成之日起50年内未发表的，本条例不再保护。"

（3）汇编作品的保护

我国《著作权法》第十四条规定："汇编若干作品、作品的片段或者不构成作品的数据或者其他材料，对其内容的选择或者编排体现独创性的作品，为汇编作品，其著作权由汇编人享有，但行使著作权时，不得侵犯原作品的著作权。"

9.4.4 电子商务税收法律问题

1. 电子商务面临的主要税收法律问题

（1）纳税主体的不确定性

由于电子商务削弱了商品或劳务提供者与消费者之间地理位置上的联系，使商品或劳务的交易活动由固定的场所转移到了没有固定场所的、开放的国际互联网上。同时，由于消费者和制造商都可以隐匿其名称和居住地，如何确认商务中从事经营活动的公司或个人的居民身份就成为一个新的难题。纳税主体变得多样化、模糊化、边缘化，由此带来许多新的问题。

（2）对征税客体的认定问题

征税客体又称征税对象，在税法中主要是指纳税人的应税所得。而电子商务具有不需要发生商品的实物转移的特点，使政府难以掌握全面的有关纳税人活动的信息。同时，电子商务进行的产销直接交易，降低了传统的中介机构，减少了可以代为扣缴税款的途径。由于电子商务的使用，尤其是电子货币的广泛采用，使得税务机构无法跟踪，也难以查清纳税人的收支情况。

（3）电子商务交易过程的可追溯性问题

电子商务交易过程的可追溯性就是确定了纳税主体后，是否有足够的依据收到税款，证据是否足够、是否可查。电子商务交易过程中的发票、账簿等均可在计算机网络中以电子形式填制，而这些电子凭证又可以轻易地修改不会留下任何痕迹、线索。并且，随着电子银行的出现，一种非记账电子货币可以在税务部门毫无察觉的情况完成纳税人之间的付款业务，无纸化的交易没有有形合同，这也使超级密码隐藏有关信息使纳税机关收集信息更加困难。

（4）电子商务过程的税务稽查问题

由于电子商务是通过大量无纸化操作达成交易，税收审计稽查失去了最直接的实物凭证。如何对网上交易进行监管以确保税收收入及时足额地入库是网上税收的又一难题。

（5）所得类型的确定问题

我国实行分类所得税制，所得类型不同，适用的来源规则不同，适用的税收政策也不一样。

销售货物和提供劳务要就其营业利润征收正常的所得税，非居民在来源国“不出场”但有特许权使用费收入，要征收预提税，电子商务交易的不同认定将会导致所得税适用的影响。而电子商务时代，营业所得、特许权收入、劳务报酬所得，利息收入等分类模糊不清。这种所得类型模糊化，又将导致新的避税行为。

2. 我国电子商务税收政策的原则

① 在制定和完善税收正常的出发点上，应坚持税收中性原则。税收政策应在加强征管、防止税收流失的同时，不阻碍网上贸易的发展。

② 应采取适度优惠的原则。所谓适度优惠的原则，即对目前我国的电子商务暂时采取适度优惠的税收政策，以促进电子商务的发展，开辟新的税源。

③ 应坚持居民税收管辖权和来源地管辖权并重原则。

本章小结

本章主要介绍了电子商务法律概念，电子商务法律环境，电子商务基本法律制度以及与电子商务相关的法律。通过本章的学习，掌握电子商务法律概念，掌握电子商务法律环境，掌握数据电文法律制度、电子签名及其法律规范、电子认证、电子合同的概念与特征、电子支付、网上银行和电子货币的法律规范，掌握电子商务中消费者权益保护、网络环境下隐私权保护、知识产权保护、电子商务税收的相关法律。

综合习题 9

一、填空题

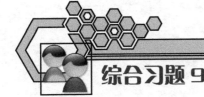

（1）________年，联合国国际贸易法委员会制定了《电子商务示范法》。

（2）________年，联合国国际贸易法委员会通过了《电子签名示范法》。

（3）2004 年 8 月 28 日，第十届全国人民代表大会常务委员会第十一次会议通过了《中华人民共和国电子签名法》，该法于________起施行。

（4）根据我国《民事诉讼法》的规定，侵权之诉管辖地主要依据________、________和________。

（5）我国于 2002 年 1 月 1 日起施行的《计算机软件保护条例》第十四条规定：“软件著作权自软件开发完成之日起产生。自然人的软件著作权，保护期为自然人终生及其死亡后________年，截止到自然人死亡后第______年的12月31日。

(6)根据我国《合同法》第十条规定，将合同分为3种形式分别是______、______和______。

二、选择题

(1)国际电子商务立法的特点不包括(　　)。

A. 电子商务的国际立法晚于各国国内的制定

B. 电子商务国际立法具有边制定边完善的特点

C. 电子商务的贸易自由化程度较高

D. 发达国家在电子商务国际立法中居主导地位

(2)《电子商务示范法》是(　　)于1996年通过的，这将促进协调和统一国际贸易法。

A. 国际贸易法委员会　　B. 国际商会

C. 欧盟贸易法委员会　　D. 美国贸易法委员会

(3)在电子合同的效力规定方面，中国的《合同法》中(　　)已有明文承认其合同效力。

A. 第十条　　B. 第十二条　　C. 第十一条　　D. 其他

(4)在(　　)年，联合国国际贸易法委员会通过了《电子签名示范法》。

A. 1998　　B. 2000　　C. 2001　　D. 2002

(5)电子签名的特征不包括(　　)。

A. 确认主体身份　　B. 确认内容的完整性

C. 收付方验证过程是秘密的　　D. 确认内容的准确性

(6)我国《消费者权益保护法》规定的消费者权利不包括(　　)。

A. 知情权　　B. 公平交易权　　C. 自由退换权　　D. 安全权

三、思考题

(1)简述国际电子商务立法的主要内容。

(2)简述国际电子商务立法的特点。

(3)简述我国电子商务立法的原则。

(4)简述数据电文的定义。

(5)简述电子签名的特征。

(6)简述电子合同定义。

(7)简述电子合同的特征。

(8)简述消费者退货权。

(9)简述隐私权的定义。

第10章 电子商务在各行各业中的应用

学习目标

- 了解电子商务在网上购物中的应用。
- 了解电子商务在金融业中的应用。
- 了解电子商务在旅游业中的应用。
- 理解电子政务的概念和应用。

案例导入

案例 10-1 携程旅行网成功的奥秘

携程旅行网是中国领先的在线旅行服务公司，创立于 1999 年，总部设在中国上海。目前，携程旅行网拥有国内外五千余家会员酒店可供预订，是中国领先的酒店预订服务中心，每月酒店预订量达到五十余万间。在机票预订方面，携程旅行网是中国领先的机票预订服务平台，覆盖国内外所有航线，并在 45 个大中城市提供免费送机票服务，每月出票量四十余万张。携程旅行网目前已在北京、广州、深圳、成都、杭州、厦门、青岛、南京、武汉、沈阳、南通、三亚这 12 个城市设立分公司，员工超过 10 000 人。作为中国领先的在线旅行服务公司，携程旅行网成功整合了高科技产业与传统旅行业，向超过 4 000 万会员提供集酒店预订、机票预订、度假预订、商旅管理、特惠商户及旅游资讯在内的全方位旅行服务。携程旅行网的收入主要来自酒店预订代理费，机票预订代理费，在线广告费以及线路预订代理费等。凭借稳定的业务发展和优异的赢利能力，携程旅行网于 2003 年 12 月在美国纳斯达克成功上市。

目前，携程旅游业务拥有自由行、团队游、半自助、巴士游、自驾游、邮轮、自由行 PASS、签证、用车等全系列旅游度假产品服务，在全国有 30 多个出发城市，千余条线路覆盖海内外 200 多个目的地，年出行人次超过 100 万，是中国最大的在线旅行社。在自由行方面，携程连续多年蝉联国内市场第一名。携程网目前占据中国在线旅游50%以上市场份额。

携程旅行网是中国领先的在线旅行服务公司，拥有中国领先的机票预订服务平台，覆盖国内外所有航线，携程旅行网成功地将互联网与传统旅行业进行整合。向超过 4000 万会员提供全方位旅行服务，有多种盈利模式，保证了携程旅行网的效益最大化，被誉为电子商务和传统旅游无缝结合的典范。

案例思考题

（1）为什么携程旅行网能取得成功？

（2）携程旅行网有哪些竞争对手？

（3）携程旅行网有什么优势？

10.1 网上购物

10.1.1 网上购物的概念

网上购物又称网络零售或网上零售，是指交易双方以互联网为媒介的商品交易活动，即通过互联网进行的信息的组织和传递，实现了有形商品和无形商品所有权的转移或服务的消费。买卖双方通过电子商务（线上）应用实现交易信息查询（信息流）、交易（资金流）和交付（物流）等行为，网上购物包括 B2C 和 C2C 两种形式。

网上购物活动中，购买者可以浏览网上商品目录，比较、选择满意的商品或服务，通过 Internet 下订单，在线或者离线付款、卖方处理订单、网上送货或离线送货，完成整个网上购物过程。

从目前来看，网上零售的经营方式主要有 3 种：第一种是由经济实力较强的网络公司建立的完善的网上商店，如美国的亚马逊、我国的当当书店等；第二种是由网络公司与传统的商贸企业联合建立的网上连锁商店，如美国 Internet Mall 公司建立的虚拟购物中心，其站点中有 2 000 多家商店提供的各种商品，还有我国的网上南京路等；第三种是传统商贸企业自己建立的网上商店，如美国的沃尔玛、我国北京的西单商场等。依托传统零售企业发展的电子商务凭借其供应商、品牌、发达的分销和送货渠道、客户等资源优势，将成为零售业电子商务的主要力量。而网上零售都将成为零售业务的一种重要的实现形式，为企业和客户创造出更大的价值。

10.1.2 网络零售的特点

互联网在商业上的广泛应用，已从根本上改变了零售业的运作，网上购买使顾客的购买活动不受时间的限制，而且可使顾客获得定制化的产品和服务。由于网络零售业较之于传统零售业相比是在网络上进行的交易，所以网络零售业在交易过程中也具备着自身不同于传统零售行业的特点。主要来说，我国网络零售业具有商品信息更齐全、发布速度更快，多为在线交易，成本低，网络零售厂商多、商品质量参差不齐等特点。

网络零售业中的商品信息较之于传统零售模式而言，由于电子技术的应用，商家可以将更多的商品信息告知于客户。客户通过浏览网页，可以更全面地看到商品的详细信息。以服装商品为例，购买者不仅仅可以方便地看到服装的品牌、货号、颜色、尺寸、价格等常规信息外，还可以看到其他用户对该商品的评价、相类似的其他商品等重要信息。这对用户的最终购买选择提供了帮助。而且由于互联网的日趋成熟，商家发布信息的速度也变得更加快捷，用户可以在第一时间发现最新的商品信息。

由于电子在线支付技术的完善，通过网络进行付费已经变得可能。用户往往选择了自己所需的商品后就可在网络上完成购买支付的全过程。购买时间缩短，购买方式变得更便捷了。但如今有的中国网络零售网站在提供在线支付的同时，也提供货到付款的业务。较之于传统零售业相比，网络零售业最大的特点就是所需成本很低。以前商家需要有实体销售店，而如今只需租用或者购买网络空间就可以实现销售，而且订单多为自动处理，降低了人力成本，所以如今网络零售业的成本是所有零售业中最低的。

由于网络零售较之于传统零售而言成本更低，所以越来越多的中小卖家选择进入网络销售自己的商品。这在给客户提供更多的选择的同时也造成了卖家数量的泛滥，有的卖家为了低价销售吸引人气甚至以次充好销售商品，这就造成了网络商品数量多，但质量参差不齐的情况。

10.1.3　我国网络零售发展现状

1. 市场规模

据中国电子商务研究中心（100EC. CN）监测数据显示，截至 2013 年 12 月中国网络零售市场交易规模达 18 851 亿元，较 2012 年的 13 205 亿的同比增长 42.8%，预计 2014 年有望达到 27 861 亿元，如图 10-1 所示。

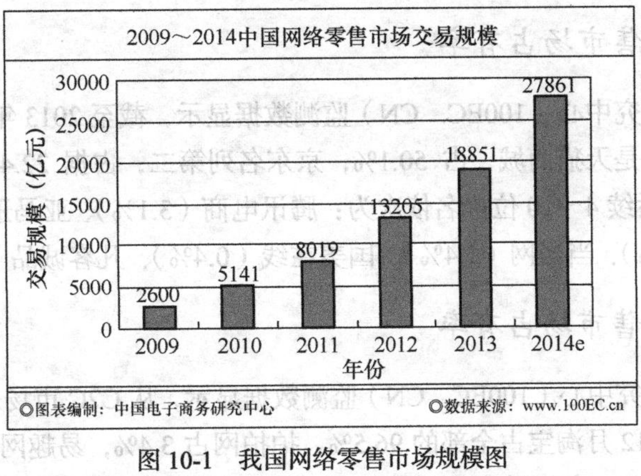

图 10-1　我国网络零售市场规模图

数据显示，京东 2013 年全年交易额突破 1 000 亿元，增长速度在 40%左右；苏宁电商销售额达 218.9 亿元（含税），同比增长 43.86%；1 号店销售额为 115.4 亿元；唯品会营收约 104.5 亿元，当当网为 63.25 亿元。

近年来伴随网购市场日益规范，越来越多的人加入到网购队伍当中。另外，电商企业在一二线城市发展稳定后，逐渐向三四线城市延伸，推动了网购市场的扩大。

2. 网络零售市场规模

网络零售市场规模占社会消费品零售总额的比例是衡量电商对消费促进作用的重要指标。据中国电子商务研究中心（100EC. CN）监测数据显示，截至 2013 年 12 月中国网络零售市场交易规模占到社会消费品零售总额的 8.04%，较去年（6.3%）同比增长 27.6%。中国电子商务研究中心预计，这一比例还将保持扩大态势，到 2014 年达到 9.8%，如图 10-2 所示。

图 10-2　我国网购市场占社会零售总额比例

3. 网购用户

据中国电子商务研究中心监测，2013 年，中国网购用户规模达 3.12 亿人，而 2012 年用户规模为 2.47 亿人，同比增长 26.3%。预计 2014 年年底中国网络购物用户规模将达到 3.8 亿人。

4. 企业规模

据中国电子商务研究中心（100EC. CN）监测数据显示，到 2013 年 12 月底，国内 B2C、C2C 与其他电商模式企业数已达 29 303 家，较去年增幅达 17.8%，预计 2014 年达到 34 314 家。

5. B2C 网络零售市场占有率

据中国电子商务研究中心（100EC. CN）监测数据显示，截至 2013 年 12 月，中国网络购物市场上排名第一的依旧是天猫商城，占 50.1%；京东名列第二，占据 22.4%；位于第三位的是苏宁易购，达到 4.9%，后续 4～10 位排名依次为：腾讯电商（3.1%）、亚马逊中国（2.7%）、1 号店（2.6%）、唯品会（2.3%）、当当网（1.4%）、国美在线（0.4%）、凡客诚品（0.2%）。

6. C2C 网络零售市场占有率

据中国电子商务研究中心（100EC. CN）监测数据显示，从 C2C 市场来看，淘宝集市地位依旧稳固，截至 2013 年 12 月淘宝占全部的 96.5%。拍拍网占 3.4%，易趣网占 0.1%。中国 C2C 网络购物市场格局相对稳定，各网站占比趋于稳定，交易规模平稳增长。

10.1.4　我国网络零售市场的发展趋势

1. O2O 发展迅速线上线下融合成趋势

传统零售业如苏宁开始逐渐寻求线下线上资源的整合，进行 O2O 的转型。同时，电商企业也开始注重线下，线下线上的融合将会向更多的行业扩散。

2. 跨境电商产业链日益完善，将会迎来高速发展

近年来中国跨境电商已逐渐形成一条涵盖营销、支付、物流和金融服务的完整产业链，行业

格局日渐稳固。2013 年，兰亭集势的上市让跨境电商格外引人注目。未来跨境电商将迎来高速发展时期。

3. 移动电商成为电商争抢的蛋糕

移动电子商务为传统企业开辟了新战场，未来传统企业都将通过各种方式进军移动电子商务。移动电商将成为电商的下一个战场。

4. 互联网金融发展体系化，各方积极参与

2013 年，“互联网金融”成为继物联网、大数据、云计算、移动互联网之后，又一经济社会广泛关注的焦点领域，阿里推出余额宝、京东推出“京保贝”、建行善融商务上线等。2014 年年初，苏宁又推出零钱宝，可以看出 2014 年互联网金融将形成对公和对私业务两翼齐飞的局面，银行、基金等金融机构也将主动参与进来，推动整个生态圈的繁荣。

5. “大鱼吃小鱼”，电商拥抱“并购潮”

继苏宁收购满座网、商圈网入股麦考林之后，我们可以看到 2014 年电商并购潮会持续。电商市场优胜劣汰，很多小平台会跟别的平台进行合并，最终剩下数家大的电商平台。

10.2 电子政务

10.2.1 电子政务与传统政务

1. 电子政务的基本概念

电子政务，目前有很多种说法。例如：电子政府、网络政府、政府信息化管理等。真正的电子政务绝不是简单的“政府上网工程”，更不是为数不多的网页型网站系统。严格地讲，所谓电子政务，就是政府机构应用现代信息和通信技术，将管理和服务通过网络技术进行集成，在互联网上实现政府组织结构和工作流程的优化重组，超越时间和空间及部门之间的分隔限制，向社会提供优质和全方位的、规范而透明的、符合国际水准的管理和服务。

我国于 1999 年开始推行政府上网工程，旨在推动各级政府部门开通自己的互联网站，并推出政务公开、领导人电子信箱、电子报税等服务，从而为政府系统的信息化建设打下坚实的基础。几年来，政府上网工程取得了很大的成功，所以人们后来经常用“政府上网”来代替电子政务建设，但政府上网的重点在于政府部门通过网站与民众之间的电子政务活动。而完整意义上的电子政务则是一个更为广泛的概念，它还包括了政府部门内部以及部门之间的电子政务活动。

这个概念中涵盖了以下几个方面的内容。

① 电子政务是必须借助于电子信息化硬件系统、数字网络技术和相关软件技术的综合服务系统；硬件部分包括内部局域网、外部互联网、系统通信系统和专用线路等；软件部分包括大型数据库管理系统、信息传输平台、权限管理平台、文件形成和审批上传系统、新闻发布系统、服务管理系统、政策法规发布系统、用户服务和管理系统、人事及档案管理系统、福利及住房公积金管理系统这 10 个系统。

② 电子政务是处理与政府有关的公开事务、内部事务的综合系统。除了包括政府机关内部的行政事务以外，还包括立法、司法部门以及其他一些公共组织的管理事务。

③ 电子政务是新型的、先进的、革命性的政务管理系统。电子政务并不是简单地将传统的政府管理事务原封不动地搬到互联网上，而是要对其进行组织结构的重组和业务流程的再造。因此，电子政府在管理方面与传统政府管理之间有显著的区别。

综上所述，电子政务是政务工作和信息技术的结合，而电子化只是处理政务的一种手段，政务才是电子政务的核心和目标。

2. 电子政务与传统政务的区别

实现电子政务的过程就是传统政府向信息时代的政府（即现代政府）转变的过程，电子政务与传统政务相比有着明显的区别。

传统政务的处理方式是以政府机构和职能为中心的，企业、社会组织和公众要办理相关事务必须首先了解各个政府部门的基本职能、权限和具体分工，然后按照先后顺序到一个个相关部门办理。因为业务流程复杂，审批环节众多，议事程序漫长，使得老百姓苦不堪言。盖一栋大楼需要盖上千个公章，开一家外资企业需要等上一两年都成了司空见惯的事。这样不但浪费了大量的社会资源，也大大损害了政府的形象。

电子政务的处理方式是以社会的需求为中心，政府以“向社会提供高效、优质的政府管理与服务”作为出发点，运用信息技术打破行政机关的组织界限，使得人们可以从不同的渠道获取政府的信息及服务，政府机关之间以及政府与社会各界之间也是经由各种电子化渠道进行相互沟通，依据人们的需求、可以使用的形式、要求的时间及地点，提供各种不同的服务选择。

10.2.2 电子政务的具体内容

1. 政府间电子政务（Government to Government，G2G）

政府间的电子政务是政府内部不同部门之间、政府上下级之间、地方不同政府之间的电子政务。这类电子政务包含的内容主要有以下几个方面。

① 电子法规政策系统。对所有政府部门和工作人员提供相关的现行有效的各项法律、法规、规章、行政命令和政策规范，使所有政府机关和工作人员真正做到有法可依，有法必依。

② 电子公文系统。在保证信息安全的前提下在政府上下级、部门之间传送有关的政府公文，如报告、请示、批复、公告、通知、通报等，使政务信息十分快捷地在政府间和政府内流转，提高政府公文处理速度。

③ 电子司法档案系统。在政府司法机关之间共享司法信息，如公安机关的刑事犯罪记录，审判机关的审判案例，检察机关检察案例等，通过共享信息改善司法工作效率和提高司法人员综合能力。

④ 电子财政管理系统。向各级国家权力机关、审计部门和相关机构提供分级、分部门历年的政府财政预算及其执行情况，包括从明细到汇总的财政收入、开支、拨付款数据以及相关的文字说明和图表，便于有关领导和部门及时掌握和监控财政状况。

⑤ 电子办公系统。通过电子网络完成机关工作人员的许多事务性的工作，节约时间和费用，

提高工作效率，如工作人员通过网络申请出差、请假、文件复制、使用办公设施和设备、下载政府机关经常使用的各种表格，报销出差费用等。

⑥ 电子培训系统。对政府工作人员提供各种综合性和专业性的网络教育课程，特别是适应信息时代对政府的要求，加强对员工与信息技术有关的专业培训，员工可以通过网络随时随地注册参加培训课程、接受培训、参加考试等。

⑦ 业绩评价系统。按照设定的任务目标、工作标准和完成情况对政府各部门业绩进行科学的测量和评估。

2. 政府对企业的电子政务（Government to Business，G2B）

（1）电子采购与电子招标

政府采购总额通常占到本国 GDP（国内生产总值）的 10%～15%。利用电子化采购和电子招投标系统，对提高政府采购的效率透明度，树立政府公开、公正、公平的形象，促进国民经济的发展起着十分重要的作用。通过网络公布政府采购与招标信息，为企业特别是中小企业参与政府采购提供必要的帮助，向他们提供政府采购的有关政策和程序，使政府采购成为阳光作业，减少徇私舞弊和暗箱操作，降低企业的交易成本，节约政府采购支出。政府电子化采购主要是通过网络面向全球范围发布政府采购商品和服务的各种信息，为国内外企业提供平等的机会，特别是广大中小企业可以借此参与政府的采购，赢得更多的发展机会。电子化招投标系统在一些政府大型工程的建设方面已有了很多应用，它对减少徇私舞弊，促进廉政建设有重要意义，同时还减少政府和企业的招投标成本，缩短招投标的时间。

（2）电子税务

电子税务系统使企业通过政府税务网络系统，在家里或企业办公室就能完成税务登记、税务申报、税款划拨、查询税收公报、了解税收政策等业务，既方便了企业，也减少了政府的开支。

（3）电子证照办理

让企业通过因特网申请办理各种证件和执照，缩短办证周期，减轻企业负担，如企业营业执照的申请、受理、审核、发放、年检、登记项目变更、核销，统计证、土地和房产证、建筑许可证、环境评估报告等证件、执照和审批事项的办理。

（4）电子外经贸管理

进出口业务在一国的国民经济发展中占有重要的比重。对我国政府来说，一方面要通过各项符合 WTO 要求的政策鼓励国内企业开展进出口业务，特别是加快出口业务的发展和出口产品国际竞争力的提高；另一方面，我国的外经贸管理必须有一个新的突破，既要符合国际惯例，又要为广大国内外企业创造一个公平、高效、宽松的进出口环境。电子化外经贸管理已成为一种新的趋势。例如进出口配额许可证的网上发放、海关报关手续的网上办理以及网上结汇等已在我国外经贸管理中开始应用。

（5）信息咨询服务

“改变政府职能，增强服务意识，提高政府服务水平”是今后政府改革的重要方向。因此，政府各部门应高度重视利用网络手段为企业提供各种快捷、高效、低成本的信息服务，比如商标注册管理机构可以提供已注册商标的数据库，供企业查询；科技成果主管部门可以把有待转让的科技成果在网上公开发布；质量监督检查部门可以把假冒伪劣的产品和企业名录在网上公布，以保护有关厂家的利益；政策、法规管理部门向企业开放法律、法规、规章、政策数据库和政府经济白皮书、国际贸易统计资料等重要信息。

（6）中小企业电子服务

政府利用宏观管理优势和集合优势，为提高中小企业国际竞争力和知名度提供各种帮助。其服务包括为中小企业提供统一政府网站入口，帮助中小企业同电子商务供应商争取有利的能够负担的电子商务应用解决方案等。

3. 政府对公民的电子政务（Government to Citizens，G2C）

政府对公民的电子政务是指政府通过电子网络系统为公民提供的各种服务。其政务主要包括：①教育培训服务；②就业服务；③电子医疗服务；④社会保险网络服务；⑤公民信息服务；⑥电子民主管理；⑦公民电子税务；⑧电子证件服务。

10.2.3 我国电子政务的建设和发展

1. 我国电子政务发展概况

从美国前总统克林顿最早提出“E-Government”这一概念后，全球范围内掀起了一股电子政务的建设浪潮。美国、英国、日本、新加坡等国全面着手建设电子政务工程，力图将信息化社会中政府的服务职能放在突出位置，并将电子政务的建设重点定位在公众服务方面，通过服务来带动网络化生产力的发展。

我国电子政务建设的方针是：在借鉴国外先进经验的基础上，结合我国的具体国情，通过政务信息化、规范化和程序化来促进政府工作模式的改革，建立一种面向决策支持、面向公众服务，以高效、公平、公开、勤政、廉洁为特征的新型政府管理和工作模式。

我国电子政务的发展过程基本上与我国的信息化历程同步，具体来说，是沿着“机关内部的办公自动化→管理部门的电子化（如金桥、金关、金卡、金税等金字系列工程）→政府上网→电子政务全面发展”这条线展开的。目前，我国的电子政务已进入全面发展阶段，向着办公信息化、政务公开化、管理一体化、决策科学化的政务“四化”发展。我国今后的电子政务建设工作将主要围绕“两网一站四库十二金”重点展开。

“两网”是指连接省级以上部门办公业务的“政务内网”和面向公众、企业及连接政府间业务的“政务外网”。其中，外网将与互联网相连接。“一站”是指不断完善政府门户网站，政府门户网站应该提供“一站式服务”。“四库”是指建立人口、法人单位、资源／地理、宏观经济这 4 个基础数据库，边建设边发挥其效益。“十二金”是指重点推进 12 大业务系统的建设。这 12 个重点业务系统可以分为 3 类：第一类是对加强监管、提高效率和推进公共服务起到核心作用的办公业务资源系统、宏观经济管理系统；第二类是增强政府收入能力、保证公共支出合理性的金税、金关、金财、金融监管（含金卡）、金审这 5 个业务系统；第三类是保障社会秩序、为国民经济和社会发展打下坚实基础的金盾、社会保障、金农、金水、金质这 5 个业务系统。

“两网一站四库十二金”覆盖了我国电子政务急需建设的各个方面，涉及信息资源开发、信息基础设施建设与整合、信息技术应用等领域，既各具特点，又相互渗透和交融，初步构成了我国电子政务建设的基本框架。

2. 我国电子政务发展取得的成绩

十多年来，我国电子政务的建设取得了可喜的进展。从实践上来看，中央政府门户网站的建设、各级政府机构办公系统的完善、顶层规划、网站群建设、“一站式”服务都取得了显著的成绩。可以说，我国的电子政务体系正沿着最初“两网”、“一站”、“四库”、“十二金”的设想稳步发展，“以公民为中心”的理念正在深入人心，为社会公众、企业、政府及非营利组织提供的服务取得了一定的成效。最引人注意的有以下 3 点。

① 信息基础设施初步完善，软硬件设备投资逐步增加。

② 顶层规划与网站群建设提高政府网站建设水平。

③ 公民对电子政务的认知度、利用率和满意度逐步提高。

3. 我国电子政务建设存在的问题

① 电子政务的认识上还存在误区。

② 电子政务发展缺乏整体性规划和统一性标准。

③ 政府管理体制改革未到位。

④ 电子政务系统存在安全问题。

⑤ 相关法律法规建设落后。

⑥ 重技术轻政务现象严重。

⑦ 缺乏专业的电子政务建设人才。

4. 建好我国电子政务应采取的对策

① 转变观念并提高认识创造有利于电子政务发展的良好环境。

② 制定发展规划并建立统一技术标准。

③ 加大行政改革并创新政府管理。

④ 建立电子政务系统的安全保障体系。

⑤ 进一步加强和完善电子政务的立法工作。

⑥ 加强电子政务的人性化与动态交互功能使之更贴近公众。

⑦ 建设一支能适应电子政务发展和现代化建设需要的公务员队伍。

10.3 网上证券

随着互联网与电子商务的进一步发展，网上证券应运而生。通过网上证券，股民们通过 Internet 证券交易商，可以在任何地方、任何时候兼顾到自己的投资。Internet 证券商通常在其 Web 网站上发布证券交易行情，同时为其客户提供通过 Internet 直接在其 Web 网站上填写证券买卖单证的服务，证券交易商则把这些买卖单证实时传递给证券交易所。

10.3.1 网上证券的作用

① 对投资者来说，利用网上证券可以得到比较公平、公正、高效的证券行情、信息和交易服

务，可以减少因行情延迟、信息时差或交易不及时等引起的交易损失。

② 对证券商来说，网上证券的实现，一方面可以大幅度降低成本，减少基础设施和人力资源的投入，另一方面可以方便的扩展业务范围，通过远程证券交易的手段占领更广大的市场。

③ 对交易所来说，支持网上证券的发展，积极向电子商务靠拢是非常必要的，国际证券市场已广泛实现了电子商务，中国加入 WTO 必然对中国证券市场产生巨大的压力。

④ 中国的证券交易开展网上证券，不仅有利于与国际接轨，也可以使我国证券交易所在的国际市场竞争中处于有利地位。

10.3.2 网上证券的特点与优势

1. 网上证券的特点

① 无可限量的信息资源，加快证券市场信息流动速度，提高资源配置效率。

② 证券市场范围将大幅度扩大，并打破时空界限。

③ 证券发行方式将发生根本性改进。

2. 网上证券的优势

（1）虚拟性

所有的交易与服务均通过 Web 或电话呼叫中心自动进行，无需借助店面或工作人员的帮助；由于是虚拟的，服务可以跨越时间与空间的限制。

（2）个性化

所有服务可精确的按照每个用户的需要进行。服务方式可以是主动服务，也可是被动服务。

（3）低成本

由于服务的虚拟性，对原有事务性工作的场地及人工不再有要求，加上技术进步对信息处理效率的极大改进，因而有效降低了证券公司的基础运营成本。有统计表明，与传统的证券交易经纪业务方式相比，网上交易可以节约 80%的成本。

（4）优质的服务

由于硬件不再重要，网络的竞争只能依靠软性的服务。并且网络跨越时空的能力会将这种优势服务的能力无限制放大。强者恒强的马太效应在网络经济模式下更是一条不变的规律。

（5）创新和竞争优势

由于网络缩小了时空的概念，因此，任何一种新的业务思想或技术很快能被对手效仿，为始终保持领先，企业只有依靠不断地创新才能保证竞争的优势，否则会很快被竞争对手超越。

（6）技术优势

在证券电子商务中，技术构成了服务与业务的基础平台。因此，技术不仅仅是一种手段，还是核心的资源。技术的创新便意味着服务与业务的创新。

3. 网上证券模式

网上证券起源于以美国为代表的发达国家。目前，美国证券电子商务的模式主要包括以下 3 种模式。

（1）网上经纪模式（E-Trade 模式）

完全以 Web 方式提供纯虚拟的投资与服务，其特点就是用尽可能低的折扣吸引对价格在意而对服务要求不高的自助投资者。价格是这些公司的主要竞争模式。这方面的典型代表有 E-Trade，Ameritrade 等。

（2）嘉信模式（Schwab 模式）

同时以店面、电话、Web 向投资者提供服务，客户可自己选择需要的服务模式。注重通过技术手段创新服务模式，提高服务质量。希望通过技术手段有效降低成本，进而降低服务价格，不会以牺牲服务为代价。通过有效利用技术来降低成本，改进服务，提供创新的业务模式是这些公司的主要经营特色。这方面的典型代表有 Schwab，TDWaterhouse 等。

（3）美林模式（MerrillLynch 模式）

美林证券是美国乃至全球的著名品牌。由于有庞大的客户托管资产作为后盾，美林对于 20 世纪 90 年代兴起的网上经纪浪潮反应迟钝，迟至 1999 年 6 月 1 日才发布其在线交易系统。

我国现存两种证券电子商务模式。一种为证券公司与证券类网站开展合作运营，由前者全权委托后者搭建因特网上的交易平台并进行管理，形成投资者与券商之间的网上沟通渠道。证券公司则利用后台交易系统及其营业部去处理具体交易事宜，并向合作网站提供必需的信息内容。这类合作的范围甚至延伸到银行，形成“银行+网站+券商”的投资组合方式，如图 10-3 所示。另一种交易模式是券商建立自己的网站，营造网上交易平台，进而与公司内部交易系统和营业部连接，客户的交易委托直接通过公司网站传递到后台交易系统，再交由营业部实现交易，如图 10-4 所示。

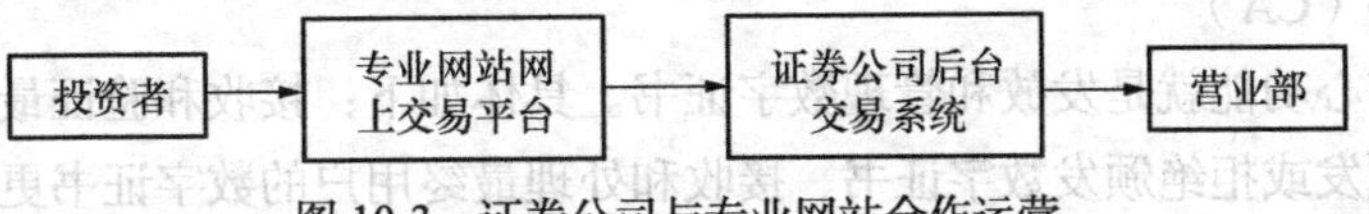

图 10-3　证券公司与专业网站合作运营

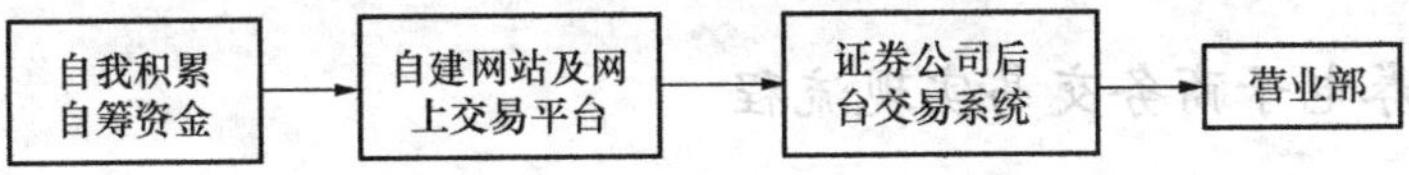

图 10-4　证券公司自建网站运营

在网络经济中，两种模式各有优势。第一种模式具有初期投入成本较低，进入网上市场速度较快的优点。因而，易于在网络经济中占领先机，实现“先发效应”。同时，合作各方的资源组合，也有利于构建强大的竞争优势。但是，证券公司无法对网上交易平台实施管理控制，难以将其有效地纳入公司的长期业务发展策略中，导致券商的网上经营缺乏弹性，不利于快速的市场反映和调整。而且，在网上交易系统运营过程中，券商与合作方需要进行大量的沟通，还要定期支付相当的系统维护费用。

第二种模式的缺点是网上平台建设周期较长、开发成本较高，不利于快速进入市场，而且具有较高的经营风险。然而，这种模式的优点也很明显，那就是公司掌握自身发展的主动权，可以便捷、快速地对网上交易平台和公司交易系统进行综合的维护与升级完善，并根据公司的经营需要，随时开发各种系统功能，提高服务质量。从长期看，也有利于降低整体的系统运作成本，易于用优质服务来实现对客户的“锁定”，进而取得市场份额的突破。在实际运营中，两种模式并非彼此排斥，而是相互渗透。简言之，证券公司与证券类网站根据自身条件和市场需求、针对不同业务环节而建立的紧密式或松散式联盟关系，有可能成为未来网上交易的主流运作模式。

4. 网上证券交易系统

（1）行情分析系统

行情分析系统为投资者提供行情数据服务。

（2）交易处理系统

交易处理系统为投资者提供买入证券、卖出证券、查询资金、查询证券价格、查询最新成交情况、撤销委托和修改密码等基本操作。另外，还可以为投资者提供多用户多账号的批量专卖、交割打印、佣金结算和其他一些特殊功能。

（3）投资咨询系统

投资咨询系统包括多个专家和机构对大盘走势的评估，证券公司和咨询机构提供的盘中和盘后的市场行情分析，24 小时全天候的财经新闻，国际国内的宏观评论等。

（4）智能选股系统

智能选股系统自动向投资者提供各种财务指标，自动在不同组合的条件下为投资者选择最佳证券，使投资者获得最大的投资收益。

（5）投资理财系统

投资理财系统为投资者提供证券买入后的保本卖出价的计算，还可以为投资者提供所持证券的总市值和总资产，卖出证券后的盈亏计算和收益率的计算以及每次证券买卖的历史数据查询等。

（6）认证中心（CA）

认证中心的核心功能就是发放和管理数字证书。具体如下：接收和验证最终用户数字证书的申请、向申请者颁发或拒绝颁发数字证书、接收和处理最终用户的数字证书更新请求、接收最终用户数字证书的查询和撤销、产生和发布证书废止列表和数字证书的归档。

5. 网上证券电子商务交易实现流程

① 用户通过 ISP 登录到证券公司网上。

② 用户通过客户端软件登录其开户的证券经纪商并通过客户端进行信息查询、交易委托、撤单、银行转账等一系列活动。

③ 证券经纪商按照客户委托，通过连接到证券交易所的电子系统下单。

④ 交易所的电子交易系统完成最后的交割。

10.4 网上旅游

10.4.1 网上旅游概述

网上旅游（旅游电子商务）是利用先进的计算机网络及通信技术和电子商务的基础环境，整合旅游企业的内部和外部的资源，扩大旅游信息的传播和推广，实现旅游产品的在线发布和销售，为旅游者与旅游企业之间提供一个知识共享，增进交流与交互平台的网络化运营模式。

相对其他行业而言，以服务为主要内涵的旅游业发展电子商务有其得天独厚的优势：物流的瓶颈对旅游业电子商务影响甚微，推行电子客票，甚至无票旅行的概念，将是旅游电子商务发展的必然趋势；地域分散的游客资源非常适合通过互联网进行集聚；丰富的旅游信息资源通过互联网可以得到全方位的展现；旅游服务的资金转移可以通过互联网轻松实现等。由于旅游电子商务能实地触摸到网络经济的脉搏，因此，它与软件、网上书店一起，被人们称为 IT 业最赚钱的 3 大行业。

我国旅游业电子商务的发展最早可以追溯到 1996 年。1996 年年初，我国成功开发了旅游电子商务软件，并在旅游胜地海南省开始应用。2001 年 1 月，国家正式启动了以国家旅游局为中心的全国范围的“金旅工程”。这项以行政网络为主的电子商务工程为我国旅游电子商务发展铺平了道路，标志着我国旅游电子商务从总体上已经进入一个实质性的发展阶段。

目前，我国的旅游电子商务收入在整个旅游业收入中所占的比重还不足 10%，因此，旅游电子商务在我国还有广阔的市场前景。

1. 网上旅游的特点

（1）聚合性

旅游产品是一个纷繁复杂，多个部分组成的结构实体。旅游电子商务像一张大网，把众多的旅游供应商、旅游中介、旅游者联系在一起。景区、旅行社、旅游饭店及旅游相关行业，如租车业，可借助同一网站招徕更多的顾客。新兴的“网络旅游公司”即将成为旅游行业的多面手，它们将原来市场分散的利润点集中起来，提高了资源的利用效率。由此可见，旅游市场的规模将因导入电子商务而扩大。

（2）有形性

旅游产品具有无形性的特点，旅游者在购买这一产品之前，无法亲自了解，只能从别人的经历或介绍中寻求了解。随着信息技术的发展，网络旅游提供了大量的旅游信息和虚拟旅游产品，网络多媒体给旅游产品提供了“身临其境”的展示机会。这种全新的旅游体验，使足不出户畅游天下的梦想成真，并且培养和壮大了潜在的游客群。因此，旅游电子商务使无形的旅游产品慢慢变得“有形”起来。

（3）服务性

旅游业是典型的服务性行业，旅游电子商务也以服务为本。据 CNNIC 报告，用户选择网络服务商（ISP）最主要的因素，第一位是连线速度（占 43%），第二位就是服务质量（占 24%）。用户认为一个成功网站须具备的最主要的因素，第一位就是信息量大，更新及时，有吸引人的服务（占 63.35%）。因此，旅游网站希望具有较高的访问量，能够产生大量的交易，必须能提供在线交易的平台，提供不同特色、多角度、多侧面、多种类、高质量的服务来吸引各种不同类型的消费者。在国外，像 travelsource.com、triplel.com、travelweB. com 等旅游网站，它们以提供大量的旅游信息资源，完善的在线预定，而为广大网民和游客所钟爱。

2. 旅游电子商务的市场效用

（1）改变旅游业传统经营模式

旅游电子商务从根本上改变了传统旅游业的经营模式。电子商务在旅游业的应用和普及，使旅游者可直接通过网络进行旅游活动的信息查询、线路安排、票务酒店预订等，足不出户即可获得关于旅游地的详细资料。可见，传统旅行社帮助游客设计线路、安排交通等职能在旅游电子商务中已非必需之物，旅行社将面临迷失于网络旅游营销中的困境，未来旅行社必将转化角色，由代表供应商利益向代表消费者利益转变。

（2）改变旅游消费结构和方式

旅游电子商务可以增强旅游企业之间的信息沟通和业务联系。旅行社直接面对旅游目的地企业和客源地的消费者，更有针对性的提供个性化、人性化服务，从而提高服务水平和效率，变被动营销为主动营销。

（3）改变旅游市场格局

旅游电子商务使传统旅游市场格局发生了巨大的变化，它打破了地区垄断，扩大了旅游消费者的选择范围，开拓了新的旅游客源市场。市场格局的变化，也使旅游业面临新的竞争，一方面市场准入门槛低了，市场范围大了，竞争的层次和深度必然加大；另一方面市场的开放性加强，要求合作的程度更高。因此，旅游电子商务将引发竞争中的合作与合作中的竞争，从而将传统旅游市场导入以网络为核心的旅游电子商务领域。

10.4.2 旅游电子商务的类型

旅游电子商务按照不同的标准，有多种分类方法。这里重点介绍按照旅游电子商务的交易类型和按照实现旅游电子商务使用的终端类型两种标准的分类。

1. 旅游电子商务按交易形式的类型划分

（1）B2B 交易形式（旅游企业间的电子商务）

旅游企业之间的产品代理，如旅行社代订机票与饭店客房，旅游代理商代售旅游批发商组织的旅游线路产品。

组团社之间相互拼团，也就是当两家或多家组团旅行社经营同一条旅游线路，并且出团时间相近，而每家旅行社只拉到为数较少的客人。这时，旅行社征得游客同意后可将客源合并，交给其中一家旅行社操作，以实现规模运作的成本降低。

旅游地接社批量订购当地旅游饭店客房、景区门票。

客源地组团社与目的地地接社之间的委托、支付关系等。

旅游业是一个由众多子行业构成、需要各子行业协调配合的综合性产业，食、宿、行、游、购、娱各类旅游企业之间存在复杂的代理、交易、合作关系，旅游 B2B 电子商务有很大的发展空间。

旅游企业间的电子商务又分为两种形式。

一是非特定企业间的电子商务。它是在开放的网络中对每笔交易寻找最佳的合作伙伴。一些专业旅游网站的同业交易平台就提供了各类旅游企业之间查询、报价、询价直至交易的虚拟市场空间。

二是特定企业之间的电子商务。它是在过去一直有交易关系或者今后一定要继续进行交易的旅游企业之间，为了共同经济利益，共同进行设计、开发或全面进行市场和存量管理的信息网络，企业与交易伙伴间建立信息数据共享、信息交换和单证传输。如航空公司的计算机预订系统（CRS）就是一个旅游业内的机票分销系统，它连接航空公司与机票代理商（如航空售票处、旅行社、旅游饭店等）。机票代理商的服务器与航空公司的服务器是在线实时链接在一起的，当机票的优惠和折扣信息有变化时会实时地反映到代理商的数据库中。机票代理商每售出一张机票，航空公司数据库中的机票存量就会发生变化。B2B 电子商务的实现大大提高了旅游企业间的信息共享和对接运作效率，提高了整个旅游业的运作效率。

（2）B2E 交易模式

B2E（Business to Enterprise）中的 E，指旅游企业与之有频繁业务联系，或为之提供商务旅行管理服务的非旅游类企业、机构、机关。大型企业经常需要处理大量的公务出差、会议展览、奖励旅游事务。他们常会选择和专业的旅行社合作，由旅行社提供专业的商务旅行预算和旅行方案咨询，开展商务旅行全程代理，从而节省时间和财务的成本。另一些企业则与特定机票代理商、旅游饭店保持比较固定的业务关系，由此享受优惠价格。

旅游 B2E 电子商务较先进的解决方案是企业商务旅行管理系统（Travel Management Systerm，TMS）。它是一种安装在企业客户端的具有网络功能的应用软件系统，通过网络与旅行社电子商务系统相连。在客户端，企业差旅负责人可将企业特殊的出差政策、出差时间和目的地、结算方式、服务要求等输入 TMS，系统将这些要求传送到旅行社。旅行社通过电脑自动匹配或人工操作为企业客户设计最优的出差行程方案，并为企业预订机票及酒店，并将预订结果反馈给企业客户。通过 TMS 与旅行社建立长期业务关系的企业客户能享受到旅行社提供的便利服务和众多优惠，节省差旅成本。同时，TMS 还提供统计报表功能。用户企业的管理人员可以通过系统实时获得整个公司全面详细的出差费用报告，并可进行相应的财务分析，从而有效的控制成本，加强管理。

（3）B2C 交易模式

B2C 旅游电子商务交易模式，也就是电子旅游零售。交易时，旅游散客先通过网络获取旅游目的地信息，然后在网上自主设计旅游活动日程表，预订旅游饭店客房、车船机票等，或报名参加旅行团。对旅游业这样一个旅客高度地域分散的行业来说，旅游 B2C 电子商务方便旅游者远程搜寻、预订旅游产品，克服距离带来的信息不对称。通过旅游电子商务网站订房、订票，是当今世界应用最为广泛的电子商务形式之一。另外，旅游 B2C 电子商务还包括旅游企业对旅游者拍卖旅游产品，由旅游电子商务网站提供中介服务等。

（4）C2B 交易模式

C2B 交易模式是由旅游者提出需求，然后由企业通过竞争满足旅游者的需求，或者是由旅游者通过网络接成群体与旅游企业讨价还价。

旅游 C2B 电子商务主要通过电子中间商（专业旅游网站、门户网站旅游频道）进行。这类电子中间商提供一个虚拟开放的网上中介市场，提供一个信息交互的平台。上网的旅游者可以直接发布需求信息，旅游企业查询后双方通过交流自愿达成交易。

旅游 C2B 电子商务主要有两种形式。第一种形式是反向拍卖，是竞价拍卖的反向过程。由旅游者提供一个价格范围，求购某一旅游服务产品，由旅游企业出价，出价可以是公开的或是隐蔽的，旅游者将选择认为质价合适的旅游产品成交。这种形式，对于旅游企业来说吸引力不是很大，因为单个旅游者预订量较小。第二种形式是网上成团，即旅游者提出他设计的旅游线路，并在网上发布，吸引其他相同兴趣的旅游者。通过网络信息平台，愿意按同一条线路出行的旅游者汇聚到一定数量，这时，他们再请旅行社安排行程，或直接预订饭店客房等旅游产品，可提高与旅游企业议价和得到优惠的能力。

2. 旅游电子商务按信息终端的类型划分

旅游电子商务的网络信息系统中必须具备一些有交互功能的信息终端，使信息资源表现出来被人们利用，同时接受用户向电子商务体系反馈的信息。按信息终端形式划分的旅游电子商务包括网站电子商务（W-Commerce）、语音电子商务（V-Commerce）、移动电子商务（Mobile-Commerce）和多媒体电子商务（Multimedia-Commerce）。

（1）网站电子商务

用户通过与网络相连的个人电脑访问网站实现电子商务，是目前最通用的一种形式。Internet是一个全球性媒体。它是宣传旅行和旅游产品的一个理想媒介，集合了宣传册的鲜艳色彩、多媒体技术的动态效果、实时更新的信息效率和检索查询的交互功能。它的平均成本和边际成本极为低廉。一个网站，无论是一万人还是一千人访问，其制作和维护的成本都是一样的。目的地营销组织在运用其他手段进行营销时，预算会随着地理覆盖范围的增加而增加。而互联网与地理因素毫无关系，在全球宣传、销售的成本与在本地销售的成本并无差别。互联网用户以年轻、高收入人群居多，是有潜力的旅游市场。

我国旅游网站的建设最早可以追溯到1996年。经过几年的摸索和积累，国内已经有相当一批具有一定资讯服务实力的旅游网站，这些网站可以提供比较全面的，涉及旅游中食、住、行、游、购、娱等方面的网上资讯服务。按照不同的侧重点可以分为以下6种类型：①由产品（服务）的直接供应商建立的网站；②由旅游中介服务提供商（在线预订服务代理商）建立的网站；③地方性旅游网站；④政府旅游部门网站；⑤应用服务供应商（ASP）网站；⑥网络内容供应商（ICP）网站。

从服务功能看，旅游网站的服务功能可以概括为以下3类：①旅游信息的汇集、传播、检索和导航国；②旅游产品（服务）的在线销售；③个性化定制服务。

（2）语音电子商务

语音电子商务，是指人们可以利用声音识别和语音合成软件，通过任何固定或移动电话来获取信息和进行交易。这种方式速度快，而且还能使电话用户享受Internet的低廉费用服务。对于旅游企业或服务网站而言，语音电子商务将使电话中心实现自动化，降低成本，改善客户服务。

（3）移动电子商务

移动电子商务，是指利用移动通信网和Internet的有机结合来进行的一种电子商务活动。网站电子商务以个人电脑为主要界面，是“有线的电子商务”；而移动电子商务，则是通过手机、PDA（个人数字助理）这些可以装在口袋里的终端来完成商务活动的，其功能将集金融交易、安全服务、购物、招投标、拍卖、娱乐和信息等多种服务功能于一体。随着移动通信、数据通信和Internet技术的发展，三者的融合也越来越紧密。虽然目前移动数据业务仅占整个无线业务量的一小部分，有许多业内人士认为到2005年它将达到70%。2003年全球移动电话用户已经超过10亿，其中60%的客户有能力使用无线Internet服务。

旅游者是流动的，移动电子商务在旅游业中将会有广泛的应用。诺基亚公司已开发出一种基于“位置”的服务：“事先将个人的数据输入移动电话或是移动个人助理，那么我位于某一个点上的时候，它会告诉我，附近哪里有电影院？将放映什么电影可能是我感兴趣的？哪里有我喜欢的书？哪里有我喜欢吃的菜？我会知道去机场会不会晚点，如果已经晚了，那么下一班是几点？它不会把巴黎的时刻表给我，而是只把北京的时刻表给我。这些完全是由移动性带来的，固定Internet服务不是这样的。”

（4）多媒体电子商务

多媒体电子商务一般由网络中心、呼叫处理中心、营运中心和多媒体终端组成。它将遍布全城的多媒体终端通过高速数据通道与网络信息中心和呼叫处理中心相接，通过具备声音、图像、文字功能的电子触摸屏计算机、票据打印机、POS 机、电话机以及网络通信模块等，向范围广泛的用户群提供动态、24 小时不间断的多种商业和公众信息，可以通过 POS 机实现基于现有金融网络的电子交易，可以提供交易后票据打印工作，还可以接自动售货机、大型广告显示屏等。

10.4.3　网上旅游的应用

① 信息查询服务。其中包括旅游服务机构相关信息，如饭店、旅行社、民航航班等信息以及旅游景点、旅游线路信息和旅游常识。

② 在线预订服务。主要提供酒店客房、民航班机机票、旅行社旅游线路等方面的实时、动态的在线预订业务。

③ 客户服务。与旅游客户进行实时的网上业务洽谈和交易，并提供更多的增值服务。

④ 网上促销。利用互联网充分展示旅游产品，宣传旅游企业。

⑤ 消费指南。购物是旅游活动不可缺少的一个环节，利用互联网提供公正丰富的消费指南信息，如商店、酒楼的名称、地址、联系方法、报价等，使游客购物活动更有保障。

⑥ 旅游线路设计。向游客提供个性化、专业化的旅游线路设计，游客可以根据自己的行程、财务预算、兴趣爱好选择适合自己的旅游线路。

⑦ 游客社区。利用互联网为游客搭起交流、沟通的桥梁，以争取到更多潜在客户，如结伴旅游的游客。

⑧ 导游预订。一方面游客可以根据自己的需要选择合适的导游；另一方面可以加强对导游服务质量的监控，如网上测评。

10.4.4　我国旅游电子商务的发展及存在的问题与对策

1. 我国旅游电子商务的发展现状

我国旅游电子商务网站从 1996 年开始出现，目前具有一定旅游资讯能力的网站已有 5 000 多家。其中，专业旅游网站 300 余家，主要包括地区性网站、专业网站和门户网站的旅游频道 3 大类。地区性网站主要是当地景点、景区风光的介绍，总体实力较差，信息量少，效益难以保证。专业旅游网站主要进行旅游中介业务，包括传统旅行社建立的网站和专业电子商务网站两类。前者有中青旅网、国旅网等，康辉还开通了国内第一家出境旅游网站（介绍出境旅游报名参团、办理护照、签证、边防、海关等知识）。

2002 年，我国国家旅游信息化工程——金旅工程以建设“旅游目的地营销系统”作为电子商务部分的发展重点，旨在将其建成信息时代中国旅游目的地进行国内外宣传、促销和服务的重要手段。经过努力，全国“旅游目的地营销系统”的中心平台建设已初具规模,广东、香港、澳门、大连、三亚、珠海、南海、深圳、厦门、苏州这 10 个区域城市的“旅游目的地营销系统”也已投入运营或正在建设之中，在旅游宣传促销方面发挥了重要作用。在此基础上，国家旅游局预计用两年左右的时间，逐步完成 138 个优秀旅游城市的系统建设，并逐步辐射到其他城市。

可见，我国旅游电子商务已形成了各类旅游企业（包括目的地旅游服务企业、旅游中间商）网站和旅游目的地营销机构（DMO）网站、全球分销系统（GDS）和计算机预订系统（CRS）、专业旅游网站及旅游电子商务平台功能互补、相互竞争、共同发展的多元化格局。

2. 我国旅游电子商务存在的问题

（1）交易安全性较低，缺乏信用保障

交易的安全性仍然是影响旅游电子商务发展的主要因素。在开放的网络上处理交易，如何保证传输数据的安全成为旅游电子商务能否普及的最重要的因素之一。调查公司曾对旅游电子商务的应用前景进行过在线调查，当问到为什么不愿意在线购物时，绝大多数的人的答案是担心遭到黑客的侵袭而导致信用卡信息丢失。因此，交易安全成为旅游电子商务发展中最大的障碍。此外，我国目前还没有建立完善的信用制度，使得电子支付成为网上交易的瓶颈问题。

（2）旅游网站内容简单不完整，缺乏个性服务

国内旅游网站与国外旅游网站相比普遍存在内容陈旧、没有明显的旅游标志、景点介绍单调、缺乏图片和动态演示等内容上的问题。旅游信息管理系统也不完善，存在地域不完整、内容不完整等问题。旅游网站的主要访问者是商务旅行者，而商务旅行和私人旅行这两类旅游在对交通工具、住宿餐饮、旅途活动等方面的需求都不尽相同，在旅行时间方面更是差异很大。目前，国内的大部分网站所提供的服务内容都是针对私人旅游的，如机票、饭店的预订服务，由于服务方式和价格体系相似，缺乏个性化的服务，所以对客户的吸引力不大，旅游网站的利润也非常有限。

（3）经营模式雷同

旅游网站主营的电子商务业务有机票、酒店、旅行团预订 3 大项，每个旅游网站都有。当网站把自己看成旅行社的时候，发现所提供的这些服务跟传统旅行社、酒店预订中心、机票销售公司相比没有太大的优势可言，因此，旅游网站必须提供一种更好的服务、更好的产品，或者寻求新的立足点与发展契机，或使销售额迅速地扩大，才有可能赢利，在没有明确更佳的发展模式时，网站就迷失了方向。

（4）网站市场细分不明确

市场细分不明确是目前国内旅游网站中普遍存在的一个问题。通过观察我们可以发现，大多数旅游网站所发布的信息和旅游产品“老少皆宜”。网络访问者多种多样，不同访问者的兴趣爱好，文化背景、经济能力、职业和年龄不一样，因此访问者的旅游需求也就有所不同。如果不顾不同层次的需求有针对性地进行市场细分，很难引起访问者的旅游欲望，旅游网站的供给与消费者的个性化需求便难以实现有效对接。

3. 我国旅游电子商务发展对策

（1）建立支付平台，实现电子支付

国外电子商务发展迅速，与网络和信用卡的普及密不可分。网上交易必须通过信用卡或银行账户来完成，并且直接使用信用卡完成交易是网上支付手段的发展方向。在中国，如果不普及信用卡，电子支付方式不被社会广泛接受，那么电子商务的发展将面临重重障碍。因此，各大银行应抢占先机，尽快介入旅游电子商务，为旅游企业网络营销提供信用担保。企业也应当积极参与合作，借鉴和学习发达国家的成功经验，使电子支付变得更安全、快捷。

（2）加强网站建设和管理

网站好比虚拟的“橱窗”，网站的内容就是“橱窗”上的商品。因此，网站提供的信息必须丰富多彩，及时更新，才能够吸引顾客。其次，网页设计要有特色，还要定期更新，不能一成不变。例如，“青旅在线”在建成的一年多时间里，页面曾多次更新，每一次都增加许多新的内容和板块，给人耳目一新的感觉。除了及时更新信息，旅游网站还应建立在线旅游咨询和信息服务体系，根据客户的出游意向、个人兴趣、支付能力和时间等要求，及时生成不同的方案供客户选择。对客户提出的问题予以及时解答，充分体现人性化和情感化。

（3）建立赢利新模式

结合自身条件走符合自己的发展模式。针对不同规模不同特点的旅游网站，应有不同的选择。大型旅游网站由于规模大、知名度高、有庞大的用户群，这使网站介入电子商务比较方便，可立足旅游信息收集处理，向虚拟旅游交易市场转型，成为网上旅游中介商。小型旅游网站可凭特色服务吸引特定的用户群，或立足地方旅游信息资源的开发利用，成为地方性的旅游中介商，成为大型旅游网站的分站点、合作伙伴等，以便为消费者提供更周到的商务。

（4）向个性化的方向发展

旅游电子商务网站应像传统市场营销一样，做好旅游市场（旅游中间商和旅游者）调查，进行市场细分和目标市场选择。在这方面一些网站有成功策划与营运的先例，如“梦幻之旅”、“网络之旅度令营”、“南方快车驶进大西北”等特色旅游深受游客欢迎；潜力巨大的自助游，以自定行程、自助价格、网络导航、网际服务特征，适应了人们个性化的要求；“白领畅想游”、“合家欢乐游”、“新婚度假游”等潜在市场也很大。

本章小结

本章主要从网络零售、网上证券、网上旅游、电子政务这 4 方面分析了电子商务在零售、金融、旅游服务、政府事务中的典型应用，有助于我们进一步理解电子商务对社会、经济产生的深刻影响。本章应重点了解我国网络零售市场的现状和发展趋势，网络证券的模式和流程，电子政务的具体应用，我国网上旅游的发展。

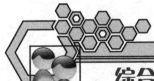

综合习题 10

一、填空题

（1）G2G 的中文意思是________。

（2）G2B 的中文意思是________。

（3）政府对公民的电子政务英文缩写为________。

二、选择题

（1）电子政务的核心和目标是（　　）。

A. 政府　B. 信息化　C. 政务　D. 互联网

（2）下列不属于“三金”工程的是（　　）。

A. 金关工程　B. 金卡工程　C. 金税工程　D. 金桥工程

（3）美国网上证券模式不包括（　　）。

A. 嘉信证券模式　B. 美林模式

C. 网络经纪模式　D. 柜台模式

（4）我国 B2C 网络购物市场上，排名第一的是（　　）。

A. 天猫商城　B. 京东　C. 苏宁易购　D. 唯品会

三、思考题

（1）简述电子政务的基本模式。

（2）旅游电子商务网站有哪些类型？

（3）网上证券交易系统由哪些模块构成？

第11章 上机实训

实训 1 网上调查电子商务应用

一、实训目的

① 掌握运用 Google、Baidu 等搜索引擎上网检索信息的方法。
② 了解电子商务在行业应用情况。

二、相关知识

1. 网络信息搜集的步骤

① 确定信息搜集的目的，明确解决的问题。
② 制订信息搜集的计划，明确搜集的内容、选择的信息媒介、通过的渠道、运用的方法。
③ 设计必要的表格和提纲。
④ 组织实施，安排具体的时间、地点，加强搜集过程的信息沟通，保证信息搜集的质量。

信息搜集的方式有询问获取、观察获取、定时获取等。信息搜集必须遵循准确性、及时性、适用性和经济性原则。

2. 知名搜索引擎

（1）世界著名搜索引擎

Google，全球最大的搜索引擎，平均每天提供 2 亿次查询服务，占全球搜索引擎查询市场份额的 29.2%。Google 通过对 80 多亿网页进行整理，为世界各地的用户提供搜索结果，而且搜索时间通常不到半秒，同时资源涵盖丰富，提供个性化搜索服务，如我们所熟知的 Google 地图服务。

Yahoo，全球认知度最高及最有价值的互联网品牌之一，也是最大的门户网站之一。Yahoo有英、中、日、韩、法、德等10余中语言版本，拥有2.94亿有效注册用户，平均每天12亿访问人次，覆盖全球网民61%；全球有1840万业务采购决策者访问Yahoo。

（2）国内著名搜索引擎

百度，作为全球最大的中文搜索引擎、最大的中文网站，其以网络搜索为主的功能性搜索，以贴吧为主的社区搜索，针对各区域、行业所需的垂直搜索，MP3搜索以及门户频道等，全面覆盖了世界所有的中文网络搜索需要，而且百度在中国的搜索份额约占77%。

3. 利用搜索引擎检索信息

有了搜索引擎还不够，我们还需要懂得如何高效地利用搜索引擎为我们服务。我们日常使用搜索引擎例如Google、百度时，一般情况下都是直接搜索。其实这些搜索引擎有一些鲜为人知的高级搜索语句，而且适当使用这些语句会带给我们很大的方便。下面我们就来讲解各大搜索引擎的高级搜索技巧。

技巧一

只对特定的网站进行搜索，例如，我们要搜索淘宝网（www.taobao.com）里面所有关于“汽车”的信息而不是单单是商品，并且不想看到其他站点的信息时，我们可以使用这样的搜索语句“汽车 site:www.taobao.com”，也就是搜索的关键词+“site:”+站点的网址，需要注意的是其中“:”必须是英文格式。

技巧二

搜索的信息是一个区间内连续的值时，例如想要知道网络上所有报价在100~500元的MP4播放器的信息，此时搜索语句可以这样写：所搜的关键词+价格开始值+“..”+价格终止值，例如：MP4 100..500。

技巧三

让搜索结果绝对匹配搜索关键词。如果输入的查询关键字很长，百度在经过分析后，给出的搜索结构可能是拆分的。如果你对这种拆分后的搜索结果不满意，可以尝试给关键字加上双引号，那么百度就会返回最精确匹配的结果。

三、实训内容与要求

① 选择某一行业（如制造业、零售业、旅游业、银行、服装业等），运用Google、Baidu等搜索引擎上网检索信息，对信息进行整理归纳。

② 写出电子商务在该行业应用情况的调研报告。

③ 调研报告以Word文件形式保存。

实训2　注册为淘宝会员

一、实训目的

① 掌握淘宝规则。

② 掌握淘宝账户的注册方法。

③ 掌握支付宝账户的注册方法。

④ 掌握支付宝实名认证的方法。

二、相关知识

1. 淘宝规则

登录 http://rule.taobao.com/index.htm 网址学习淘宝规则。

2. 淘宝网概述

淘宝网（www.taobao.com）是国内领先的个人交易网上平台，由全球最佳 B2B 公司阿里巴巴公司投资 4.5 亿元创办，致力于成就全球最大的个人交易网站。

淘宝网，顾名思义——没有淘不到的宝贝，没有卖不出宝贝。自 2003 年 5 月 10 日成立以来，淘宝网基于诚信为本的准则，从零做起，在短短的半年时间，迅速占领了国内个人交易市场的领先位置，创造了互联网企业的一个发展奇迹，真正成为有志于网上交易的个人的最佳网络创业平台。

淘宝网倡导诚信、活泼、高效的网络交易文化。在为淘宝会员打造更安全高效的商品交易平台的同时，也全心营造和倡导了互帮互助，轻松活泼的家庭式文化氛围，让每位在淘宝网进行交易的人，交易更迅速高效，并在交易的同时，交到更多朋友，成为越来越多的网民网上创业和以商会友的最先选择。

3. 支付宝

（1）支付宝概述

支付宝（中国）网络技术有限公司（http://www.alipay.com）是国内领先的独立第三方支付平台，由阿里巴巴集团创办。支付宝给中国电子商务行业提供了“简单，安全，快捷”的在线解决方案。它不仅从产品上确保用户在线支付的安全，同时让用户通过支付宝在网络间建立起相互信任，为建立纯净的互联网环境具有重要意义。支付宝提出了建立信任、化繁为简，以技术的创新带动信用体系完善的理念，在不到 5 年的时间里，用户覆盖了整个 C2C、B2C 及 B2B 领域。截至 2010 年 12 月，支付宝注册用户突破 5 亿个，日交易额超过 20 亿元人民币，日交易笔数达到 700 万笔，支付宝创新的产品技术、独特的理念及庞大的用户群吸引越来越多的互联网商家主动选择支付宝作为其在线支付体系。

目前，除淘宝和阿里巴巴外，支持使用支付宝交易服务的商家已经超过 46 万家，涵盖了虚拟游戏、数码通信、商业服务、机票等行业。这些商家在享受支付宝服务的同时，还拥有了一个极具潜力的消费市场，支付宝以稳健的作风、先进的技术、敏锐的市场预见能力及极大的社会责任感，赢得了银行等合作伙伴的认同。目前，国内的工商银行、农业银行、建设银行、招商银行等各大商业银行以及中国邮政，Visa 国际组织等各大机构与支付宝建立了深入的战略合作，成为金融机构在电子支付领域最为信任的合作伙伴。

（2）功能特点

① 轻松、安全、快捷解决存款问题。支付宝实现了网络 24 小时换款，支持跨行、跨地区且

全过程免手续费的特点更是受到用户的青睐。用户登录支付宝后选择需要还款的银行即可开始还款。根据相关部门的规定，信用卡内的钱以及充值到支付宝的余额不能用于还款，而如果使用支付宝还款失败，钱会在 3～5 天内退回到原卡，同时支付宝还提供每月短信提醒功能，及时还款提醒发送到用户手机、邮箱和旺旺，避免错过还款日期造成损失。

② 支付宝得到多银行的支持。支付宝信用卡还款功能目前已经支持招行、中行、广发、工行、农行、建行、平安、华夏、浦发、兴业、深发展、宁波、中信银行这 14 家银行信用卡，用户可以使用多达 17 家银行的网上银行和 53 家银行的支付宝一卡通给这些信用卡还款，还款资金最快可在还款当日到账，方便快捷。

③ 多种缴费项目的支持。支付宝建立支付宝公共事业缴费平台，利用互联网进行公共事业一站式缴费服务，它通过银行与缴费单位建立连接，支持更多地区和种类的缴费项目。

④ 支付宝的其他功能。用户可以通过电脑、手机轻松完成水费、电费、煤气费、通信费等日常缴费。同时，产品对于未注册支付宝账号的用户也可以使用，对国内其他地区的服务也在陆续开通之中。

支付宝还将提供：账单自动提醒、账单自动代扣、打电话完成缴费等更丰富和人性化的服务，同时也将继续新增如养路费、行政代收费、学费、有线电视费等各种公共事业费用缴费，真正打造“生活，因支付宝而简单”的网络时代生活理念。

4. 电子邮箱

在淘宝网上开店，电子邮箱在开店的过程中发挥着很大的作用，它不仅被用来接收信件，而且还是支付宝账户的用户名。

邮箱地址的选取很重要，因为部分国内的免费邮箱收不到来自淘宝网的邮件。所以该电子邮箱最好选择 QQ、126、Yahoo 之类稳定并预期可以长期免费使用，一般情况下不需要更换的邮箱。同时，为了店铺的安全和管理，建议用户特意准备一个专用的电子邮箱。

5. 注册淘宝账号

① 打开 IE 浏览器，在地址栏中输入支付宝网址：http://www.taobao.com。按回车键，进入淘宝主页。

② 单击“免费注册”按钮，进入注册页面，按步骤完成淘宝账户注册。

6. 用电子邮箱注册支付宝账号

① 打开 IE 浏览器，在地址栏中输入支付宝网址：http://www.alipay.com。按回车键，进入支付宝主页，如图 11-1 所示。

图 11-1　支付宝主页

② 单击右下角“免费注册”按钮，进入注册页面，如图 11-2 所示。按步骤完成支付宝账户注册。

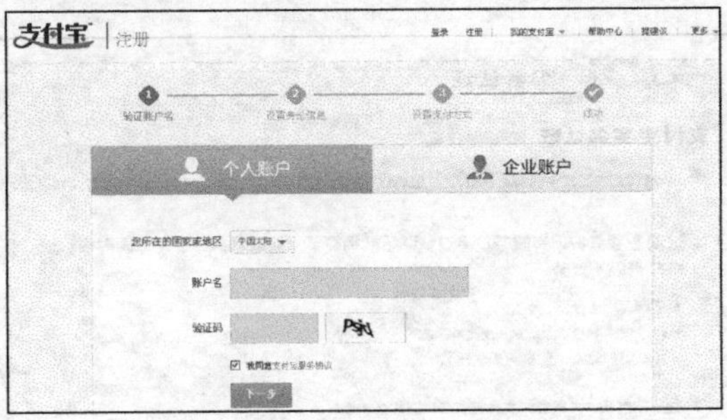

图 11-2　支付宝注册页面

7. 支付宝实名认证

要想在淘宝网上开店卖东西，用户还必须进行支付宝实名认证。 进行支付宝实名认证时，除了要核实身份信息以外，还要核实银行账户等信息。用户通过支付宝实名认证后，相当于拥有了一张互联网身份证，可以在淘宝网上开店、出售商品等，同时还会增加支付宝账户拥有者的信用度。

进行支付宝实名认证的具体步骤如下。

首先，假定用户已经申请了淘宝网账户，如果没有申请的话，请先自行申请。

① 打开淘宝网主页，登录淘宝网，单击“我的淘宝”，如图 11-3 所示。

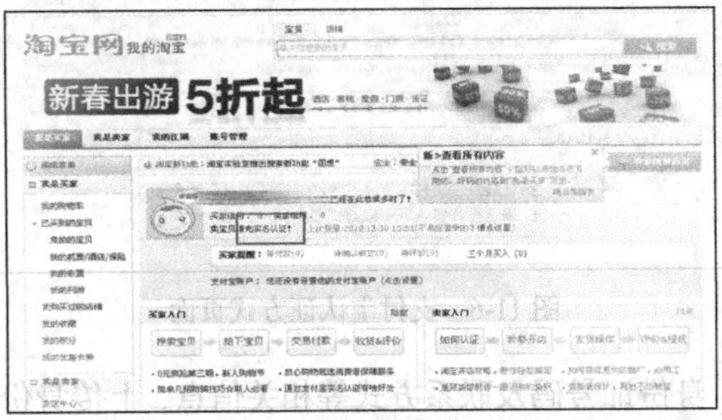

图 11-3　“我的淘宝”页面

② 单击“实名认证”，弹出支付宝个人实名认证页面，单击“申请支付宝个人实名认证”按钮，如图 11-4 所示。

图 11-4　支付宝个人实名认证页面

③ 弹出“支付宝实名认证服务协议”页面，如图 11-5 所示。认真阅读支付宝实名认证服务协议后，单击“立即申请”按钮。

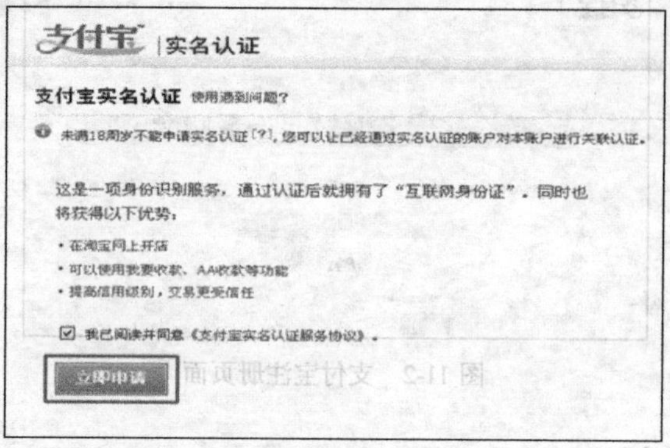

图 11-5 “支付宝实名认证服务协议”页面

④ 打开身份证所在地区选项卡，选择“中国大陆”，这里有两种方式来进行支付宝实名认证，我们这里选择相对比较简单的“方式二，通过确认银行汇款金额来进行认证”。当然你也可以通过“支付宝卡通”来进行实名认证，前提是你必须清楚地了解“支付宝卡通”是什么。单击“立即申请”按钮，如图 11-6 所示。

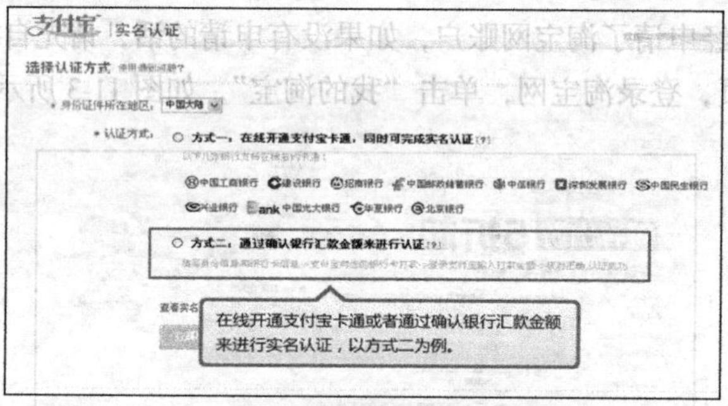

图 11-6 支付宝认证方式页面

⑤ 填写真实的姓名、身份证号码及联系方式等相关信息，上传身份证正反照片，单击“下一步”按钮，如图 11-7 所示。

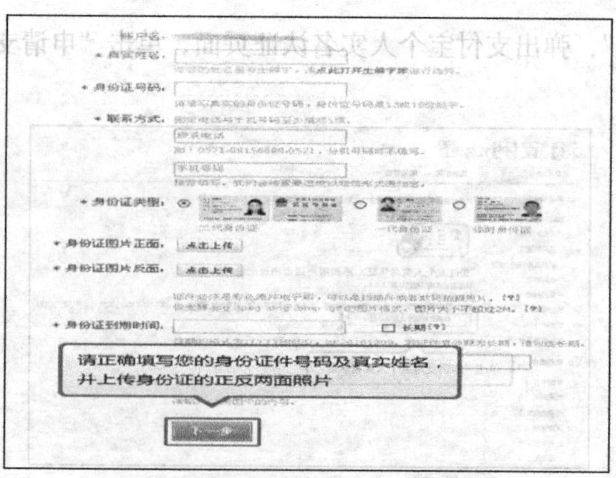

图 11-7 支付宝认证个人基本信息页面

⑥ 填写银行卡信息，选择开户银行、银行所在城市及银行卡号后，单击“下一步”按钮，如图 11-8 所示。

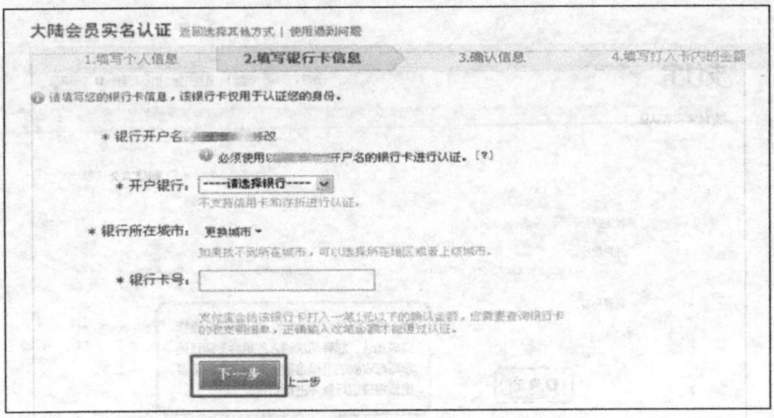

图 11-8 支付宝认证个人银行信息页面

⑦ 确认相关信息是否正确，单击“确认信息并提交”按钮，如图 11-9 所示。

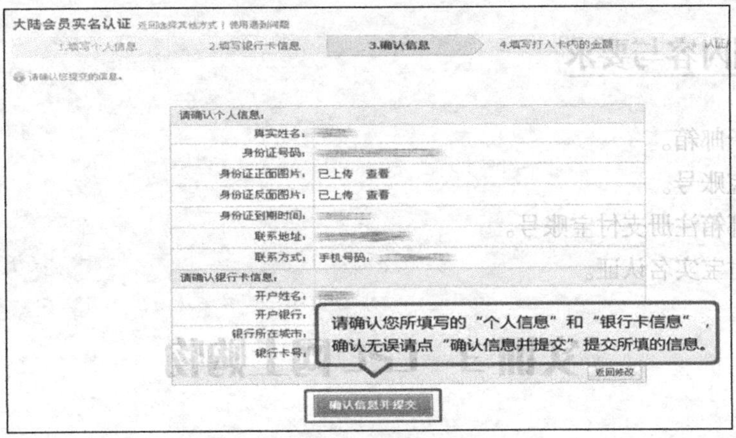

图 11-9 支付宝认证确认信息页面

⑧ 认证申请成功提交，等待 1～2 个工作日。记得到银行柜台或者通过网上查询你的相关银行账户，如图 11-10 所示。

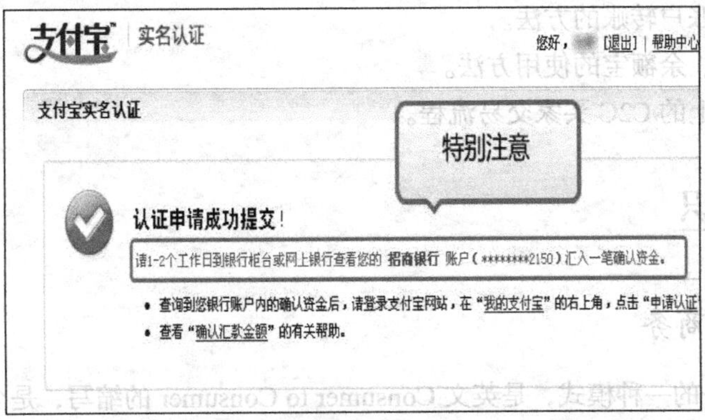

图 11-10 支付宝认证申请成功提交页面

⑨ 查询到你银行卡内的确认资金后，请登录支付宝网站，在“我的支付宝”，单击“申请认证”按钮。然后，把支付宝公司汇入你银行账户的具体金额正确输入，单击“确定”按钮，如图11-11所示。

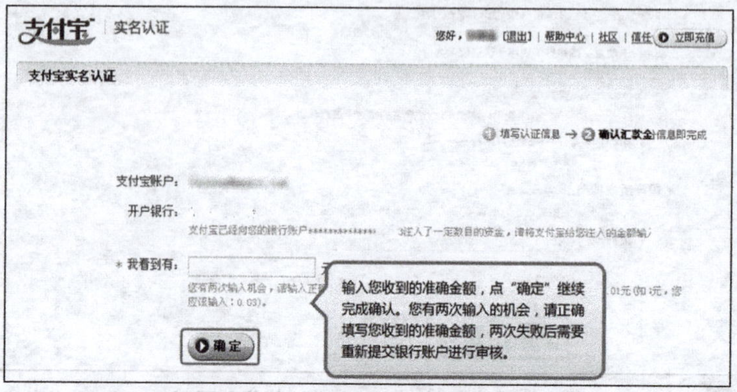

图11-11 支付宝认证资金确认页面

至此，支付宝实名认证成功。

三、实训内容与要求

① 注册电子邮箱。
② 注册淘宝账号。
③ 用电子邮箱注册支付宝账号。
④ 进行支付宝实名认证。

实训3 C2C网上购物

一、实训目的

① 掌握支付宝账户充值的方法。
② 掌握支付宝账户转账的方法。
③ 掌握支付宝、余额宝的使用方法。
④ 掌握淘宝网上的C2C买家交易流程。

二、相关知识

1. C2C电子商务

C2C是电子商务的一种模式，是英文Consumer to Consumer的缩写，是个人与个人之间的电子商务。即个人与个人之间通过互联网进行产品、服务及信息的交换。

随着购物类互联网平台的逐渐成熟以及人们生活习惯的改变，如今越来越多的人开始利用网络进行购物，“逛网店”已经成为时下一种流行趋势。C2C 网购平台涵盖的商品种类繁多，包括服装、饰品、玩具、化妆品、消费电子等，甚至还能买到商场中都难觅踪迹的商品，因此，对于广大消费者来说有着很强的吸引力。

2. 第三方 C2C 电子商务平台

第三方 C2C 电子商务平台，其实实质就是个人或中小企业依赖第三方提供的公共平台来开展网上零售业务。具有“公用性”和“公平性”的第三方 C2C 平台，对信息流、资金流、物流 3 个核心流程能够很好地运转。平台的目标是为企业搭建一个高效的信息交流平台，创建一个良好的商业信用环境。这是企业信息化的过程中一种全新的模式，特别是在我国非常分散、信息化基础不高的中小企业中非常使用。

目前，国内典型的第三方 C2C 电子商务平台主要有淘宝网、拍拍网、易趣网等。

3. 支付宝的功能

（1）充值

通过支付宝“充值”功能，可将银行卡的资金转到支付宝中。

（2）提现

通过支付宝“提现”功能，可将支付宝中的资金划转至银行，通过银行卡提取现金。

（3）转账

通过支付宝“转账”功能，可将支付宝中的资金划转至支付宝或银行卡。

（4）余额宝

余额宝由第三方支付平台支付宝为个人用户打造的一项余额增值服务。余额宝规模已超过 4 000 亿元，客户数超过 6 100 万户，天弘基金靠此一举成为国内最大的基金管理公司。通过余额宝，用户不仅能够得到收益，还能随时消费支付和转出，像使用支付宝余额一样方便。用户在支付宝网站内就可以直接购买基金等理财产品，同时余额宝内的资金还能随时用于网上购物、支付宝转账等支付功能。转入余额宝的资金在第二个工作日由基金公司进行份额确认，对已确认的份额会开始计算收益。实质是货币基金，仍有风险。

4. 通过网上银行给支付宝账户充值

① 登录支付宝账户，单击“充值”按钮，如图 11-12 所示。

图 11-12　支付宝账户页面

② 选择右侧充值到支付宝余额，选择快捷支付，单击“下一步”按钮，如图 11-13 所示。

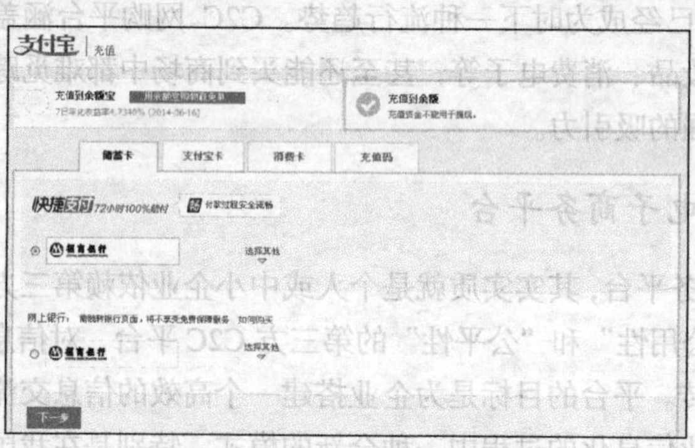

图 11-13　支付宝充值到余额页面

③ 输入充值金额，支付宝支付密码，如图 11-14 所示。单击“确认充值”按钮，完成充值。

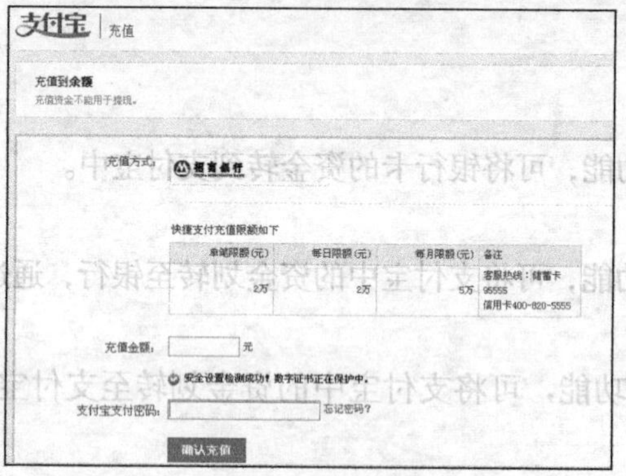

图 11-14　支付宝充值到余额确认充值页面

5．购物流程

在淘宝网上购物，遵循以下购物流程，如图 11-15 所示。

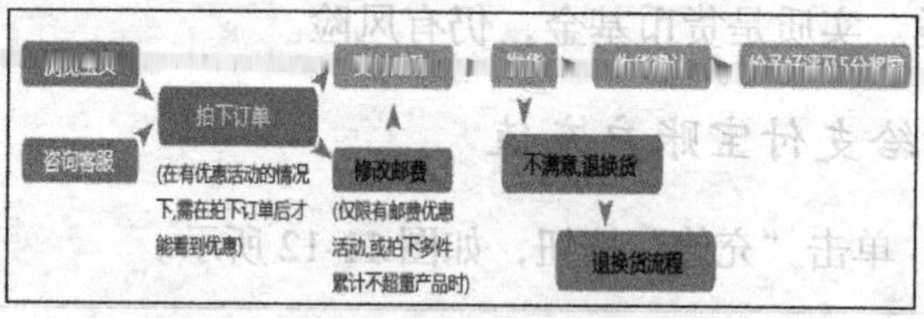

图 11-15　淘宝购物流程

三、实训内容与要求

① 通过网上银行给支付宝账户充值。

② 通过提现操作将个人支付账号资金转入个人银行卡账户。

③ 完成熟人之间个人支付宝账户转账。

④ 完成熟人之间个人支付宝资金转账到银行卡操作。

⑤ 在淘宝网上购买熟悉卖家的小额商品。

实训 4 网上开店

一、实训目的

① 掌握网上开店的方法。

② 掌握发布宝贝的方法。

二、相关知识

1. 网上开店概述

（1）网上开店的定义

网上开店是一个新兴的词汇，具体来说就是经营者在互联网上注册一个虚拟的网上商店，并将待售商品的信息发布到网上成为网络商家；对商品感兴趣的浏览者通过网上或网下支付的方式向经营者付款，经营者再通过邮寄等方式将商品发送给购买者的过程。

网上开店是一种在互联网时代背景下诞生的新型销售方式。与传统商业模式相比，网上开店投入小、经营方式灵活、有着较高的利润空间，已成为许多人尤其是大学生创业的首选项目。

（2）网上开店的特点

① 进入门槛及运营成本低。

从启动资金来看，传统的地面开店，门面租金、装修费、首批进货费用、人员管理费用问题等至少需要几万的启动资金。而网上开店所需的资金非常少，许多大型购物网站提供免费的网店，网店经营者只要一台连接到互联网的电脑就可开店营业。另外，网店经营者主要是通过网络进行，而水、电、管理费等方面的支出非常少。经营者还不用为增加营业面积而增加租金，也不用为延长营业时间而增加额外的费用，运营成本低。

从流动资金来看，传统商店的进货资金少则几千元，多则数万元，而网上商店则可以不占用资金，通过“零库存”管理，即经营者先把产品的信息发布到自己的网店里，等有了订单再去进货。这样，网上商店就不用囤积大量的商品，也不需要将大笔的流动资金作为货物积压在店里。

② 经营风险小，经营方式灵活。

由于网上开店不需要工商注册、不需要缴税、不需要租用专门的商铺等，所以在前期资金上的投入风险小。此外，经营方式也比较灵活，可以全职经营，也可以兼职经营。

③ 不受时空的限制，传播速度快。

网上店铺的经营基本不受营业时间、营业地点、营业面积等因素的限制，而且经营者网店陈列的商品数量也基本不受限制。只要服务器不出问题，可以一天 24 小时、一年 365 天不停地工作，无论刮风下雨，无论白天黑夜。

④ 区域覆盖广，传播范围广。

网上店铺完全打破了地域限制，它的客户不再是局限于某一地区，不管在全国甚至是全球的任何一个地方，只要是网络能覆盖的地方，那里的人都可以成为它的客户。

⑤ 利润回报率高。

网店里的商品虽然大多比现实店铺里的价格要低很多，但是它们的货源大多来自厂家或一级经销商，进货成本也非常低，所以网上店铺的利润回报率相对来说也是比较高的。

⑥ 可以合法规避税收，降低经营成本。

由于电子商务税收制度发展不健全，税务部门还无法对网店进行税收监管。因此，网店经营者可以合法地规避税收，从而有效地降低经营成本。

（3）网上开店的主要方式

① 自立门户型的网上开店。

所谓自立门户型的网上开店是指：网店经营者自己亲自动手或者委托他人进行网店的设计，网店的经营与大型的购物类网站没有任何关系，完全依靠经营者个人的宣传吸引浏览者。

自立门户型网店的建设方式有两种：一是完全根据产品销售的需要进行个性化设计，需要进行域名注册、租用空间、网页设计、程序开发等一系列工作；二是向一些网络公司购买自助式网站模块建立网店，这种网店操作流程简单，费用较低，但是缺乏个性化。

总体来说，自立门户型网店的网店需要投入足够的时间与金钱进行网店宣传，但是具有内容不受固定格式限制的优点。

② 在专业的大型网站上注册会员，开设网上店铺。

网店经营者依托大型的专业购物平台，通过在相关平台上注册，从而享受开店服务，可以自己在平台上开设个人网店。它的主要优点是：这些网店所依托的平台本身聚集了很高的人气，个人网店也能因此获益，即使不做任何推广也会拥有一定的人气。缺点是：网店外观受平台的限制，自己发挥的空间小，没有个性。

目前，国内知名的网店平台主要有淘宝网、易趣网、拍拍网等。

2. 网上开店的准备工作

（1）网上开店资源准备

① 开店物资的准备。

硬件是一些开店者必须要用的设备，主要包括计算机、数码相机、打印机、电话等。

② 开店应具备专业知识。

由于网上开店的工作主要是借助计算机来完成，因此，对于常用软件的操作应该努力掌握。在网店经营中常用的操作技能主要包括基本的上网操作、熟练运用聊天工具软件如阿里旺旺、QQ等，图像处理软件 Photoshop 等。

由于网上交易大部分是异地交易，利用网络实现资金的支付能为交易双方提供更大的便利性。常见的网络支付手段主要有网络银行以及各种第三方支付平台。当前，各个银行都分别推出了网络支付业务，用户只需要去银行开通相关网络支付功能即可。支付宝、财付通等各种第三方支付平台的应用也相当广泛，而第三方支付平台和网络银行之间也可以实现资金的划转。

③ 开店者应具备的心理素质

网上的网店很多，但真正成功的却很少，如何能让网店生意红火呢？除了商品物美价廉以外，经营的心态也起着决定性作用。应做到：选定商品种类，保持专一的心态。针对经营的商品，保持认真的心态。对商品的交易，保持积极平稳的心态。对自己的顾客，保持热情的心态。对网店的推广，保持持之以恒的心态。

（2）进货渠道

网络市场是一个全球性的市场，竞争非常激烈，大部分的买家选择网上购物主要出于两个方面的考虑：一是所要购买的商品在当地买不到；二是因为网上的商品比现实生活中的价格要低很多。所以，如何能找到有特色、质优价廉的货源是网上开店成功的关键。一些比较好的进货渠道有：①厂家货源；②外货产品；③品牌积压库存；④国外打折商品；⑤大型批发商场。

总之，不管是通过何种渠道寻找货源，低廉的价格是关键因素。找到了物美价廉的淘宝货源，你的网上商店就有了成功的基础。

3. 创建网上店铺

① 登录淘宝网，单击“卖家中心”→“我要开店”按钮，如图 11-16 所示。

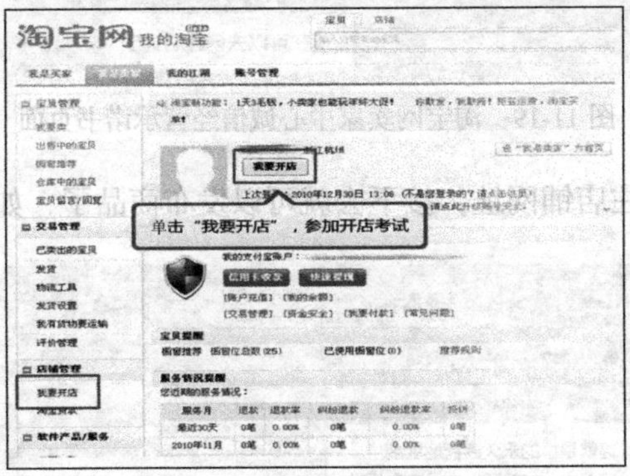

图 11-16　淘宝网卖家中心页面

② 学习淘宝规则，参加考试，如图 11-17 所示。

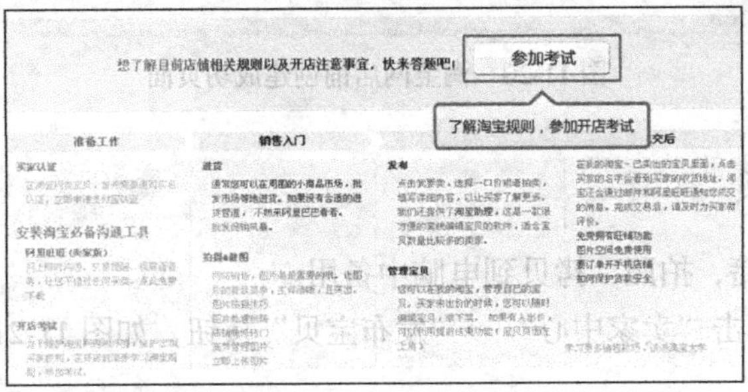

图 11-17　淘宝网卖家中心考试页面

③ 考试通过，就可以创建店铺，如图 11-18 所示。

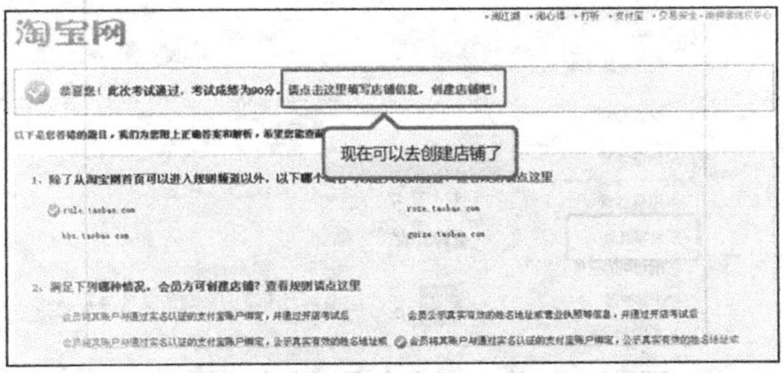

图 11-18　淘宝网卖家中心考试通过页面

④ 阅读诚信经营承诺书，单击“同意”按钮，创建店铺，如图 11-19 所示。

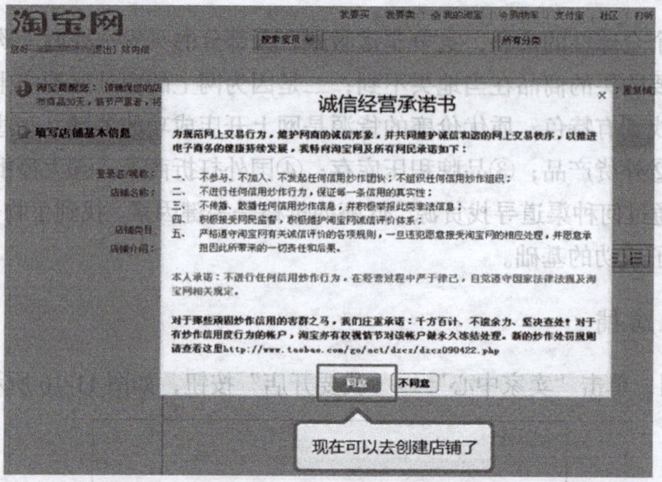

图 11-19　淘宝网卖家中心诚信经营承诺书页面

⑤ 店铺创建成功，记住店铺网址，接下去就可以发布商品了，如图 11-20 所示。

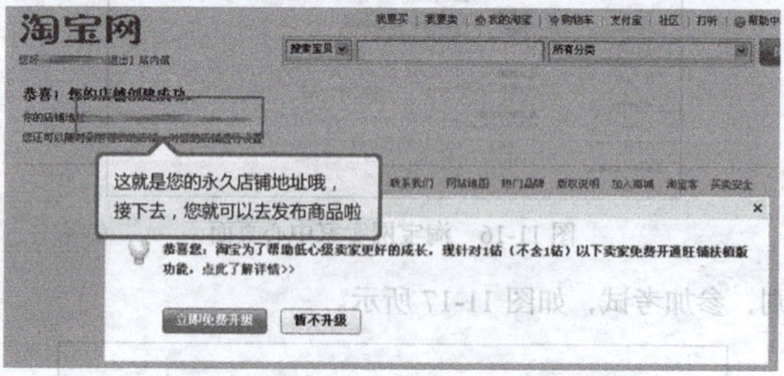

图 11-20　淘宝网店铺创建成功页面

4. 发布二手宝贝

找至少 5 本二手书籍，拍照，拷贝到电脑中备用。

① 登录淘宝网，单击“卖家中心”→“发布宝贝”按钮，如图 11-21 所示。

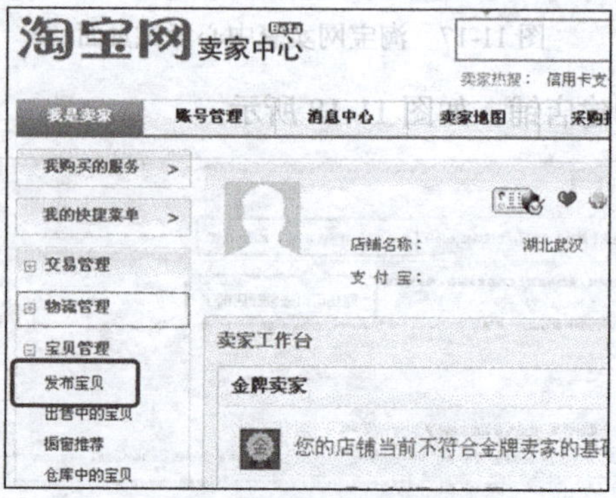

图 11-21　淘宝网卖家中心发布宝贝页面

② 选择一种方式发布宝贝，如选“一口价”，在类目搜索中输入“C 程序设计”，单击“快速找到类目”按钮，如图 11-22 所示。

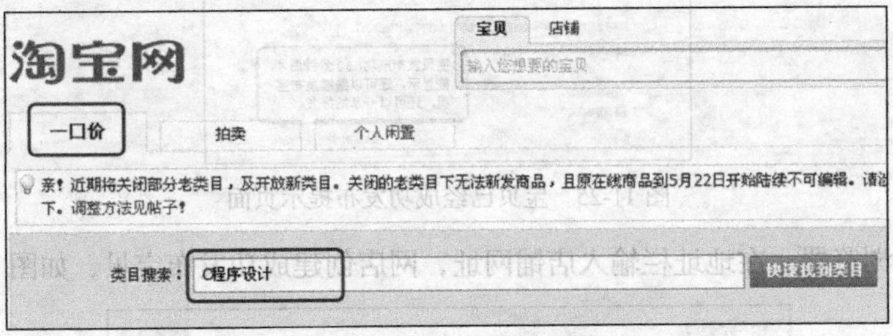

图 11-22　淘宝网一口价发布宝贝页面

③ 阅读淘宝规则，单击“我已阅读以下规则，现在发布宝贝”按钮，如图 11-23 所示。

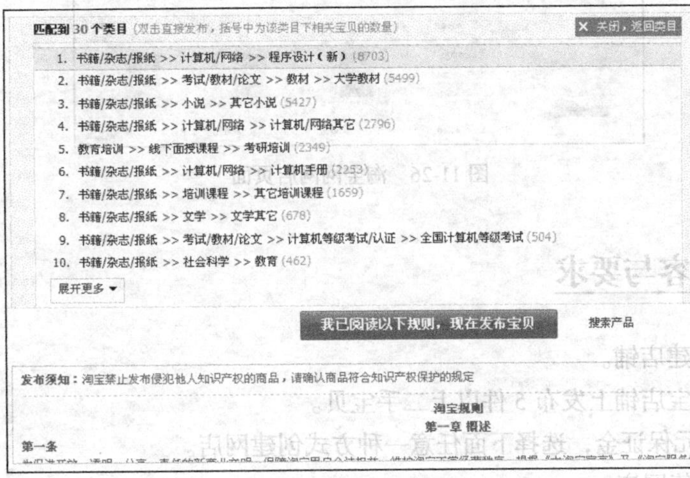

图 11-23　选择类目、阅读淘宝规则并发布宝贝

④ 填写宝贝基本信息，单击“发布”按钮，发布宝贝，如图 11-24 所示。

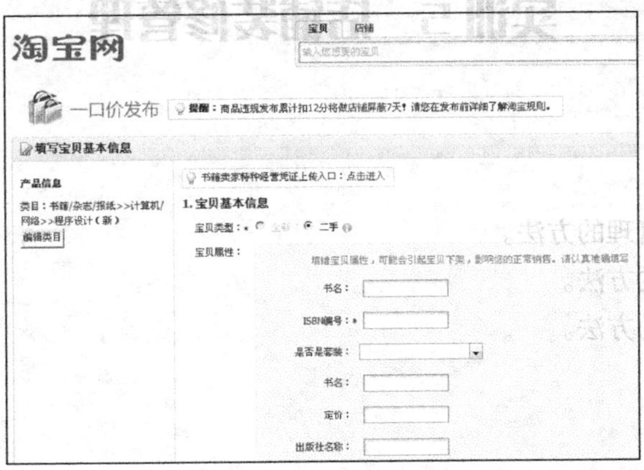

图 11-24　填写宝贝基本信息页面

⑤ 显示宝贝已经成功发布，如图 11-25 所示。用此方法至少发布 5 件以上宝贝。

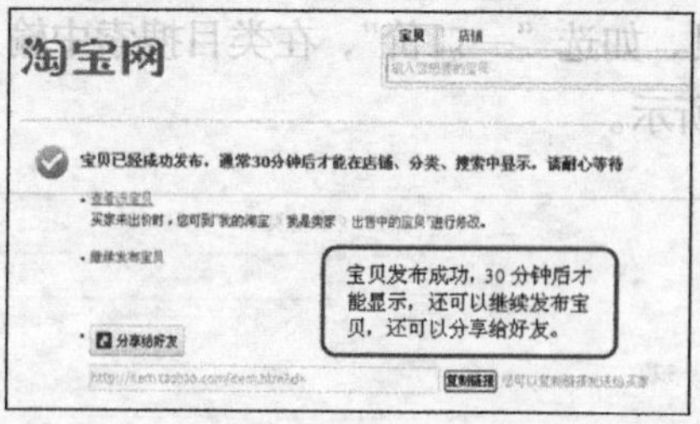

图 11-25　宝贝已经成功发布提示页面

⑥ 打开 IE 浏览器，在地址栏输入店铺网址，网店创建成功发布宝贝，如图 11-26 所示。

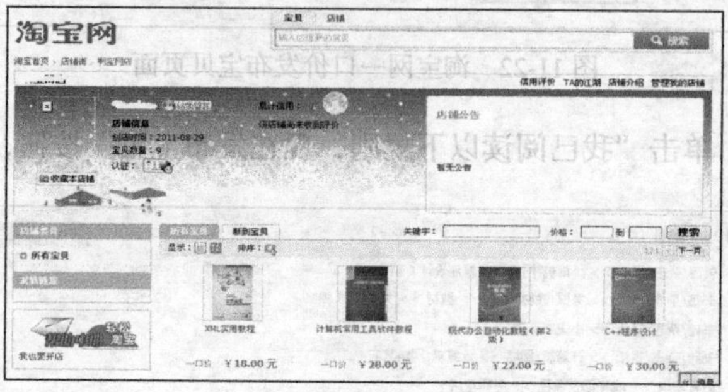

图 11-26　淘宝网网店页面

三、实训内容与要求

① 在淘宝网创建店铺。

② 在创建的淘宝店铺上发布 5 件以上二手宝贝。

③ 提交 1 000 元保证金，选择下面任意一种方式创建网店。

a. 创建虚拟充值网店。

b. 到阿里巴巴网站搜索一件代发产品，创建一件代发产品网店。

实训 5　店铺装修管理

一、实训目的

① 掌握店铺宝贝管理的方法。

② 掌握交易管理的方法。

③ 掌握店铺管理的方法。

二、相关知识

1. 网上店铺经营

网店开张后就会有买家来浏览网店，在日常的经营活动中，随着交易的增多，买家频繁，要做到心中有数，则需要加强对网店的管理。在淘宝网的网店管理平台中提供了一系列的工具来实现宝贝管理、店铺装修等功能。

登录淘宝网，单击“卖家中心”按钮，进入淘宝店铺卖家中心管理平台。

淘宝店铺卖家中心提供交易管理、物流管理、宝贝管理、店铺管理、货源中心、营销中心、软件服务、客户服务、友情链接等服务，如图 11-27 所示。

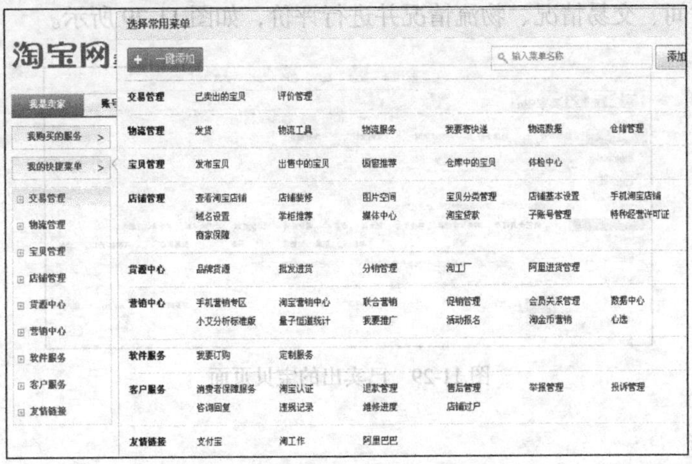

图 11-27　淘宝网卖家中心服务页面

2. 宝贝管理

（1）仓库中的宝贝

登录淘宝网，单击“卖家中心”按钮，进入淘宝店铺卖家中心管理平台，在“宝贝管理”服务项目中，单击“仓库中的宝贝”按钮，可以查询仓库中的宝贝情况，单击“上架”按钮，可在网店发布该宝贝，如图 11-28 所示。

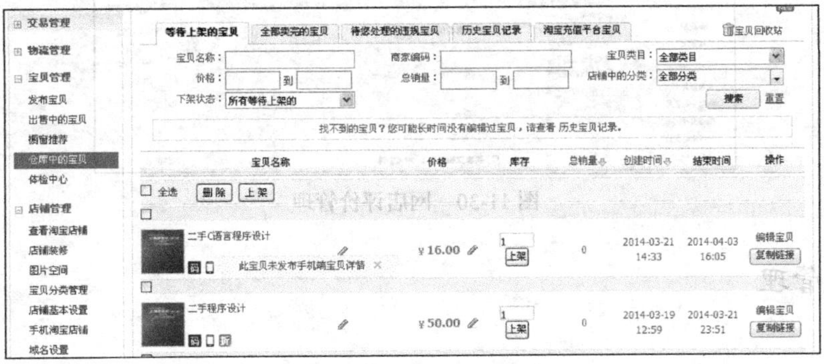

图 11-28　仓库中的宝贝页面

（2）出售中的宝贝

在“宝贝管理”服务项目中，单击“出售中的宝贝”按钮，可以查询上架的宝贝情况，单击“下架”按钮，可将从网店下架该宝贝。

（3）橱窗推荐

在“宝贝管理”服务项目中，单击“橱窗推荐”按钮，可以把店铺里比较好的商品设置在橱窗推荐，这时你会看到宝贝图片的左边有红色“推荐”字样，说明你的宝贝已经成功进行橱窗推荐。橱窗推荐会被来淘宝网的客户搜索时看到。

3. 交易管理

（1）已卖出的宝贝

在“交易管理”服务项目中，单击“已卖出的宝贝”按钮，可以查询已卖出的宝贝情况，如订单编号、成交时间、交易情况、物流情况并进行评价，如图 11-29 所示。

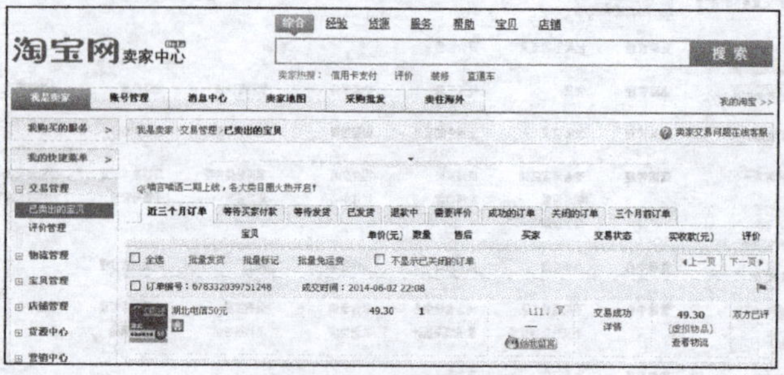

图 11-29 已卖出的宝贝页面

（2）评价管理

在“交易管理”服务项目中，单击“评价管理”按钮，可以查询店铺半年内动态评分、卖家累计信用和买家累计信用情况，如图 11-30 所示。

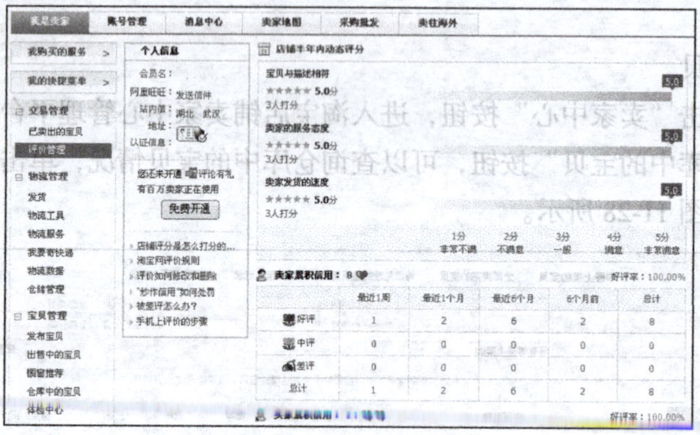

图 11-30 网店评价管理

4. 物流管理

（1）发货

在“物流管理”服务项目中，单击“发货”按钮，可以查询等待发货的订单、发货中的订单以及已发货的订单情况，如图 11-31 所示。

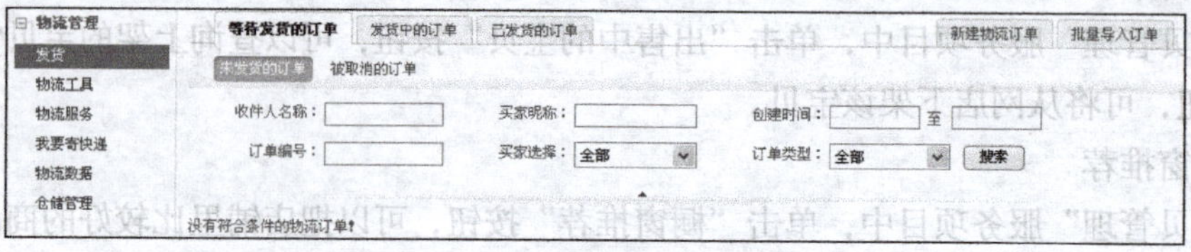

图 11-31 网店物流管理发货页面

（2）物流工具

物流工具可进行服务商设置、运费模板设置、物流跟踪等相关信息的查询，如图 11-32 所示。

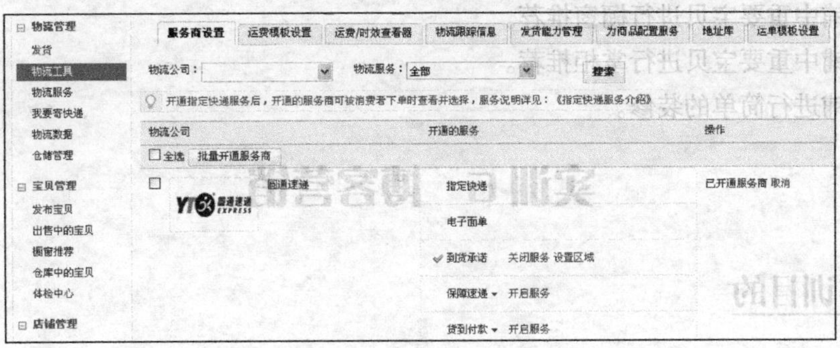

图 11-32　物流工具页面

5. 店铺管理

（1）掌柜推荐

在“店铺管理”服务项目中，单击“掌柜推荐”按钮，可以把店铺里比较好的商品设置为掌柜推荐，掌柜推荐后的宝贝将显示在店铺的上方。掌柜推荐给进入到你的店铺的客户看到，如图 11-33 所示。

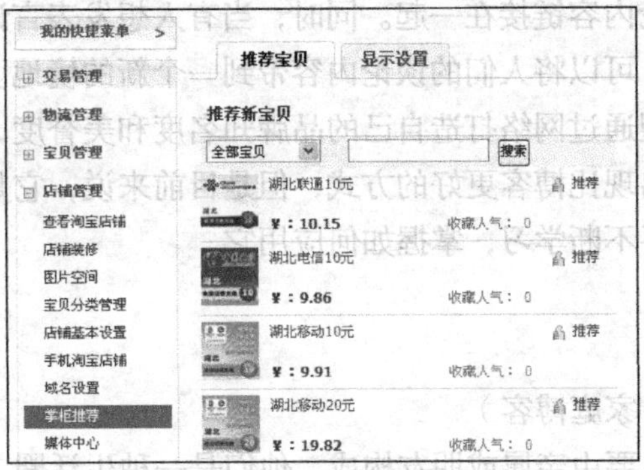

图 11-33　掌柜推荐页面

（2）店铺装修

在“店铺管理”服务项目中，单击“店铺装修”按钮，可以把店铺页面进行简单的装修。

（3）查看淘宝店铺

在“店铺管理”服务项目中，单击“查看淘宝店铺”按钮，可以把店铺页面打开，如图 11-34 所示。

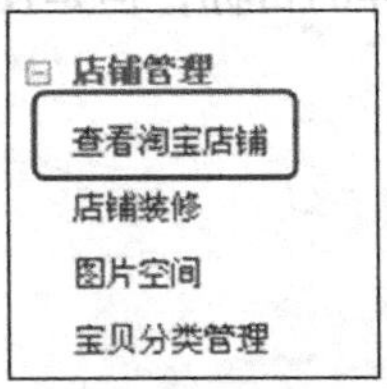

图 11-34　查看淘宝店铺页面

三、实训内容

① 将店铺中重要宝贝进行橱窗推荐。
② 将店铺中重要宝贝进行掌柜推荐。
③ 对店铺进行简单的装修。

实训 6 博客营销

一、实训目的

① 掌握创建博客的方法。
② 掌握博客营销的技巧。

二、相关知识

1. 博客的由来

简单来说，博客就是网络日志（网络日记），英文单词为 BLOG（WEB LOG 的缩写）。

博客是一个有趣的平台，如果你进入这个领域，你会发现，它能将每个人的观点集中在一起，还可以将其他博客上的评论内容链接在一起。同时，当有人想发表言论时，它可以为这些人提供一个交流的平台。通过它，可以将人们的谈论内容带到一个新的境地。

现在许多企业，都希望通过网络打造自己的品牌知名度和美誉度，而博客正好可以帮助企业完成这些。以后可能还会出现比博客更好的方式，但是目前来说，它是最棒的。它是一个极富影响力的工具，每个人都需要不断学习，掌握如何应用它。

2. 个人博客

（1）亲朋之间的博客（家庭博客）

这种类型博客的成员主要由亲属或朋友构成，他们是一种生活圈、一个家庭或一群项目小组的成员。

（2）协作式的博客

与小组博客相似，其主要目的是通过共同讨论使得参与者在某些方法或问题上达成一致，通常把协作式的博客定义为允许任何人参与、发表言论、讨论问题的博客日志。

（3）公共社区博客

公共出版在几年以前曾经流行过一段时间，但是因为没有持久有效的商业模型而销声匿迹了。廉价的博客与这种公共出版系统有着同样的目标，但是使用更方便，所花的代价更小，所以也更容易生存。

3. 企业博客

（1）商业、企业、广告型的博客

对于这种类型博客的管理类似于通常网站的 Web 广告管理。商业博客分为：CEO 博客、企业博客、产品博客、“领袖”博客等。以公关和营销传播为核心的博客应用已经被证明将是商业博客应用的主流。

（2）CEO 博客

“新公关维基百科”已经统计出了近 200 位 CEO 博客，或者处在公司领导地位者撰写的博客。美国最多，有近 120 位；其次是法国，近 30 位；英德等欧洲国家也都各有先例。中国目前没有 CEO 博客列入其中。这些博客所涉及的公司虽然以新技术为主，但也不乏传统行业的国际巨头，如波音公司等。

（3）企业高管博客

企业高管博客，即以企业的身份而非企业高管或者 CEO 个人名义进行博客写作。“新公关维基百科”统计到 85 家严格意义上的企业博客。不单有惠普、IBM、思科、迪斯尼这样的世界百强企业，也有 Stonyfield Farm 乳品公司这样的增长强劲的传统产业，这家公司建立了 4 个不同的博客，都很受欢迎。服务业、非营利性组织、大学等，如咖啡巨头星巴克、普华永道事务所、Tivo、康奈尔大学等也都建立了自己的博客。NOVELL 公司还专门建立了一个公关博客，专门用于与媒介的沟通。

（4）企业产品博客

企业产品博客即专门为了某个品牌的产品进行公关宣传或者以为客户服务为目的所推出的“博客”。据相关统计，目前有 30 余个国际品牌有自己的博客。例如在汽车行业，除了日产汽车 Tiida 博客和 Cube 博客，福特汽车的野马系列也推出了“野马博客”，马自达在日本也为其 Atenza 品牌专门推出了博客。

（5）“领袖”博客

除了企业自身建立博客进行公关传播，一些企业也注意到了博客群体作为意见领袖的特点，尝试通过博客进行品牌渗透和再传播。

（6）知识库博客

知识库博客也叫 K-LOG。基于博客的知识管理将越来越广泛，使得企业可以有效地控制和管理那些原来只是由部分工作人员拥有的、保存在文件档案或者个人电脑中的信息资料。知识库博客提供给了新闻机构、教育单位、商业企业和个人一种重要的内部管理工具。

4. 博客的作用

① 个人自由表达和出版。

② 知识过滤与积累。

③ 深度交流沟通的网络新方式。

④ 博客营销。

5. 博客营销

博客营销的概念可以说并没有严格的定义，简单来说，就是利用博客这种网络应用形式开展网络营销。

博客营销本质在于通过原创专业化内容进行知识分享争夺话语权，建立起信任权威形成个人品牌进而影响读者的思维和购买。

但是，要真正了解什么是博客，最佳的方式就是自己去实践，实践出真知；如果你现在对博客还很陌生，我建议直接去找一个博客托管网站。先开一个自己的博客账号。

6. 创建博客

① 用淘宝账号登录阿里巴巴网站（http://www.1688.com），如图 11-35 所示。

图 11-35 阿里巴巴网站主页

② 单击网站导航，选博客，单击“博客管理”按钮，可以创建博客，发表文章，如图 11-36 所示。

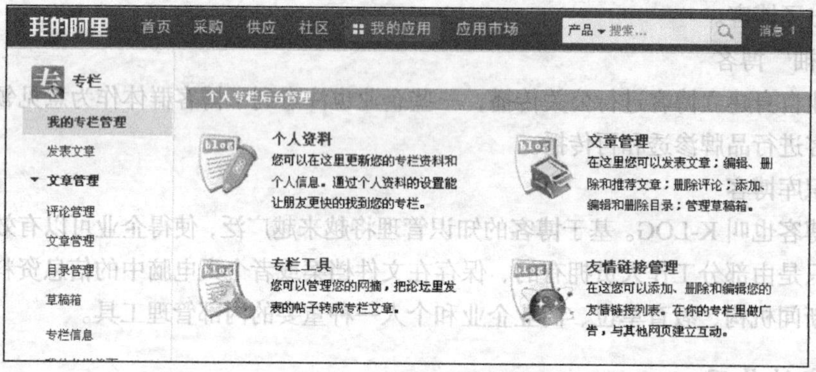

图 11-36 博客个人专栏后台管理页面

三、实训内容

① 浏览学习他人博客，发表评论。
② 创建自己的博客。
③ 发表文章积累粉丝。
④ 发布网店产品信息进行博客营销。

参考文献

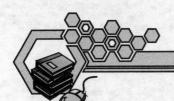

[1] 宋文官. 电子商务实用教程. 第三版. 北京：高等教育出版社，2007.

[2] 李洪心. 电子商务概论. 第三版. 大连：东北财经大学出版社，2011.

[3] 段传林. 电子商务基础. 北京：冶金工业出版社，2007.

[4] 吴吉义. 电子商务概论与案例分析. 北京：人民邮电出版社，2008.

[5] 杜进. 电子商务基础与实务. 北京：中国建材工业出版社，2011.

[6] 胡敏. 网上开店创业实用教程. 北京：机械工业出版社，2010.

[7] 高富平，等. 电子商务法. 北京：北京大学出版社，2004.

[8] 唐春林，等. 电子商务基础.第二版. 北京：科学出版社，2003.

[9] 刘丽华，等. 电子商务物流管理. 北京：武汉大学出版社，2008.

[10] 周婕，等. 电子商务实训教程. 北京：清华大学出版社，2011.

[11] 岳云康. 电子商务实训教程. 大连：东北财经大学出版社，2008.